L ⋀⋀⋀

Veröffentlichungen des Instituts
für Europäische Verfassungswissenschaften

Herausgegeben vom

Institut für Europäische Verfassungswissenschaften der Fachbereiche
Rechtswissenschaft und Kultur- und Sozialwissenschaften
der FernUniversität in Hagen

vertreten durch

Dimitris Th. Tsatsos
Arthur Benz
Peter Brandt
Stefan Huster
Lars Michaelis
Arthur Schlegelmilch
Katharina Gräfin von Schlieffen
Hans-Rüdiger Schmidt

Band 2

Dimitris Th. Tsatsos (Hrsg.)

Zum
Konstitutionalisierungsprozess
der Europäischen Union

– Ein Beitrag durch fünf Dokumente –

Vorwort und Vorbemerkungen zu den Texten
von

Dr. Peter Schiffauer
Leiter des Sekretariats des konstitutionellen Ausschusses
des Europäischen Parlaments

Redaktion
Christiane Abels
Daniel Schülken

BWV • BERLINER WISSENSCHAFTS-VERLAG

Bibliografische Informationen Der Deutschen Bibliothek

Die Deutsche Bibliothek verzeichnet diese Publikation in der Deutschen
Nationalbibliografie; detaillierte bibliografische Daten sind im Internet
über <http://dnb.ddb.de> abrufbar.

ISBN 3-8305-0983-9

© 2005 BWV • BERLINER WISSENSCHAFTS-VERLAG GmbH,
Axel-Springer-Str. 54 b, 10117 Berlin
Printed in Germany. Alle Rechte, auch die des Nachdrucks von Auszügen,
der photomechanischen Wiedergabe und der Übersetzung, vorbehalten.

Widmung

Den Mitgliedern der SPD-Delegation im Europäischen Parlament der Jahre 1994 – 2004. Hauptsächlich ihnen habe ich die mir durch das Europäische Parlament übertragenen verantwortungsvollen Aufgaben im Bereich der institutionellen Gestaltung der Europäischen Union zu verdanken.

Hagen, im November 2004   Dimitris Th. Tsatsos

Vorwort[1]

Fünfzig Jahre europäischer Integration waren ein in der Geschichte einzigartiger politischer Erfolg. Er ermöglichte dem europäischen Kontinent nach dem unsagbaren Leid zweier tragischer Kriege eine ununterbrochene Periode des Friedens und wirtschaftlichen Wohlergehens. Ungeachtet dieser unbestreitbaren Erfolgsbilanz begegnet dieser Integrationsprozess seit einigen Jahren unter den Bürgern durchaus Vorbehalten. Diese äußern sich zuweilen als Indifferenz, beispielsweise durch eine relativ geringe Beteiligung an Europawahlen, zuweilen auch in ablehnenden Haltungen. Für diese Einstellungen gibt es mannigfache Gründe, die im Einzelnen auszuleuchten Sache der politischen Wissenschaft ist. Der Umstand, dass trotz aller Bekenntnisse der Europäischen Verträge zur „Bürgernähe" der Abstand zwischen dem Geschehen auf der europäischen politischen Ebene und den Bürgern nach wie vor groß ist, ist in diesem Zusammenhang ein wichtiger Faktor. Doch was bedeutet er? Wer mit der praktischen Arbeit der europäischen Institutionen vertraut ist, weiß, welche große Aufmerksamkeit den Belangen der Bürger bei Entscheidungen auf Unionsebene eingeräumt wird, wie intensiv die demokratischen Repräsentationsorgane, allen voran das Europäische Parlament, sich mit Stellungnahmen aus der „Zivilgesellschaft" auseinandersetzen. Ist deshalb der zu beobachtende „Abstand" nicht vielmehr ein Indiz dafür, dass sich noch kein „Nähe" vermittelndes Medium entfalten konnte? Mit anderen Worten, die Feststellung des Bundesverfassungsgerichts im Urteil zum Vertrag von Maastricht, dass den politischen Organen der Europäischen Union (noch) keine ausreichend entfaltete europäische politische Öffentlichkeit gegenübersteht, dürfte auch heute noch zutreffen.

Jeder Beobachter des politischen Geschehens auf europäischer Ebene wird zahllose Beispiele für den Reichtum an politischen Herausforderungen, streitigen Diskursen, erfolgreichen Kompromissen und noch in intensiver Beratung befindlichen Themen anführen können, die die europäische politische Öffentlichkeit virtuell mit Leben füllen. Virtuell, weil diese Dokumente und Diskussionen häufig nicht zuhanden und greifbar, nicht von den Medien aufbereitet und in die Sprache des Alltags übersetzt, sondern nur in Spezialbibliotheken oder versteckt in der Informationsflut des Internets zugänglich sind.

Die Veröffentlichung der nachstehenden Dokumente, von denen die meisten bereits an anderer Stelle öffentlich zugänglich sind, versucht auf ihre Weise einen Beitrag zur Herstellung einer europäischen politischen Öffentlichkeit zu leisten. Politische

---

[1] Von Dr. Peter Schiffauer, Leiter des Sekretariats des konstitutionellen Ausschusses des Europäischen Parlaments; dieses Vorwort und die von ihm verfassten Vorbemerkungen geben die persönlichen Auffassungen des Verfassers wieder und können nicht der Institution zugerechnet werden, deren Beamter er ist.

Öffentlichkeit wird nicht allein durch Konzepte und Texte, sondern vornehmlich auch durch Personen vermittelt. Das akademische Lebenswerk des Lehrers D. Tsatsos ist an anderen Orten dokumentiert und eingehend gewürdigt worden. Ergänzend dazu dokumentieren die folgenden Texte, wie der Politiker D. Tsatsos im Laufe seines zehnjährigen Mandats als Abgeordneter des Europäischen Parlaments einige wichtige Momente der Verfassungsentwicklung der Europäischen Union, häufig zusammen mit anderen namhaften Persönlichkeiten, (mit-) beeinflusst hat.

Diese Texte beleuchten Knotenpunkte eines historischen und politischen Prozesses, der seinen vorläufigen Höhepunkt erreicht hat, als sich am 19. Juni 2004 die Staats- und Regierungschefs der Europäischen Union auf einen Vertrag über eine Verfassung für Europa einigten.

Indem diese Dokumente eine Verbindung herstellen zwischen politischer Persönlichkeit und erfolgreichen Konzepten und die Kontinuität zwischen der Welt des akademischen Lehrers und der des Politikers erkennen lassen, erscheint ihre Veröffentlichung in diesem Zusammenhang geeignet, einen nützlichen Beitrag zur Herstellung einer europäischen politischen Öffentlichkeit zu liefern.

Brüssel, 23. Juni 2004

Anmerkung der Redaktion

Bei der Redaktion dieses Buches haben wir im Sinne eines einheitlichen Inhaltsverzeichnisses, das dem Leser auch ein klares, erstes Bild vermitteln soll, in Absprache mit dem Autor einige Zwischenüberschriften, die es im Original nicht gab, eingeschoben und andere etwas verändert.

Auch in einer anderen Hinsicht haben wir in die Vorlage behutsam eingegriffen. Bekanntlich werden die Dokumente in der Sprache des Autors bzw. bei mehreren Autoren, in einer zwischen ihnen vereinbarten Sprache konzipiert und dann in alle offiziellen EU-Sprachen übersetzt. Diese Übersetzungen erfolgen nicht mit Blick auf eine spätere wissenschaftliche Publikation, sondern orientieren sich an den Bedürfnissen der praktischen parlamentarischen Arbeit und der politischen Verständigung in der Sache und stehen immer unter großem zeitlichen Druck. Wo wir der Meinung waren, dass die deutsche Übersetzung den Sinn der Aussage des Autors nicht vollständig wiedergab, haben wir, wieder in Absprache mit dem Autor, sprachliche Korrekturen vorgenommen.

Christiane Abels   Daniel Schülken

Inhaltsverzeichnis

11

2. Teil: Die konstitutionelle Stellung der europäischen politischen Parteien (Bericht D. Tsatsos)

3. Teil: Entschließung des Europäischen Parlaments zum Vertrag von Amsterdam (Bericht I. Mendez de Vigo/D. Tsatsos)

13

1. Teil: Empfehlungen zur Transparenz und Demokratie (Entwurf D. Tsatsos/B. Donnelly/St. Pierre)

I. Vorbemerkung

Am 25. Oktober 1993 nahmen Parlament, Rat und Kommission eine Interinstitutionelle Erklärung über Demokratie, Transparenz und Subsidiarität an (ABl. Nr. C 329 vom 17.11.93, S. 133). Gleichzeitig verabschiedete das Europäische Parlament eine einseitige Erklärung, in der es u.a. die Auffassung vertritt, dass die Legislativtexte vollkommen transparent sein sollten und dass die Interinstitutionelle Vereinbarung nur als ein erster Schritt zu betrachten sei. Am 27. September 1994 wurden Herr D. Tsatsos, Herr B. Donnelly und Herr St. Pierre von der Delegation des Parlaments für die Interinstitutionelle Konferenz beauftragt, die Durchführung dieser Erklärung zu verfolgen und zu untersuchen, ob eine neue Interinstitutionelle Vereinbarung in diesen Bereichen erforderlich ist und auf welche Punkte sie sich eventuell erstrecken sollte.

Am 26. Oktober 1994 wurden diese Fragen von den drei Referenten erörtert; sie gelangten zu dem Schluss, dass es einer neuen Interinstitutionellen Vereinbarung bedarf, um der derzeitigen Interinstitutionellen Vereinbarung neue Impulse zu verleihen und einige der Schwachpunkte auszumerzen, die bei der Durchführung zutage getreten sind. Die Besprechung ergab ferner, dass anscheinend keine vordringlichen Probleme bestehen, die im Bereich der Subsidiarität eine neue Vereinbarung erfordern, und dass sich eine neue Vereinbarung vielmehr auf die Bereiche Transparenz und Demokratie konzentrieren sollte. Vorbehaltlich der Zustimmung der Delegation sollte der Titel einer neuen Vereinbarung somit umformuliert werden und „Transparenz und Demokratie" oder „Transparenz als Konsequenz der demokratischen Spielregel" (Vorschlag D. Tsatsos) lauten.

Das vorliegende Dokument besteht aus drei Teilen. Im ersten Abschnitt wird die herausragende rechtliche und politische Bedeutung des Konzepts der Transparenz betont. Im zweiten Abschnitt werden einige praktische Probleme beleuchtet, die hierbei aufgetreten sind und die noch besser gelöst werden müssen. Der letzte Abschnitt enthält erste Entwürfe für Empfehlungen.

Die Bedeutung dieses Dokuments liegt darin, den Akzent auf den unauflösbaren Zusammenhang von Transparenz und Demokratie gesetzt zu haben. Eine weitere Interinstitutionelle Vereinbarung, wie sie in diesem Dokument ins Auge gefasst wurde, ist zunächst nicht zustande gekommen. Das zugrunde liegende politische Anliegen ist aber bereits im Vertrag von Amsterdam durch Schaffung des neuen Art. 255 EG-Vertrag über den Zugang der Bürger zu Dokumenten der Union erfüllt worden.

II. Transparenz und Demokratie

1. Die institutionelle Bedeutung der Transparenz

a) Klärung des Begriffs Transparenz

Die Gespräche im Rahmen der interinstitutionellen Konferenz setzen eine Einigung darüber voraus, was wir unter Transparenz verstehen.

Die Begriffe erhalten, indem sie auf ein konkretes Gebiet angewandt werden, eine entsprechend konkrete Bedeutung. Das gilt auch für den Transparenzbegriff, der auf anderen Gebieten, wie z.B. in der Physik oder in der Ethik, ebenfalls angewandt wird. In der Sprache der Institutionen erhält Transparenz eine ganz konkrete Bedeutung. In diesem Bereich verstehen wir als Transparenz die Durchsichtigkeit eines Prozesses oder einer Begründung, die Grundlage für eine politische Entscheidung ist.

Transparenz für wen? Zugunsten wessen beansprucht man Transparenz? Nur für das Parlament als Kontrollorgan? Nur für die Presse? Oder auch für den Bürger und die gesellschaftlichen Gruppen, die hauptsächlich durch die anstehende Entscheidung betroffen werden? Für die europäischen politischen Parteien? Oder vielleicht sogar für die europäische Öffentlichkeit? Die institutionelle Bedeutung der Transparenz tangiert alle diese Belange.

Transparenz auf welchen Gebieten? Auch unter diesem Teilaspekt kann man der Transparenz unterschiedlichen Inhalt verleihen. Das ergibt sich schon daraus, dass diese Frage unterschiedlich beantwortet werden muss; die Transparenz muss hier und dort weichen, wenn es sich um die Einhaltung anderer Rechtsprinzipien handelt, z.B. des Schutzes der persönlichen Ehre, der Belange der Verteidigung, der Effizienz einer wichtigen außenpolitischen Maßnahme oder der Bekämpfung der organisierten Kriminalität u.ä.

Die Transparenz als institutioneller Begriff ist zugleich Begriffselement des demokratischen Prinzips. Ein demokratischer Prozess ist undenkbar ohne Transparenz. Die Legitimation jeder Macht, also auch der Macht der Europäischen Gemeinschaft, setzt Kenntnisse des politischen Geschehens voraus, auch Kenntnisse der jeweiligen Zielsetzungen. Besonders die politische Kontrolle ist nicht durchführbar, ohne eine gründliche Information über das zu befragende Gebiet. Die logische Kette ergibt sich also von selbst: Demokratie – Legitimation durch Beteiligung und Kontrolle – Transparenz. Das erste setzt das zweite, und das zweite setzt das dritte voraus.

Wir halten es für richtig, unsere Verhandlungen im Rahmen der institutionellen Konferenz auf diese begriffliche Grundlage zu stützen.

b) Die rechtlichen (institutionellen) Grundlagen des Transparenzprinzips im Unionsrecht

Unsere These lautet: Die Transparenz stellt nicht nur ein politisches Petitum des Parlaments oder der europäischen öffentlichen Meinung oder der politischen Gruppen dar. Die Transparenz ist nur zu einem gewissen Umfang Verhandlungsgegenstand. Wir können nicht darüber verhandeln, ob wir die Transparenz schlechthin anwenden. Denn das Transparenzprinzip ist ein Rechtsprinzip, das sich aus dem Unionsrecht ergibt.

Diese These ist begründet, weil wir belegen können, dass das demokratische Prinzip geltendes Unionsrecht darstellt. Denn auf der Grundlage der vorausgegangenen Ausführungen ist die Transparenz ein notwendiger Bestandteil oder ein Begriffselement des demokratischen Prinzips. D.h., die Transparenz hat Anteil an der normativen Kraft des demokratischen Prinzips. Eine neue interinstitutionelle Vereinbarung, die sich um die Verringerung der Transparenzdefizite bemühen würde, kann nicht als ein verständnisvolles Verhalten der Unionsorgane verstanden werden, sondern als Erfüllung einer im Vertrag selbst verankerten Pflicht.

Das demokratische Prinzip gehört rechtlich zum institutionellen Gehalt des Unionsvertrages.

Der dritte Absatz der Präambel des Unionsvertrages lautet: „In Bestätigung ihres Bekenntnisses zu den Grundsätzen der Freiheit, der Demokratie und der Achtung der Menschenrechte und Grundfreiheiten und der Rechtsstaatlichkeit". Daraus ergibt sich deutlich, dass das demokratische Prinzip zum grundsätzlichen Sinngehalt, ich würde sagen, zur Rechtskultur des Vertrages, gehört.

Artikel F Absatz 2 lautet: „Die Union achtet die Grundrechte, wie sie in der am 4. November 1950 in Rom unterzeichneten Europäischen Konvention zum Schutze der Menschenrechte und Grundfreiheiten gewährleistet sind und wie sie sich aus den gemeinsamen Verfassungsüberlieferungen der Mitgliedstaaten als allgemeine Grundsätze des Gemeinschaftsrechts ergeben." Der Verweis auf die Grundrechte ist eine deutliche Aussage. Die Geschichte des Staates allgemein, des europäischen Verfassungsstaates insbesondere, hat unwiderlegbar gezeigt, dass die Grundrechte denkbar sind nur unter der Herrschaft des demokratischen Prinzips und des Rechtsstaates. Die Auffassung, Grundrecht und Demokratie seien zwei voneinander abtrennbare Gebiete, ist geschichtlich überholt, politisch gefährlich und wissenschaftlich falsch.

Artikel 138a des EG-Vertrages lautet: „Politische Parteien auf europäischer Ebene sind wichtig als Faktor der Integration in der Union. Sie tragen dazu bei, ein europäisches Bewusstsein herauszubilden und den politischen Willen der Bürger der Union zum Ausdruck zu bringen." Die Funktionen, die hier der Vertrag den europäischen Parteien auferlegt, setzen per se die Herrschaft des demokratischen Prinzips voraus.

Die Einführung der europäischen Bürgerschaft schafft eine neue Ebene politischer Legitimation der Organe der Gemeinschaft. Die Eigenschaft des europäischen Bürgers wäre gegenstandslos, wenn sie nicht verbunden wäre mit der Herrschaft des demokratischen Prinzips.

Die Aussage des 11. Absatzes der Präambel und des Artikels A über möglichst bürgernahe Entscheidungen bedeutet nichts anderes als die konkretisierte Form des demokratischen Prinzips.

Aus all dem ergibt sich der rechtsverbindliche Charakter des Demokratieprinzips und somit auch des Transparenzprinzips.

Demokratie bliebe eine praxisfremde Theorie, wenn man nicht aus der Theorie praxisbezogene Konsequenzen ziehen würde. Das erfordert Konsequenz. Zeigen wir diese Konsequenz nicht, dann wird die vorhandene Glaubwürdigkeitskrise der europäischen Institutionen tiefer werden. Transparenz ist ein Schlüsselinstrument, um verlorene Glaubwürdigkeit zurück zu gewinnen.

2. Praktische Probleme der Umsetzung

Auf die Bedeutung des Konzepts der Transparenz für die Organe der Europäischen Union selbst, wie auch für die Unionsbürger im Allgemeinen, wurde vorstehend bereits hingewiesen. Die Erklärung vom 25. Oktober 1993 versuchte eine Verbesserung der Transparenz auf europäischer Ebene zu erreichen, doch zeigt sich nun deutlich, dass die Beschlüsse des Rates vom Oktober und vom Dezember 1993 den früheren ehrgeizigeren Schlussfolgerungen des Europäischen Rates von Birmingham bzw. von Edinburgh nicht voll gerecht wurden, und dass zudem die Erklärung vom 25. Oktober 1993 nicht ausreichend umgesetzt worden ist. Dies gilt insbesondere für die zentrale Frage der Öffentlichkeit der Beratungen des Rates sowie einige der Probleme, die im Zusammenhang mit der Rechtssache der Zeitung „Guardian" und auch der von der niederländischen Regierung beim Europäischen Gerichtshof erhobenen Klage aufgetreten sind. (Eine Zusammenstellung der wichtigsten, in letzter Zeit auf dem Gebiet der Transparenz erlassenen Maßnahmen ist als Anlage 1 beigefügt.)

3. Erste Entwürfe für Schlussfolgerungen

Die Notwendigkeit gezielter Maßnahmen zur Weiterverfolgung bestehender EU-Garantien:

Für die Glaubwürdigkeit der Europäischen Union ist es von größter Bedeutung, dass der Entscheidungsfindungsprozess insbesondere in Anbetracht der schwierigen Durchführung einer demokratischen Kontrolle dieses Prozesses und dessen großer Distanz zu den Unionsbürgern so transparent wie möglich ist.

Neben der interinstitutionellen Erklärung vom 25. Oktober 1993 sind von den Organen der Europäischen Union noch einige weitere Verpflichtungen zur Gewährleistung von mehr Transparenz eingegangen worden, doch war die Umsetzung im Allgemeinen unzureichend.

Es ist daher unverkennbar, dass es nicht etwa neuer EU-Erklärungen über das Ziel der Transparenz, sondern einer effektiven Umsetzung der bestehenden Erklärungen bedarf, wenn die Europäische Union in der Frage der Transparenz aufrichtig sein will. Hierauf werden somit alle EU-Organe noch mehr Mühe verwenden müssen.

Die Notwendigkeit der Transparenz nicht nur auf europäischer, sondern auch auf nationaler Ebene:

Der Entscheidungsfindungsprozess der Europäischen Union weist dem einzelnen Mitgliedstaat insofern eine Schlüsselrolle zu, als die einzelstaatlichen Regierungen den Ministerrat bilden und dadurch am Gesetzgebungsprozess der Europäischen Union teilnehmen. Infolgedessen setzt die Anwendung des Grundsatzes der Transparenz auf den Gesetzgebungsprozess der Europäischen Union auch die Transparenz des einzelstaatlichen Prozesses der Festlegung der Europapolitik, sowie die Durchführung der Rechtsvorschriften und der europäischen Politiken voraus. Diese Dimension betrifft zwar nur die Verantwortung des einzelnen Staates im Rahmen seiner institutionellen Autonomie, stellt aber doch einen Hauptfaktor der Transparenz und der Demokratisierung des derzeitigen spezifischen Entscheidungsfindungssystems der Europäischen Union dar.

4. Erste Entwürfe für Empfehlungen

a) Transparenz des Rates

Es müssen neue Schritte unternommen werden, um die Transparenz des Rates zu verstärken; dies gilt in erster Linie, aber nicht ausschließlich für den Gesetzgebungsprozess der Gemeinschaft.

Weiterer Maßnahmen bedarf es vor allem, um zu gewährleisten,

- dass der Zugang der Öffentlichkeit zu bestimmten Ratsdebatten realen Charakter hat und nicht nur aus optischen Gründen gewährt wird;

- dass mehr Informationen als gegenwärtig erteilt werden, wenn der Rat über Rechtsakte berät;

- dass der Grundsatz des Zugangs der Öffentlichkeit zu Ratsdokumenten voll eingehalten wird und dass eine Verweigerung des Zugangs die Ausnahme und nicht die Regel bildet.

aa) Die Öffentlichkeit bestimmter Beratungen des Rates

Diese Möglichkeit muss über verschwommene Orientierungsdebatten hinaus erweitert werden, wenn sie überhaupt einen Sinn haben soll. Als erster Schritt kämen folgende Maßnahmen in Betracht:

Öffentliche Beratungen über Arbeitsprogramme der Präsidentschaft oder der Kommission sollten sich nicht auf allgemeine Angelegenheiten und Wirtschafts- und Finanzdebatten des Rates beschränken, sondern alle Ratstagungen betreffen.

Wichtige Vorschläge für neue Rechtsvorschriften sollten in aller Regel vom Fachministerrat erst einmal öffentlich diskutiert werden. Öffentliche Beratungen sollten stets auch über Grün- und Weißbücher der Kommission stattfinden.

Artikel 6 der Geschäftsordnung des Rates, wonach die Öffentlichkeit anderer Beratungen nur einstimmig beschlossen werden kann, sollte gestrichen werden (oder durch eine Bestimmung ersetzt werden, die einen mit qualifizierter Mehrheit/einfacher Mehrheit zu fassenden Beschluss vorschreibt).

Es bedarf einer Überprüfung der Handhaben für die Öffentlichkeit der Ratsdebatten, um deren Übertragung für das Europäische Parlament, die nationalen Parlamente wie auch eine breitere Öffentlichkeit zu gewährleisten. Ein direkter Zugang der Öffentlichkeit zu den Tagungsräumen des Rates sollte auch für all diejenigen möglich sein, die als erste eintreffen, die sich als erste darum bemühen.

bb) Mehr Basisinformation über Legislativdebatten des Rates

Es kann nicht hingenommen werden, dass die Beratungen des Rates über Gesetzgebungsfragen noch immer geheim sind und dass sogar die nachträgliche Information darüber noch begrenzt und unvollständig ist. Die öffentliche Verabschiedung sämtlicher Legislativtexte ist eine unabdingbare Voraussetzung der Demokratie und Transparenz, und im Interesse des Europäischen Parlaments (insbesondere als eine am Gesetzgebungsverfahren beteiligte Institution), der nationalen Parlamente (zur Erleichterung einer Prüfung der Arbeit ihrer nationalen Vertreter im Rat) und der Unionsbürger insgesamt sollte über grundlegende Debatten sehr viel eingehender informiert werden.

Es bedarf daher folgender Maßnahmen:

Der Rat sollte im Einzelnen angeben, wer im Rat wofür gestimmt hat, und das derzeitige System ungerechtfertigter Ausnahmen von dieser Regel sollte durch ein System ersetzt werden, wonach klar erläutert werden muss, weshalb eine spezifische Ausnahme gemacht wird.

Das Europäische Parlament sollte insbesondere im Rahmen des Mitentscheidungsverfahrens über die Beschlüsse der Arbeitsgruppen des Rates und des Ausschusses der Ständigen Vertreter systematisch informiert werden. Falls die Vertreter des Parlaments in diesen Sitzungen keinen Beobachterstatus erhalten, sollten dem Parlament die Kurzberichte dieser Sitzungen und (auf Wunsch) alle erheblichen Änderungen des Rates an Kommissionstexten zugeleitet werden.

cc) Sinnvoller Zugang der Öffentlichkeit zu Ratsdokumenten

Die Kriterien des Rates in dessen Beschluss 93/731/EG vom 20. Dezember 1993 sind zu verschwommen und subjektiv und können deshalb nur allzu leicht missbraucht werden:

Die derzeitige Beweislast sollte umgekehrt werden, und die Ratsdokumente sollten generell öffentlich sein, sofern ihre Veröffentlichung den Interessen der Europäischen Union oder der Unionsbürger nicht nachweislich in erheblichem Umfang schadet.

Es muss viel exakter definiert werden, worauf sich der Begriff der Vertraulichkeit im Einzelnen erstrecken soll.

Artikel 4 Absatz 2 des Beschlusses des Rates, wonach „der Zugang zu einem Ratsdokument zwecks Geheimhaltung der Erörterungen des Rates verweigert werden kann", könnte Ausnahmen vom Grundsatz der Öffentlichkeit rechtfertigen und sollte daher gestrichen werden.

Die in dem Beschluss vorgesehenen Verfahren zur Beantragung von Dokumenten müssen dahingehend verbessert werden, dass präzisiert wird, wie und wo ein Dokument beantragt werden kann und zu welchem Preis es erhältlich ist.

Die Bestimmungen von Artikel 7 Absatz 2 und Artikel 7 Absatz 4 des Beschlusses des Rates, wonach der Antrag auf ein Dokument als abgelehnt gilt, wenn innerhalb des auf die Einreichung des Antrags folgenden Monats keine Antwort des Rates ergeht, sollten gestrichen werden, nicht zuletzt deshalb, weil der Rat gemäß Artikel 7 Absatz 4 offenbar der Notwendigkeit enthoben ist, die Ablehnung zu begründen, wie dies in Artikel 7 Absatz 3 vorgesehen ist.

b) Die Transparenz der Kommission

Es sollte anerkannt werden, dass die Kommission mit der Förderung der Transparenz weiter gegangen ist als der Rat; dies gilt insbesondere für das Maßnahmenpaket von Herrn Pinheiro vom Februar 1994 zur Gewährleistung der Transparenz. Dennoch sollten noch einige zusätzliche Maßnahmen getroffen werden:

aa) Zugang der Öffentlichkeit zu Kommissionsdokumenten

Artikel 2 Absatz 4 des Beschlusses der Kommission vom 8. Februar 1994, wonach der Antrag auf ein Kommissionsdokument als abgelehnt gilt, wenn keine Antwort ergeht, widerspricht der Bestimmung im Verhaltenskodex der Kommission und des Rates, dass die Ablehnung eines Antrags zu begründen ist, weshalb der Absatz gestrichen werden sollte.

bb) Jährliches Legislativprogramm

Dies ist ein wichtiges Instrument zur Gewährleistung der Transparenz und der demokratischen Kontrolle des Gesetzgebungsprozesses der Europäischen Union. Wenn sie dieser Aufgabe voll gerecht werden soll, muss die Kommission am jährlichen Legislativprogramm einige Verbesserungen vornehmen und auch den Anwendungsbereich der von der Kommission vorgeschlagenen Gesetzesinitiative genau angeben, gleichviel ob es sich dabei um eine mehr oder weniger wichtige Frage, um einen neuen Vorschlag oder um die Weiterbehandlung einer Vorlage vom vergangenen Jahr handelt.

cc) Ausschüsse für die Umsetzung von Gemeinschaftsrecht[1]

Es sollten unbedingt mehr Basisinformationen als gegenwärtig über diese sogenannten „Komitologie"-Ausschüsse erteilt werden, weil die Kommission dies abgesehen von den unzureichenden Informationen im Haushaltsplan und mit Ausnahme
eines unvollständigen Dokuments von 1980 nicht bewerkstelligt hat.

Die Kommission sollte über die bestehenden „Komitologie"-Ausschüsse, deren
Rechtsgrundlage, Zusammensetzung, die Zahl der abgehaltenen Sitzungen usw.
regelmäßig informieren.

Es wäre zu erwägen, ob die von diesen Ausschüssen abgegebenen Stellungnahmen
vollständig oder in verkürzter Form veröffentlicht werden sollten.

c) Die Transparenz des Parlaments

Auch das Parlament sollte sich verpflichten, nach Mitteln und Wegen zur Verbesserung des Zugangs der Öffentlichkeit zu den Parlamentsdokumenten zu suchen, und
dafür beispielsweise ein Informationszentrum des Parlaments gründen, wo Interes-
senten der Öffentlichkeit Parlamentsdokumente beziehen können, sobald sie öffentlich verfügbar sind.

d) Maßnahmen, die alle drei Gemeinschaftsorgane treffen sollten

Die Notwendigkeit klarer und verständlicher EU-Texte

Für die Transparenz von Rechtstexten der Europäischen Union und sonstigen Texten
ist es von entscheidender Bedeutung, dass sie in möglichst klarer und verständlicher
Form vorgelegt und danach veröffentlicht werden.

Einer der Wege zur Erreichung dieses Ziels ist die Kodifizierung bestehender
Rechtstexte der Gemeinschaft, doch haben die jüngsten diesbezüglichen Versuche
bislang noch nicht zum Erfolg geführt, weil man sich nicht darüber einigen konnte,
ob diese Gelegenheit überhaupt zur Änderung der bestehenden Texte über Komito-
logiefragen usw. genutzt werden sollte. Es wäre zu prüfen, ob neue interinstitutionelle Leitlinien aufgestellt werden können, um einer Lösung dieser Probleme näher
zu kommen.

Die Aufstellung von EU-Leitlinien für die wünschenswerte Form von EU-Rechts-
akten ist zu begrüßen. Nicht hingenommen werden kann hingegen, dass der Rat vor
kurzem einige legislative Änderungen des Europäischen Parlaments im Rahmen des

---

[1]   Weitere Aspekte dieser Frage werden von anderen „Referenten" des Parlaments noch
        näher beleuchtet, aber die Forderung nach einer umfangreicheren Basisinformation muss
        auch in diesem allgemeinen Rahmen der Transparenz erhoben werden.

Mitentscheidungsverfahrens mit der Begründung abgelehnt hat, dass sie mit dem einseitigen Beschluss des Rates vom 8. Juni 1993 über die redaktionelle Qualität der gemeinschaftlichen Rechtsvorschriften nicht in Einklang stehen. Solche Basisregeln sollten selbstverständlich von den Organen im gegenseitigen Einvernehmen beschlossen werden.

aa) Zugang von Interessengruppen zu den Organen der Europäischen Union

Die Organe sollten erneut die Probleme im Zusammenhang mit den Interessengruppen/Lobbys und deren Zugang zu den Organen der Europäischen Union (autonome Regelung/Verhaltenskodex, Datenbasis usw.) prüfen, um dem Grundsatz des größtmöglichen Zugangs der Öffentlichkeit, insbesondere für einzelne Bürger, kleinere Verbände und Personen, denen die EU-Verfahren weniger geläufig sind, gerecht zu werden und zugleich zu gewährleisten, dass sich Missbräuche in engen Grenzen halten.

bb) Allgemeiner Zugang von Unionsbürgern zu Entscheidungen der Gemeinschaft

Zur Erhöhung der Transparenz der Beschlüsse und Beratungen der Europäischen Union müssen die neuen Informationstechnologien stärker herangezogen werden:

Die CELEX-Datenbasis über die Rechtsvorschriften der Gemeinschaft sollte verbessert werden.

Das vorgeschlagene IDA-Programm, das zügig verabschiedet werden sollte, könnte auch für eine elektronische Informationsübermittlung zwischen den verschiedenen Organen der Gemeinschaft und den einzelstaatlichen Verwaltungen eine wichtige Rolle spielen.

III. Anlage

1. Chronologische Übersicht über die jüngsten Maßnahmen im Bereich der Transparenz

1. Erklärung Nr. 17 im Anhang der Schlussakte des Vertrags über die Europäische Union (7. Februar 1992)

2. Erklärung von Birmingham vom 16. Oktober 1992

3. Schlussfolgerungen des Europäischen Rates von Edinburgh über die Transparenz und die Umsetzung der Erklärung von Birmingham (12. Dezember 1992)

4.(a) Kommissionspapier über den Zugang der Öffentlichkeit zu Dokumenten, die sich im Besitz der Gemeinschaftsorgane befinden (KOM(93) 191 endg. vom 5. Mai 1993)

4.(b) Kommissionspapier über die Transparenz der Gemeinschaft (KOM(93) 258) vom 2. Juni 1993

5. Entschließung des Rates über die redaktionelle Qualität der gemeinschaftlichen Rechtsvorschriften (8. Juni 1993)

6. Mitteilung der Kommission über die Freigabe der Schriftstücke/des Archivguts, die unter das Berufs- oder Betriebsgeheimnis fallen und in den historischen Archiven der Kommission aufbewahrt werden (ABl. Nr. C 196 vom 20.07.1993, S. 4)

7. Interinstitutionelle Erklärung des Europäischen Parlaments, der Kommission und des Rates vom 25. Oktober 1993 über Demokratie, Transparenz und Subsidiarität (ABl. Nr. C 329 vom 06.12.1993, S. 133)

8.(a) Verhaltenskodex des Rates und der Kommission für den Zugang der Öffentlichkeit zu Rats- und Kommissionsdokumenten (Beschluss 93/730/EG, ABl. Nr. L 340 vom 31.12.1993, S. 41)

8.(b) Beschluss des Rates über den Zugang der Öffentlichkeit zu Ratsdokumenten (Beschluss 93/731/EG vom 20.12.1993, ABl. Nr. L 340 vom 31.12.1993, S. 43)

8.(c) Beschluss der Kommission vom 8. Februar 1994 über den Zugang der Öffentlichkeit zu den der Kommission vorliegenden Dokumenten (ABl. Nr. L 46 vom 18.02.1994, S. 58)

8.(d) Mitteilung der Kommission über die Verbesserung des Zugangs zu den Dokumenten (ABl. Nr. C 67 vom 04.03.1994, S. 5)

9. Rechtssache Niederländische Regierung gegen den Rat (Rechtssache C-58/94, eingetragen in das Register des Europäischen Gerichtshofs am 10.02.1994) zur Aufhebung der Beschlüsse 93/730/EG und 93/731/EG (s. oben) sowie von Artikel 22 des Beschlusses des Rates vom 06.12.1993 zur Festlegung seiner Geschäftsordnung (ABl. Nr. L 304 vom 10.12.1993)

10. „John Carvel und Guardian Newspapers Ltd. gegen den Rat der Europäischen Union" (Rechtssache T 194/94 vom 19.05.1994) zur Aufhebung des Beschlusses des Rates zur Verweigerung des Zugangs zu bestimmten Ratsdokumenten gemäß dem Beschluss des Rates 93/731/EG vom 20.12.1993

11. Entschließungen des Europäischen Parlaments (I) vom 22. April 1994 zur „Transparenz in der Gemeinschaft" und (II) vom 6. Mai 1994 zur „Transparenz des Gemeinschaftsrechts"

2. Entwurf eine(r,s) [gemeinsamen Erklärung/Briefwechsels/interinstitutionellen Vereinbarung]

Das Europäische Parlament,

der Rat der Europäischen Union,

die Europäische Kommission,

- in Erwägung folgender Gründe :

A. das demokratische Prinzip ist eine der Grundlagen der Europäischen Union,

B. die Einführung der Unionsbürgerschaft und die Repräsentation der Unionsbürger im direkt gewählten Europäischen Parlament schufen die mit fortschreitender Integration erforderliche neue Ebene demokratischer Legitimation parallel zur demokratischen Legitimation durch die Parlamente der Mitgliedstaaten,

C. Artikel 138a EG-Vertrag weist den politischen Parteien auf europäischer Ebene eine institutionelle Rolle und einen Handlungsauftrag bei der Herstellung demokratischer Legitimation zu,

D. die demokratische Legitimation durch Europäisches Parlament und europäische politische Parteien kann nur dann wirksam entfaltet werden, wenn die politische Willensbildung in allen Institutionen durchschaubar ist,

E. der Unionsvertrag, insbesondere der zweite Absatz der Präambel, Artikel A und F sowie die Artikel 138a und e EG-Vertrag verpflichten alle Institutionen zur Transparenz, soweit nicht überragende Gründe des öffentlichen Interesses entgegenstehen,

F. in Kenntnis der Beschlüsse des Europäischen Rates von Birmingham und Edinburgh, der gemeinsamen Erklärung von Parlament, Kommission und Rat vom 25. Oktober 1993 und der Maßnahmen, die Rat und Kommission zu deren Ausführung getroffen haben, erscheinen folgende weiteren Schritte vordringlich:

1.a) Soweit der Rat aufgrund der Gemeinschaftsverträge in gesetzgebenden Verfahren oder im Haushaltsverfahren tätig wird, sind seine Tagungen [und die Sitzungen seiner Arbeitsgruppen] öffentlich; dies gilt auch für Beratungen im Vorfeld gesetzgeberischer Tätigkeit (Gesetzgebungsprogramm, Grünbücher, Weißbücher). Vorbereitende Arbeitsdokumente werden allen am Gesetzgebungsverfahren beteiligten Institutionen der Union in gleicher Weise zugänglich gemacht. Die Öffentlichkeit wird hergestellt, insbesondere durch freien Zugang der Vertreter der Institutionen der Union zum Sitzungsraum im Rahmen der verfügbaren Plätze, durch Fernsehübertragung in einen für das Publikum bestimmten Raum und durch Veröffentlichung der betreffenden Teile des Tagungsprotokolls, das insbesondere das Abstimmungsverhalten der einzelnen Mitglieder des Rates erkennen lassen muss.

b) In Einzelfällen kann der Rat mit qualifizierter Mehrheit Abweichungen von diesen Grundsätzen beschließen, wenn die Weitergabe bestimmter Informationen den Interessen der Union oder ihrer Bürger ernsthaften und nachweisbaren Schaden zufügen würde. In einem solchen Fall wird der Rat alle geeigneten Maßnahmen treffen, diejenigen Abgeordneten des Europäischen Parlaments zu informieren, die aufgrund ihrer Funktion ein berechtigtes Interesse daran haben und sich zur Verschwiegenheit verpflichtet haben.

c) In den Bereichen, die nicht unter Buchstabe a) fallen, entscheidet der Rat mehrheitlich darüber, ob seine Verhandlungen öffentlich sind und ob die vorbereitenden Arbeitsdokumente der Öffentlichkeit zugänglich gemacht werden.

d) Der Rat passt seine Geschäftsordnung entsprechend an.

2. Im Sekretariat des Rates und in den Verwaltungen der Mitgliedstaaten, in der Kommission und im Europäischen Parlament werden Kontaktburos benannt oder geschaffen, um die Dokumente der betreffenden Institutionen allen interessierten Bürgern auf Anfrage zu übermitteln; es wird ein internes Verfahren geschaffen, das es gestattet, die Ablehnung eines Ersuchens um Dokumentation auf politischer Ebene zu überprüfen.

3. Die am Gesetzgebungsverfahren beteiligten Institutionen bemühen sich, ihre Zusammenarbeit zu verbessern, um die Übersichtlichkeit und Klarheit der verabschiedeten Rechtsakte zu gewährleisten. Sie werden Verhandlungen über die Ausarbeitung gemeinsamer Leitlinien auf diesem Gebiet aufnehmen.

4. Die zuständigen Institutionen beabsichtigen, die Effizienz des Gesetzgebungsprogramms der Union zu verbessern; die Kommission wird im Entwurf des Gesetzgebungsprogramms insbesondere Angaben über Ziel und Tragweite des vorgesehenen Rechtsaktes unterbreiten.

2. Teil: Die konstitutionelle Stellung der europäischen politischen Parteien (Bericht D. Tsatsos)

I. Vorbemerkung

Der Bericht zur konstitutionellen Stellung der europäischen politischen Parteien ist im zweiten Halbjahr 1996 entstanden. Der durch den Vertrag von Maastricht geschaffene Artikel über die politischen Parteien auf europäischer Ebene (damals Artikel 138a EG-Vertrag) war gerade eineinhalb Jahre in Kraft, und die Regierungskonferenz zur Überprüfung dieses Vertrags hatte gerade begonnen. Der Parteienartikel hatte das Bewusstsein von der Bedeutung europäischer politischer Parteien gefestigt. Doch für die praktischen und rechtlichen Probleme, wie sie in zahlreichen Arbeiten des Instituts für Parteienrecht der FernUniversität in Hagen aufgezeigt worden waren, war noch keine Lösung in Sicht. Alle Akteure waren sich bewusst, dass die Metamorphose der als Dachorganisationen existierenden Parteiorganisationen zu wirklichen politischen Parteien auf europäischer Ebene Initiative und Reformwillen innerhalb des Parteienlebens voraussetzten. Mit seiner dem institutionellen Ausschuss vorgelegten Initiative konnte D. Tsatsos die Überzeugung vermitteln, dass die Schaffung des Rechtsrahmens eines europäischen Parteienstatutes eine zentrale Rahmenbedingung für eine harmonische Entfaltung des Parteienlebens auf europäischer Ebene ist. Ein solcher rechtlicher Rahmen war umso mehr notwendig, als die Praxis der Unterstützungsleistungen durch die Fraktionen des Europäischen Parlaments, die die europäischen Parteien seit ihrer Entstehung erhalten hatten, ohne eine gesetzliche Grundlage auf Dauer nicht gerechtfertigt werden konnten. Um den angestrebten rechtlichen Rahmen im Sekundärrecht der Union erlassen zu können, schlug D. Tsatsos eine Ergänzung des Parteienartikels im EG-Vertrag durch eine spezifische Befugnisnorm vor.

Trotz dieser einleuchtenden Gründe formierte sich gegen die Vorschläge des Berichtes Tsatsos zunächst beträchtlicher Widerstand. Teils glaubten die Parteiorganisationen und ihre führenden Vertreter, die gewohnte, auf das Selbstorganisationsrecht des Parlaments gestützte Praxis der Unterstützungsleistungen fortsetzen zu können, teils glaubten sie, die ursprüngliche Fassung des Parteienartikels erlaube den Erlass von Gemeinschaftsrechtsakten auf dem Gebiet des Parteienrechts.

D. Tsatsos reagiert auf diese Problemlage mit einer originellen politischen Lösung:

Er entwirft den Rahmen eines Parteienstatuts und akzeptiert, im Lichte der im Parlament vorherrschenden Auffassungen, dass dieses auf der Grundlage des Vertrages von Maastricht von den Unionsorganen verabschiedet werden könne. Gleichzeitig gelingt es ihm, die griechische Regierung zu überzeugen, der Regierungskonferenz einen Vorschlag zur Ergänzung des Parteienartikels durch eine spezifische Rechtsgrundlage vorzulegen.

In Abstimmung mit dem Kommissar für institutionelle Fragen, Marcelino Creja, schlägt D. Tsatsos schließlich vor, dass die Europäische Kommission die Perspektiven für die weitere Entwicklung untersuchen soll.

Sieben Jahre später hat die Geschichte D. Tsatsos in vollem Umfang Recht gegeben. Auf der Grundlage des Vertrages von Maastricht konnte keinerlei parteienrechtliche Bestimmung beschlossen werden. Die von D. Tsatsos angeregte Ergänzung des Parteienartikels wurde zwar nicht im Vertrag von Amsterdam, aber schließlich doch im Vertrag von Nizza beschlossen, bei dessen Entstehung er als Repräsentant des Parlaments dessen Positionen verteidigt hat. Kurz nach Inkrafttreten des Vertrages von Nizza haben Rat und Parlament gemeinsam ein europäisches Parteienstatut in Kraft gesetzt, dessen Grundzüge mit den Vorschlägen von D. Tsatsos übereinstimmen.

II. Entschließung zur konstitutionellen Stellung der europäischen politischen Parteien

Das Europäische Parlament,

- in Kenntnis von Artikel 138a EG-Vertrag,
- in Kenntnis von Artikel 148 seiner Geschäftsordnung,
- in Kenntnis des Berichts des Institutionellen Ausschusses (A4-0342/1996),

A. in der Erwägung, dass die politische Willensbildung auf der Ebene der Union zunehmend Lebensfragen der europäischen Gesellschaft und auch unmittelbar ihre

Bürger betrifft; dadurch wird auch eine Stärkung der Instrumente der demokratischen Beteiligung der Bürger an der Festlegung der Unionspolitik erforderlich,

B. mit der Feststellung, dass ohne ein funktionierendes Parteiensystem eine starke und widerstandsfähige Demokratie mit aktiver Bürgerbeteiligung nicht denkbar ist; dies gilt auch für die Ebene der Europäischen Union; in der Perspektive der Erweiterung eröffnen europäische Parteien eine einmalige Chance der Integration politischer Kultur,

C. in der Erwägung, dass ohne transnational organisierte und handelnde europäische Parteien von einer echten europäischen Bürgerschaft, die die politische Beschlussfassung auf europäischer Ebene verfolgt, diskutiert und beeinflusst, keine Rede sein kann,

D. in dem Bewusstsein, dass die Mitwirkung europäischer politischer Parteien an der politischen Willensbildung auf europäischer Ebene komplementär zu der Willensbildung auf dem Gebiet der Europapolitik der auf der Ebene der Mitgliedstaaten der Union tätigen Parteien erfolgt; in Bezug auf die Zuständigkeiten und Befugnisse des Europäischen Parlaments ist das Wirkungsfeld der europäischen Parteien komplementär zu dem der im Europäischen Parlament gebildeten Fraktionen,

E. in der Erkenntnis, dass nur durch Initiative und Reformwillen innerhalb des Parteienlebens selbst sich eine pluralistische Vielfalt aktiver europäischer Parteien herausbilden wird; durch politische Impulse und einen geeigneten, von der Europäischen Union gesetzten Rahmen würde die Entfaltung solcher demokratischer Initiative entscheidend gefördert; dieser Rahmen muss sehr weit gespannt werden, damit sich die europäischen Parteien in einem Prozess geschichtlichen Wandels entfalten können,

F. mit dem Wunsch, dass die europäischen Parteien künftig durch Beiträge aus gemeinschaftlichen Mitteln finanziert werden können; das gegenwärtig praktizierte Verfahren ist eine Übergangslösung; es sollte möglichst rasch eine Rechtssicherheit schaffende gemeinschaftsrechtliche Ermächtigung für diese Zuwendungen erlassen werden,

1. unterstützt mit Nachdruck die von den Regierungen auf der Regierungskonferenz unterbreiteten Vorschläge für eine Stärkung des Verfassungsstatuts der europäischen Staatsbürgerschaft und insbesondere die Verstärkung des Verfassungsauftrags der europäischen Parteien nach Artikel 138a EG-Vertrag im Hinblick auf den Erlass der nachstehend genannten Gemeinschaftsakte;

2. fordert, dass die Europäische Union – unabhängig vom Ergebnis der Regierungskonferenz – folgende Rechtsakte erlässt:

a) eine Rahmenverordnung über die Rechtsstellung europäischer Parteien,

b) eine Verordnung über die finanziellen Verhältnisse europäischer Parteien;

glaubt, dass diese Rechtsakte zwar auch auf Artikel 138a in Verbindung mit 235 EG-Vertrag gestützt werden könnten, dass aber gewichtige Gründe der Transparenz, der Rechtsklarheit und der Glaubwürdigkeit gegenüber den Bürgern für die der Regierungskonferenz vorliegenden Vorschläge sprechen, und billigt die folgenden ersten Orientierungen für den Inhalt dieser Rechtsakte;

3. hält es für angemessen, die Inanspruchnahme der Statusrechte einer europäischen Partei davon abhängig zu machen, dass eine politische Vereinigung zugleich

a) sich vor allem zu Themen der Europapolitik und der internationalen Politik äußert und im Europäischen Parlament vertreten ist oder eine solche Vertretung anstrebt, oder sich in anderer vergleichbarer Weise am europäischen Willensbildungsprozess beteiligt,

b) in einer Art und Weise organisiert ist, die geeignet ist, den politischen Willen von Bürgern der Union zum Ausdruck zu bringen,

c) nach Zielsetzung und Organisation mehr ist als eine bloße Wahlkampforganisation oder eine bloße Unterstützungsorganisation für eine Fraktion und die parlamentarische Arbeit,

d) in wenigstens einem Drittel der Mitgliedstaaten vertreten und transnational tätig ist;

4. ist der Ansicht, dass in einer europäischen Partei auch eine individuelle Mitgliedschaft möglich sein können muss;

5. hält es für notwendig, dass die europäischen Parteien mindestens folgende Verpflichtungen haben:

a) sich mit einem Organisationsstatut (einer Satzung) und einem politischen Grundsatzprogramm auszustatten, zu dem die europäischen Bürger Zugang haben,

b) im Programm und in ihrer praktischen Tätigkeit die im Unionsvertrag verankerten verfassungsrechtlichen Grundprinzipien der Demokratie, der Achtung der Menschenrechte und der Rechtsstaatlichkeit zu respektieren,

c) ihre Satzung so auszugestalten, dass ihre politische Willensbildung nach demokratischen Grundsätzen erfolgt und alle Bürger der Union, die dies wünschen, in ihrem Verlauf ihren politischen Willen zum Ausdruck bringen können,

6. hält es für zweckmäßig, gewisse Rechte europäischer Parteien sowohl gegenüber den Organen der Europäischen Union als auch gegenüber den Mitgliedstaaten klarzustellen, insbesondere

a) das Recht der freien Parteigründung,

b) die allgemeine politische Handlungsfreiheit,

c) der Anspruch auf Gleichbehandlung,

d) das Recht, bei Wahlen Kandidaten aufzustellen,

e) die Möglichkeit, zur Gewährleistung ihrer institutionellen Handlungsfähigkeit in allen Mitgliedstaaten Rechtspersönlichkeit zu erlangen und die Rechtsform anzunehmen, die zu diesem Zweck eingeführt werden soll;

7. erinnert daran, dass (gemäß Artikel F Absatz 3 des Vertrags über die Europäische Union) die Union sich mit den Mitteln ausstattet, die zum Erreichen ihrer Ziele und zur Durchführung ihrer Politiken erforderlich sind;

hält es für geboten, dass die an europäische Parteien aus Gemeinschaftsmitteln erfolgenden Zuwendungen

a) auf einer ausdrücklichen Ermächtigung durch einen zu diesem Zweck erlassenen Gemeinschaftsrechtsakt beruhen und im Unionshaushalt eindeutig als solche ausgewiesen sind; ein erster sinnvoller Schritt wäre die Einsetzung eines Erinnerungsvermerks im Haushaltsplan,

b) nach dem Grundsatz der Chancengleichheit verteilt werden, wobei Neugründungen eine echte Chance einzuräumen und die Zahl der Mitgliedstaaten zu berücksichtigen ist, in denen die Parteien vertreten sind,

c) zweckgebunden für die Erfüllung des aus Artikel 138a EG-Vertrag resultierenden, auf die Ebene der Europäischen Union bezogenen Handlungsauftrags gewährt werden,

d) für die Empfänger mit der Pflicht verbunden sein müssten, ihre finanziellen Verhältnisse offen zu legen; diese Offenlegungspflicht gilt auch für alle sonstigen Einnahmen (zum Beispiel Mitgliedsbeiträge, Spenden u.a.),

e) für die Empfänger einen finanziellen Anreiz schaffen, ihre gesellschaftliche Verwurzelung auszubauen und größere finanzielle Autonomie anzustreben, wobei zwischen der Finanzierung durch die Union und den Eigenmitteln der Partei ein Gleichgewicht bestehen muss;

8. fordert die europäischen Parteien auf, mögliche Meinungsverschiedenheiten über die Durchführung des europäischen Parteienrechts unbeschadet des Rechtswegs zum Gerichtshof der Europäischen Gemeinschaften mit Hilfe außergerichtlicher Vermittlungs- und Schlichtungsverfahren zu klären;

9. fordert die Kommission auf, unter Berücksichtigung dieser Orientierungen in einem Grünbuch weitere Schritte zur Konkretisierung des Verfassungsauftrages von

Artikel 138a EG-Vertrag zu untersuchen, und behält sich vor, die vorhandenen Optionen im Lichte der weiteren Entwicklung zu überprüfen;

10. beauftragt seinen Präsidenten, diese Entschließung den Regierungen der Mitgliedstaaten, der Regierungskonferenz, dem Rat und der Kommission zu übermitteln.

III. Begründung

1. Die Herausforderung

Politische Parteien in der Vielfalt der Formen, in denen wir ihnen in Europa und in allen Teilen der Erde begegnen, sind Ergebnis einer langen Tradition auf dem Wege zur Demokratie. Diese geschichtliche Entwicklung ist auch heute noch nicht abgeschlossen. Politische Parteien sind unbestreitbar Bestandteil der europäischen politischen Kultur. Ohne ein funktionierendes Parteiensystem ist eine starke und widerstandsfähige Demokratie mit aktiver Bürgerbeteiligung nicht denkbar. In vielen Staaten ist die zentrale Rolle der Parteien im Prozess demokratischer Willensbildung durch die Verfassung anerkannt, ihre Rechtsstellung durch Gesetz geregelt und ein Anspruch auf Zuwendungen aus öffentlichen Mitteln vorgesehen, damit sie ihren Verfassungsauftrag erfüllen können. Diese rechtlichen Formen haben durchweg eine bestehende Parteienwirklichkeit konsolidiert und geordnet und nicht etwa neu geschaffen.

Der Prozess der Europäischen Integration ist seit seinen Anfängen in den fünfziger Jahren in der Weise verlaufen, dass die historisch gewachsenen politischen Strukturen durch neue, mit juristischen Mitteln geschaffene Institutionen überwölbt wurden. Natürlich wären die neuen institutionellen Konstruktionen ohne einen ihre Praxis tragenden politischen Willen nicht lebensfähig gewesen. Doch ist festzuhalten, dass das Gelingen der politischen Integration Europas nach unserer Erfahrung rechtliche Formen voraussetzt, in denen der politische Wille sich entfalten kann.

Politische Willensbildung auf der Ebene der Europäischen Union betrifft zunehmend Lebensfragen der europäischen Gesellschaft und auch unmittelbar ihre Bürger – man denke an die Gesetzgebung zur Verwirklichung des Binnenmarktes, die Wirtschafts- und Währungsunion, an gemeinsame Maßnahmen zur Gewährleistung der inneren und äußeren Sicherheit. In gleichem Maße müssen die Anforderungen an die demokratische Legitimation dieser Willensbildung wachsen. Dies ist nicht nur eine

Frage der Reform der Institutionen[1], sondern auch der angemessenen Repräsentation, einer geradezu hörbaren Artikulation der gesellschaftlichen Kräfte in diesen Institutionen. Mit anderen Worten: In immer größerem Maße verbinden sich Wirtschaftsunternehmen zu transnationalen Einheiten mit gemeinsamer Organisation und Willensbildung; die historisch gewachsenen Nationalstaaten gehen untereinander immer tiefergehende, z.B. interministerielle Kooperationsformen und supranationale Zusammenschlüsse ein. In vergleichbarer Weise müssen sich auch die historisch gewachsenen Parteien der Herausforderung stellen, dass politische Willensbildung transnational organisiert werden muss, wenn sie im aktuellen Kontext Wirkungen haben und als legitim anerkannt werden soll. Mit der Überwindung einer in sich abgekapselten nationalen politischen Willensbildung würden Europäische Politische Parteien einen entscheidenden Beitrag zur Verwirklichung einer immer engeren Union der Völker Europas leisten. Dies wäre nicht nur ein Beitrag zu größerer Bürgernähe und Glaubwürdigkeit der Europäischen Institutionen, sondern auch ein hilfreicher Schritt bei dem Bemühen, die bestehende Glaubwürdigkeitskrise der nationalen Partei-Institutionen zu überwinden.

2. Das Ziel

Dieser Bericht zielt nicht darauf ab, die Herausbildung Europäischer Politischer Parteien etwa durch einen Akt der Europäischen Union zu forcieren oder zu vollenden. Dazu wären weder die Regierungskonferenz noch der Unionsgesetzgeber oder das Europäische Parlament berufen und in der Lage. Die Analyse muss nämlich von der historischen Tatsache ausgehen, dass sich die großen politischen Familien Europas in Organisationen zusammengeschlossen haben, die sich den Namen Europäischer Politischer Parteien gegeben haben, und auf deren gemeinsame Initiative der jetzige Artikel 138a EG-Vertrag mit dem nachfolgenden Wortlaut in den Vertrag über die Europäische Union aufgenommen wurde:

„Politische Parteien auf europäischer Ebene sind wichtig als Faktor der Integration in der Union. Sie tragen dazu bei, ein europäisches Bewusstsein herauszubilden und den politischen Willen der Bürger der Union zum Ausdruck zu bringen."

Dieser Verfassungsauftrag muss durch eine pluralistische Vielfalt lebendiger demokratischer Parteien ausgefüllt werden. Dafür sind Initiative und Reformwille innerhalb des Parteienlebens gefordert. In diesem Zusammenhang kommt den existierenden europäischen Parteienzusammenschlüssen eine große Bedeutung zu. Sie lassen sich als europäische Dachorganisationen von in der gleichen politischen Familie

---

[1]   Vgl. hierzu die Forderungen des Europäischen Parlaments in den Entschließungen vom 13. März 1996 (Bericht Dury/Maij-Weggen), ABl. C 96 vom 01.04.1996, S. 77 ff. und vom 17.05.1995 (Bericht Bourlanges/Martin), ABl. C 151 vom 19.06.1995, S. 56 ff.

verbundenen Parteien aus verschiedenen Mitgliedstaaten charakterisieren und stellen als solche eine bedeutende erste Stufe des geschichtlichen Prozesses der Parteibildung auf europäischer Ebene dar.

Für die nächsten Entwicklungsschritte relevante Fragen sind die zusätzliche Öffnung für individuelle Mitgliedschaften und der Übergang zu Mehrheitsentscheidungen in der innerparteilichen Willensbildung. Diese Schritte sollten freilich nicht von oben verordnet, sondern in demokratischen Verfahren der lebendigen Parteientwicklung erarbeitet werden. Sie sind deshalb nicht Bestandteil des im Entschließungsantrag entwickelten Rahmens von gemeinschaftsrechtlich vorgeschriebenen Mindestanforderungen. Die gegenwärtigen Unterschiede zwischen den bestehenden europäischen Parteiorganisationen zeigen, dass die weitere Umformung nur stufenweise in einem Prozess geschichtlichen Wandels vollzogen werden kann. Deshalb können auch Übergangs- und Zwischenformen als Entwicklungsschritte sinnvoll sein, z.B. die unmittelbare Anbindung individueller Sympathisantengruppen an bisher ausschließliche Dachorganisationen oder der Übergang zu Mehrheitsentscheidungen in der internen politischen Willensbildung zumindest in den Bereichen, in denen selbst der Ministerrat mit Mehrheit entscheidet.

Es mag sein, dass zwischen Europäischen Politischen Parteien und den Parteien, wie wir sie aus dem politischen Leben unserer Mitgliedstaaten kennen, gewisse Unterschiede auf Dauer bestehen bleiben. Doch wird man im Vergleich zu dem in den politischen Institutionen der Union erreichten Integrationsgrad feststellen müssen, dass die Entwicklung der Europäischen Politischen Parteien insgesamt zurückhinkt. Der vorliegende Bericht kann in diesem Zusammenhang nur das Ziel haben, einerseits die politische Initiative zu stimulieren, andererseits zu entfalten und klarzustellen, welchen „verfassungsmäßigen" Auftrag und Rahmen Artikel 138a EG-Vertrag für die Herausbildung Europäischer Politischer Parteien setzt und auf welche Weise ihre weitere Entwicklung von den Institutionen der Europäischen Union gefördert werden kann. Hierzu sind in einem ersten Schritt zunächst die politisch vorrangigen Inhalte des Verfassungsauftrags der Europäischen Politischen Parteien zu klären. In einem weiteren Gedankenschritt müssen dann Vorschläge für die geeigneten rechtlichen Formen zu seiner Durchführung entwickelt werden[2].

---

[2]   Der Horizont dieses Dokuments beschränkt sich auf in absehbarer Zukunft politisch realisierbare Konkretisierungsschritte. Für eine weiter gespannte Perspektive auf wissenschaftlicher Grundlage sei verwiesen auf D. Th. Tsatsos, Europäische Politische Parteien in EuGRZ 1994, S. 45 ff.

3. Die Inhalte des Verfassungsauftrags

Artikel 138a EG-Vertrag enthält einen Verfassungsauftrag, der sowohl Rechte als auch Pflichten der Europäischen Politischen Parteien impliziert. Damit gebietet das Erfordernis der Rechtssicherheit eine Klärung, wann wir eine Organisation als Europäische Politische Partei ansehen können. Weil wir uns mitten in einer lebendigen Entwicklung befinden, wäre der Versuch einer theoretischen Abgrenzung verfehlt. Zu groß wäre das Risiko, durch Definitionen künftige politische Gestaltungsformen ohne Not auszugrenzen oder zu hemmen. Wenn Artikel 138a EG-Vertrag von politischen Parteien auf europäischer Ebene spricht, knüpft er an die Tradition und historische Entwicklung der Parteien in den Mitgliedstaaten an. Eine Parteibildung auf europäischer Ebene impliziert darüber hinaus organisatorische Besonderheiten. Ohne damit eine abschließende Definition zu geben, wird man fordern müssen, dass Europäische Politische Parteien eine Anzahl von Merkmalen aufweisen müssen, die vom Erscheinungsbild der politischen Parteien aus den Mitgliedstaaten der Union abgeleitet und – mutatis mutandis – auf die Ebene der Europäischen Union zu übertragen sind.

a) *Rechtfertigung der Inanspruchnahme von Statusrechten*

Um die Statusrechte einer Europäischen Politischen Partei in Anspruch nehmen zu können, muss eine politische Vereinigung – unbeschadet der Rolle der auf der Ebene der Mitgliedstaaten tätigen Parteien im europäischen Willensbildungsprozess – insbesondere

- sich vor allem zu Themen der Europapolitik und der internationalen Politik äußern und im Europäischen Parlament vertreten sein oder eine solche Vertretung anstreben, oder sich in anderer vergleichbarer Weise am europäischen Willensbildungsprozess beteiligen;

- in einer Art und Weise organisiert sein, die geeignet ist, den politischen Willen von Bürgern der Union zum Ausdruck zu bringen;

- nach Zielsetzung und Organisation mehr sein als eine bloße Wahlkampforganisation oder eine bloße Unterstützungsorganisation für eine Fraktion und die parlamentarische Arbeit;

- im Gebiet von mindestens einem Drittel der Mitgliedstaaten der Europäischen Union vertreten und transnational tätig sein.

Für die Erforderlichkeit dieser unabdingbaren Merkmale lassen sich folgende Gesichtspunkte anführen:

aa) Äußerungen zu Themen der Europapolitik

Artikel 138a EG-Vertrag stellt einen eindeutigen Bezug her zwischen Europäischen Politischen Parteien und Europäischer Integration. Die politische Freiheit als Basisrecht politischer Parteien verbietet, dies als Verpflichtung auf die Ziele des Artikels 138a EG-Vertrag oder des Unionsvertrags schlechthin zu verstehen. Doch man muss verlangen, dass Programm und Tätigkeit Europäischer Politischer Parteien sich auf die europäischen Aspekte politischer Themen beziehen, was im Extremfall auch die Form der völligen Ablehnung europäischer Lösungen annehmen könnte.

Artikel 138a EG-Vertrag steht im Sinnzusammenhang des institutionellen Systems der Europäischen Union, nach dem sich der politische Wille der Völker im Europäischen Parlament artikuliert[3]. Eine politische Vereinigung, die eine Vertretung im Europäischen Parlament nicht einmal anstrebt und sich auch nicht in anderer vergleichbarer Weise am europäischen Willensbildungsprozess beteiligt, stellt sich selbst außerhalb des institutionellen Systems der Union und kann nicht den Anspruch erheben, im Sinne von Artikel 138a EG-Vertrag den politischen Willen der Bürger der Union zum Ausdruck zu bringen.

bb) Notwendigkeit einer Organisationsstruktur

Im Unterschied zu losen Vereinigungen ist für politische Parteien im Hinblick auf ihren Verfassungsauftrag eine gewisse Organisationsstruktur notwendig. Dies gilt in gleicher Weise für den in Artikel 138a EG-Vertrag enthaltenen Verfassungsauftrag. Einzelheiten werden im folgenden Abschnitt entwickelt.

cc) Dauerhaftes Wirksamwerden in der Gesellschaft

Der Verfassungsauftrag politischer Parteien umfasst – über die Vorbereitung demokratischer Wahlen hinaus – ein dauerhaftes Wirksamwerden in der Gesellschaft und somit eine Verwurzelung, ohne die es nicht möglich ist, den politischen Willen der Bürger zum Ausdruck zu bringen. Hiervon kann für Europäische Politische Parteien keine Ausnahme gemacht werden. Allenfalls ist einzuräumen, dass ihre Verankerung in der Gesellschaft nur in einem schrittweisen, sich über einen längeren Zeitraum erstreckenden Prozess verwirklicht werden kann. Dieser Zeitraum kann natürlich nicht unbegrenzt ausgedehnt werden.

Zwischen der Partei und ihrer Vertretung im Parlament, der Fraktion, besteht natürlich ein enges Band. Doch müssen Partei und Fraktion jeweils auch eine institutionelle und politische Eigenrolle haben. Das Betätigungsfeld der Fraktion ist das Parlament. Die Partei arbeitet hierbei mit der Fraktion zusammen, muss darüber hinaus

---

[3]   Im Ministerrat hingegen artikuliert sich der politische Wille der Staaten.

aber ihre Aufgaben im Vorfeld der Wahlen erfüllen und – anders als die Fraktion – zwischen den Wahlen sich in der Gesellschaft um Information, öffentliche Diskussion und politische Bildung bemühen.

dd) Transnationale Tätigkeit

Eine Partei, deren Organisation und Tätigkeit die Grenzen eines Mitgliedstaats nicht überschreitet, kann nicht als „Europäische Partei" angesehen werden, auch wenn sie dem Merkmal a) entspricht, denn fast alle herkömmlichen Parteien in den Mitgliedstaaten der Union erfüllen dieses Kriterium.

b) *Zwingende Anforderungen an die Organisationsstruktur*

Die verfassungsmäßige Stellung der politischen Parteien, auch die der Europäischen Politischen Parteien, umfasst nicht nur Rechte, sondern auch Pflichten, die sich aus den Rechten der Bürger gegenüber den Parteien ergeben. Im Lichte des zentralen Parteiengrundrechts der politischen Handlungsfreiheit sind diese Pflichten im Wesentlichen zwingende Anforderungen an die Organisationsstruktur Europäischer Politischer Parteien. Um ihren Verfassungsauftrag erfüllen zu können, müssen Europäische Politische Parteien

- über ein Organisationsstatut (eine Satzung) und über ein politisches Grundsatzprogramm verfügen, die den europäischen Bürgern zugänglich sein müssen;

- im Programm und in ihrer praktischen Tätigkeit die im Unionsvertrag verankerten verfassungsrechtlichen Grundprinzipien der Demokratie, der Achtung der Menschenrechte und der Rechtsstaatlichkeit respektieren;

- ihre Satzung so ausgestalten, dass ihre politische Willensbildung nach demokratischen Grundsätzen erfolgt und die Bürger der Union fortlaufend ihren politischen Willen zum Ausdruck bringen können.

Diese Anforderungen sind aus folgenden Gründen gerechtfertigt:

aa) Organisationsstatut und politisches Grundsatzprogramm

Der Verfassungsauftrag der Europäischen Politischen Parteien ist auf die Teilnahme am öffentlichen politischen Leben gerichtet. Demokratische Öffentlichkeit hat einen grundsätzlichen Anspruch auf Transparenz, die für politische Parteien nur in der Weise hergestellt werden kann, dass Organisationsstatut und Programm ausdrücklich niedergelegt und öffentlich zugänglich sein müssen.

bb) Achtung der im Unionsvertrag verankerten verfassungsrechtlichen Grundprinzipien

Die spezifischen Vorrechte Europäischer Politischer Parteien können jedenfalls von solchen Vereinigungen nicht beansprucht werden, die die Fundamente der demokratischen Willensbildung bekämpfen.

cc) Ausgestaltung der Satzung

Die innere Struktur Europäischer Politischer Parteien muss ihrem Verfassungsauftrag entsprechen.

Kraft ihres Verfassungsauftrags kommen Europäischen Politischen Parteien spezifische Rechte zu. Sie sind im Wesentlichen Rechte der Freiheit und Gleichheit. Bei ihrer Konkretisierung ist zu berücksichtigen, dass die Tätigkeit Europäischer Politischer Parteien zwar auf die Organe der Europäischen Union bezogen ist, aber nicht in einem extraterritorialen Raum, sondern im Hoheitsgebiet von Mitgliedstaaten stattfindet. Ihre Rechte müssen deshalb sowohl gegen die Organe der Europäischen Union, als auch gegen die der Mitgliedstaaten gerichtet sein. Neben dem Recht der freien Parteigründung, der allgemeinen politischen Handlungsfreiheit und dem Anspruch auf Gleichbehandlung ist hier insbesondere das Recht zu nennen, bei Wahlen Kandidaten aufzustellen – hier werden in erster Linie die Europawahlen in Betracht kommen – und von den Hoheitsorganen Zugang zu allen Informationen zu erhalten, die mit der Erfüllung ihres Auftrags in vernünftigem Zusammenhang stehen.

Zur Gewährleistung ihrer institutionellen Handlungsfähigkeit sollten Europäische Politische Parteien die Möglichkeit erhalten, Rechtspersönlichkeit zu erlangen. Subjektivität ist die Voraussetzung für die Handlungsfähigkeit von Parteien. Jedoch gibt es unterschiedliche Traditionen und geschichtliche Entwicklungen zu der Frage, ob hierfür die Erlangung der Rechtspersönlichkeit notwendig ist. Gegebenenfalls können geeignete Vertretungs- und Beschlussfassungsregeln in der Satzung ausreichen. Für Europäische Politische Parteien sollte Rechtspersönlichkeit deshalb nicht verbindlich vorgeschrieben werden, jedoch sollte im Recht der Europäischen Union eine geeignete Rechtsform für diejenigen Europäischen Politischen Parteien geschaffen werden, die die Rechtspersönlichkeit zu erlangen wünschen.

In vielen Staaten haben politische Parteien einen Anspruch auf finanzielle Zuwendungen aus öffentlichen Mitteln. Er beruht auf der Überzeugung, dass politische Parteien einen über die vereinsmäßige Assoziierung ihrer Mitglieder und die Vorbereitung und Führung von Wahlkämpfen hinausgehenden Verfassungsauftrag haben, der als „Information, öffentliche Diskussion und Bildung" umschrieben werden kann und eine die reine Wahlkampfkostenerstattung übersteigende öffentliche Parteienfinanzierung rechtfertigt. Die gegenwärtigen Formen der öffentlichen Parteienfinanzierung haben sich allmählich über ad-hoc Lösungen entwickelt und wurden erst nachträglich auf Grundlagen gestellt, die rechtsstaatlichen Ansprüchen an Transparenz und demokratischer Legitimation genügen.

Seit die großen politischen Familien ihre europäischen Dachorganisationen als Europäische Politische Parteien gegründet haben, wurden Mittel und Wege gefunden, ihre Aufbauarbeit aus Gemeinschaftsmitteln zu unterstützen. Solche Zuwendungen sind aus den gleichen Gründen gerechtfertigt wie bei politischen Parteien auf nationaler Ebene. In ihrer gegenwärtigen Form sind sie aber weder im Haushaltsplan eindeutig als solche erkennbar, noch gibt es für sie eine angemessene Ermächtigungsnorm. Zwar halten manche Artikel 142 EG-Vertrag für eine mögliche Grundlage einer europäischen Parteienfinanzierung. Ihr Berichterstatter kann dies aber nur als ad-hoc Lösung für eine Übergangsphase akzeptieren. Das Selbstorganisationsrecht des Europäischen Parlaments kann nur für die Finanzierung einer parlamentsbezogenen Tätigkeit eine legitime Grundlage darstellen, nicht aber für die wesentlich weiterreichenden Funktionen einer Europäischen Politischen Partei. Wenn Europäische Politische Parteien sich über die gegenwärtigen, überwiegend parlamentsbezogenen Dachorganisationen hinaus zu lebendigen, in der Gesellschaft verwurzelten Parteien entwickeln sollen, verliert die gegenwärtige Lösung ihre Tragfähigkeit.

dd) Die in Erwägung gezogene Schaffung einer besonderen Haushaltslinie für die Parteienfinanzierung und die Einsetzung eines p.m.-Vermerks ist als erster Schritt zu mehr Transparenz gewiss sinnvoll, reicht für sich allein aber nicht aus, um die gegenwärtige Praxis abzusichern. Unter Berücksichtigung der politischen Probleme, die die öffentliche Parteienfinanzierung in vielen Staaten aufgeworfen hat und noch aufwirft, kommt Ihr Berichterstatter deshalb zu dem Schluss, dass auf europäischer Ebene die gegenwärtigen Verfahrensweisen in sehr naher Zukunft durch eine rechtsstaatlich einwandfreie Form der Parteienfinanzierung ersetzt werden müssen, die mindestens folgenden Kriterien entspricht:

Die Zuwendungen müssen:

- auf einer ausdrücklichen Ermächtigung durch einen speziell zu diesem Zweck erlassenen Gemeinschaftsrechtsakt beruhen und im Gemeinschaftshaushalt spezifisch ausgewiesen sein;

- nach dem Grundsatz der Chancengleichheit verteilt werden, wobei Neugründungen eine faire Chance einzuräumen und die Zahl der Mitgliedstaaten zu berücksichtigen ist, in denen die Parteien vertreten sind;

- zweckgebunden für die Erfüllung des aus Artikel 138a EG-Vertrag resultierenden, auf die Ebene der Europäischen Union bezogenen Handlungsauftrags gewährt werden;

- für die Empfänger mit der Pflicht verbunden sein, ihre finanziellen Verhältnisse offen zu legen; diese Offenlegungspflicht umfasst auch alle sonstigen Einnahmen (Mitgliedsbeiträge, Spenden, u.a.);

- für die Empfänger einen finanziellen Anreiz schaffen, ihre gesellschaftliche Verwurzelung auszubauen und größere finanzielle Autonomie anzustreben.

ee) Trotz dieser Klarstellung der verfassungsmäßigen Rechte und Pflichten Europäischer Politischer Parteien kann im Einzelfall Streit darüber entstehen, ob eine politische Vereinigung die gestellten Anforderungen erfüllt oder einen bestimmten Anspruch geltend machen kann. In dieser politisch sehr heiklen Materie erscheint es nicht geraten, die Streitentscheidung ausschließlich einem Rechtsprechungsorgan oder gar einem Verwaltungsorgan zu übertragen. Unter Beachtung der spezifischen Aufgaben der Kommission als Hüterin der Verträge und vorbehaltlich des Rechtsweges zum Europäischen Gerichtshof als dem Wahrer des Rechts sollten die Europäischen Politischen Parteien so weit wie möglich von außergerichtlichen Vermittlungs- und Schiedsverfahren Gebrauch machen.

4. Notwendigkeit der Schaffung geeigneter rechtlicher Formen

Die bisher entfaltete Klarstellung des Verfassungsauftrages von Artikel 138a EG-Vertrag spannt einen weiten Rahmen, innerhalb dessen sich Europäische Politische Parteien in einem Prozess geschichtlichen Wandels entwickeln können. Um diese Entwicklung zu stimulieren und zu beschleunigen, reichen politische Appelle nicht aus. Die Erfahrung des europäischen Integrationsprozesses zeigt, dass die Bereitstellung geeigneter rechtlicher Formen hilfreich ist, wenn sie angemessene Spielräume für die Entfaltung der gesellschaftlichen Kräfte eröffnet. Unter Berücksichtigung der Ausführungen unter Abschnitt III plädiert der Institutionelle Ausschuss dafür, dass die Europäische Union den Verfassungsauftrag des Artikels 138a EG-Vertrag durch zwei Rechtsakte konkretisiert:

Eine „Rahmenverordnung über die Rechtsstellung Europäischer Politischer Parteien" sollte die in den Absätzen 3 a), 3 b) aa) bis cc) und ee) entwickelten Kriterien, Rechte, Pflichten und Verfahren mit verbindlicher Wirkung klarstellen.

Eine „Verordnung über die finanzielle Unterstützung Europäischer Politischer Parteien aus Haushaltsmitteln" mit den in dem Absatz 3 b) dd) entwickelten Inhalten sollte eine unangreifbare Grundlage für eine europäische Parteienfinanzierung schaffen.

a) Reaktion der Konferenz der Präsidenten des Europäischen Parlaments

Die Konferenz der Präsidenten des Europäischen Parlaments hat sich in ihrer Sitzung vom 19. September 1996 mit dem Gegenstand dieses Berichts befasst. Der Berichterstatter versteht das Ergebnis dieser Beratung in der Weise, dass die große Mehrheit der Fraktionsvorsitzenden befürwortet, das vom Berichterstatter vorgeschlagene Konzept, gegebenenfalls unter Abänderungen im Detail, auf der Grundlage der bestehenden Verträge durch schrittweise Initiativen des Parlaments und der Parteien zu verwirklichen. Die Konferenz der Präsidenten begegnet dagegen dem Gedanken einer Vertragsänderung mit Zurückhaltung, weil seine Erfolgsaussichten noch ungewiss seien.

Ihr Berichterstatter ist persönlich allerdings der Auffassung, dass eine Vertragsergänzung aus den folgenden Gründen nützlich wäre. Sie würde für die hier geforderte weitere institutionelle Entwicklung der Europäischen Politischen Parteien Klarheit und Sicherheit schaffen. Wenn in Artikel 138a EG-Vertrag der Erlass gemeinschaftsrechtlicher Bestimmungen zur Klärung der rechtlichen Stellung und zur Verbesserung der tatsächlichen Voraussetzungen für die Erfüllung des Auftrages Europäischer Politischer Parteien ergänzend erwähnt würde, würde die ganze juristische Diskussion über die geeignete Rechtsgrundlage zu Makulatur werden und die weitere Entwicklung einen starken politischen Impuls erhalten.

Nach der Überzeugung des Berichterstatters ist gemäß dem gemeinschaftsrechtlichen Grundsatz der Einzelermächtigung Artikel 138a EG-Vertrag in seiner jetzigen Form für sich alleine genommen keine ausreichende Grundlage zum Erlass von Gesetzgebungsakten der Gemeinschaft[4]. Es müssten deshalb andere Rechtsgrundlagen in Verbindung mit Artikel 138a EG-Vertrag herangezogen werden, die jedoch juristische Probleme aufwerfen und deshalb den politischen Entscheidungsprozess eher erschweren als erleichtern. Das Selbstorganisationsrecht des Europäischen Parlaments setzt einen sehr engen Zusammenhang zwischen Partei und Fraktion voraus und ist deshalb – wie bereits ausgeführt – nur eine Übergangslösung. Artikel 138 Absatz 3 EG-Vertrag betrifft nur das Wahlverfahren, nicht aber das Parteienrecht, zudem haben seine Verfahrensregeln bis jetzt das Zustandekommen eines Beschlusses unmöglich gemacht. Artikel 100 EG-Vertrag kann wegen seines direkten Bezuges auf die Errichtung oder das Funktionieren des Gemeinsamen Marktes im Bereich des Parteienrechts nur im Wege einer extensiven Auslegung herangezogen werden. Bei einem eventuellen Rückgriff auf das Verfahren des Artikels 8e EG-Vertrag müsste man sich mit dem Argument auseinandersetzen, dass die Bestim-

---

[4] Insofern besteht ein wesentlicher Unterschied zwischen dem Gemeinschaftsrecht und staatlichem Verfassungsrecht: Der nationale Gesetzgeber braucht keine besondere Ermächtigung für die legislative Konkretisierung eines Verfassungsauftrags.

mung über die Europäischen Politischen Parteien vom Unionsvertrag nicht in den Kontext der Bestimmungen über die Unionsbürgerschaft gestellt wurde. Juristisch am wenigsten problematisch wäre die ergänzende Heranziehung der Generalklausel des Artikels 235 EG-Vertrag, der allerdings einstimmige Beschlussfassungsverfahren voraussetzt. Diese Fragen müssten gegebenenfalls in einem Grünbuch der Kommission näher untersucht werden.

b) Vorschlag der griechischen Regierung

Im September 1996 hat die griechische Regierung der Regierungskonferenz den Vorschlag unterbreitet, Artikel 138a EG-Vertrag in geeigneter Weise zu vervollständigen. Die von der griechischen Regierung vorgeschlagene Fassung lautet wie folgt:

Artikel 138a Satz 2 (neu)

„Zur Klärung ihrer rechtlichen Stellung und zur Verbesserung der tatsächlichen Voraussetzungen für die Erfüllung ihres Auftrages können Rechtsvorschriften nach dem Verfahren der Mitentscheidung erlassen werden."

c) Das italienisch/österreichische Memorandum

Kurze Zeit später haben die italienische und die österreichische Regierung im Rahmen eines gemeinsamen Memorandums zur Bürgerschaft der Union einen neuen Artikel 8g vorgeschlagen, der wie folgt lautet:

„(1) Unionsbürger haben das Recht, sich auf europäischer Ebene in Form von politischen Parteien frei zusammenzuschließen, die auf den Grundsätzen der Freiheit der Demokratie, der Achtung der Menschenrechte und der Grundfreiheiten und der Rechtsstaatlichkeit beruhen. Solche Parteien tragen auf demokratische Art und Weise dazu bei, ein europäisches Bewusstsein herauszubilden und den politischen Willen der Bürger der Union zum Ausdruck zu bringen.

(2) Unionsbürger haben das Recht, sich Gewerkschaften und anderen Verbänden und Vereinigungen auf europäischer Ebene anzuschließen, die in Übereinstimmung mit den Rechtsvorschriften eines Mitgliedstaates oder der Gemeinschaft gegründet worden sind."

Wenn dieser neue Artikel nicht, wie im italienisch/österreichischen Memorandum vorgeschlagen, Artikel 138a EG-Vertrag ersetzt, sondern zusätzlich zu einem entsprechend dem griechischen Vorschlag ergänzten Artikel 138a hinzutritt, würden sowohl das Verfassungsstatut der europäischen Staatsbürgerschaft als auch der Verfassungsauftrag der Europäischen Politischen Parteien gestärkt.

d) Empfehlung des Institutionellen Ausschusses

Der Institutionelle Ausschuss empfiehlt dem Europäischen Parlament deshalb, die der Regierungskonferenz unterbreiteten Vorschläge mit Nachdruck zu unterstützen und gleichzeitig darauf hinzuweisen, dass die erforderlichen Gemeinschaftsrechtsakte zwar auch auf die Artikel 138a in Verbindung mit 235 EG-Vertrag gestützt werden könnten, dass aber gewichtige Gründe der Transparenz, der Rechtsklarheit und der Glaubwürdigkeit gegenüber den Bürgern für die der Regierungskonferenz vorliegenden Vorschläge sprechen.

Eine Minderheit der Mitglieder des Institutionellen Ausschusses hat eine Reihe von Änderungsanträgen unterstützt, in denen die Orientierung in diesem Bericht prinzipiell angefochten wird.

Sie ist zunächst der Ansicht, dass Artikel 138a des Vertrags keine Rechtsgrundlage bietet, um einen Rechtsstatus der „Europäischen Politischen Parteien" – erst recht einen als „konstitutionell" bezeichneten Status – oder eine diesbezügliche finanzielle Verordnung zu billigen. In Artikel 138a wird nur die Tätigkeit der politischen Parteien „auf europäischer Ebene" und nicht die Existenz „Europäischer Politischer Parteien" vorsichtig erwähnt. Dieser Artikel überlässt die Frage ihrer etwaigen Gründung und ihres Funktionierens der Freiheit der bürgerlichen Gesellschaft. Er sieht keine Übertragung von Befugnissen vor, um über diesbezügliche legislative oder administrative Maßnahmen zu entscheiden. Auch Artikel 235 kann schließlich diese Lücke keinesfalls schließen.

Die Schaffung eines „konstitutionellen Status der Europäischen Politischen Parteien" ist im gegenwärtigen Rechtsrahmen unmöglich; sollte dieser also reformiert werden? Die Minderheit des Institutionellen Ausschusses hat dies aus zwei Gründen verneint.

Erstens bezieht sich der Begriff eines „konstitutionellen Status der Europäischen Politischen Parteien" auf die Konzeption eines Europa, wo die wichtigsten Entscheidungszentren von den Nationen relativ unabhängig wären und wo sich ein autonomes politisches Leben um diese Zentren organisieren würde (das sogenannte „föderale Europa"). Die gegenwärtige Konzeption, wonach sich das politische Leben zunächst in den Nationen organisiert und die sodann ihre Vertreter auf die europäische Ebene delegieren, dürfte vielmehr rationeller und klarer sein. Jedenfalls haben die europäischen Völker keine andere Konzeption gebilligt und es wäre kaum demokratisch, Durchführungsmaßnahmen zu treffen, die ihr eventuelles prinzipielles Einverständnis vorwegnehmen.

Zweitens scheint das im Bericht vorgesehene gemeinschaftliche Finanzierungssystem „Europäischer Parteien", das die Gewährung der Subventionen der Gruppierung mehrerer Nationalitäten unterordnen würde, hinsichtlich der Mitglieder des Europäischen Parlaments nicht Artikel 137 des Vertrags zu entsprechen. Dieser macht in Übereinstimmung mit dem allgemeinen Geist der europäischen Institutionen die Abgeordneten zu Vertretern ihrer jeweiligen Völker. Daraus ergibt sich, dass niemand sie – um Finanzmittel zu erhalten oder unter irgendeinem anderen Vorwand – zwingen können darf, sich in einer Weise zusammenzuschließen, die nicht zwangsläufig die Interessen ihrer Völker wahren würde.

Aus all diesen rechtlichen Gründen und weil es politisch und finanziell unangebracht ist, hat es die Minderheit des Institutionellen Ausschusses abgelehnt, den vorliegenden Bericht zu billigen.

3. Teil: Entschließung des Europäischen Parlaments zum Vertrag von Amsterdam (Bericht I. Mendez de Vigo/D. Tsatsos)

I. Vorbemerkung

Der Vertrag von Maastricht hatte vorgesehen, dass im Hinblick auf die absehbaren Erweiterungen der Union im Jahre 1996 eine Regierungskonferenz stattfinden solle. Im Lichte der vorbereitenden Arbeiten einer im Jahre 1995 tagenden Reflexionsgruppe wurde die Regierungskonferenz im Frühjahr 1996 einberufen und am 14. Juni 1997 durch den Europäischen Rat von Amsterdam abgeschlossen. Das Europäische Parlament hatte in zwei Entschließungen vom 17.05.1995 und vom 13.03.1996 (Berichte Bourlanges/Martin und Dury/Maij-Weggen) einen umfangreichen Forderungskatalog für die Regierungskonferenz aufgestellt. Es war an den Arbeiten der Reflexionsgruppe und der Regierungskonferenz durch die Abgeordneten E. Guigou und E. Brok als Repräsentanten beteiligt.

Der Vertrag von Amsterdam enthielt zahlreiche Verbesserungen gegenüber seinen Vorgängern, insbesondere eine deutliche Stärkung der parlamentarischen Gesetzgebungs- und politischen Kontrollrechte und gewisse Fortschritte im Bereich der Außen- und Sicherheits- wie der Innen- und Justizpolitik. Dagegen enttäuschte er die Erwartungen in Bezug auf die im Hinblick auf die Erweiterung notwendige Vertiefung; die Ausweitung des Bereichs der Mehrheitsentscheidung war unzureichend.

Entsprechend der Tradition des institutionellen Ausschusses, Themen von zentraler politischer Bedeutung zwei von den größten Fraktionen des Parlaments benannten Mitberichterstattern zu übertragen, wurde D. Tsatsos zusammen mit I. Mendez de Vigo mit der Bewertung des Vertrages von Amsterdam betraut.

Der von ihnen vorgelegte Bericht - der natürlich auch auf viele Einzelfragen eingeht - beschränkt sich nicht auf eine buchhalterische Abwägung zwischen den im Amsterdamer Vertrag erreichten Fortschritten und den institutionellen Problemen, die er ungelöst lässt. Dem Bericht geht es vielmehr darum, zu zeigen, mit welcher Methode die noch anstehenden Probleme gelöst werden können.

Er beruht auf einer tiefgehenden Reflexion auf den Prozess der europäischen Integration, der als verfassungsgenetischer Prozess begriffen wird (siehe hierzu den einleitenden Abschnitt des Teils III. Begründung des Berichtes). Zum ersten Mal wird die Union explizit begriffen als eine Union der Völker und der Staaten - eine Formel, die für künftige institutionelle Entschließungen wegweisend werden wird.

Im Lichte dieser Doppelnatur wird die in der Praxis gemachte Feststellung einleuchtend, dass die Methode der Vertragsreformen durch klassische Regierungskonferenzen an die Grenze ihrer Leistungsfähigkeit gelangt und reformbedürftig geworden war. Der Prozess der Verfassungsgenese der Union konnte nicht länger allein Staatenvertretern der Union überlassen bleiben. Sollte er seine Erfolgsdynamik behalten, war die Einbeziehung von Repräsentanten der Völker notwendig - und zwar sowohl von europäischen wie von nationalen Abgeordneten.

Mit der konzeptionellen Antizipierung dieser Wendung, die man im Lichte der späten Entwicklung vielleicht als die konstitutionelle Wende des Integrationsprozesses bezeichnen kann, bahnte D. Tsatsos zusammen mit I. Mendez de Vigo in diesem Bericht nicht nur den Weg für die Empfehlung des Parlaments, den Vertrag von Amsterdam als ersten Schritt auf dem weiteren Weg zu ratifizieren. Dieser Bericht leitet eine Entwicklung ein, die zur Einberufung des Grundrechtekonvents und dann des Verfassungskonvents führte. Er markiert den Übergang zur politischen Anerkennung der Doppelnatur der Union im Prozess der europäischen Verfassungsentstehung.

II. Entschließung zum Vertrag von Amsterdam

Das Europäische Parlament,

- unter Hinweis auf den am 2. Oktober 1997 unterzeichneten Vertrag von Amsterdam und das Protokoll über die Organe im Hinblick auf die Erweiterung der Europäischen Union[1] (CONF 4007/97 –C4-0538/97),

- unter Hinweis auf seine Entschließungen im Hinblick auf die Regierungskonferenz vom 17. Mai 1995[2], vom 13. März 1996[3], vom 16. Januar 1997[4], vom 13. März

---

[1] Befassung C4-0538/97, die am 24.10.97 durch das Plenum erfolgte.
[2] ABl. C 151 vom 19.06.1995, S. 56.

50

1997[5] und 11. Juni 1997[6] und vom 26. Juni 1997 zur Tagung des Europäischen Rates in Amsterdam[7],

- unter Hinweis auf seine Entschließungen vom 14. Februar 1984 zu dem Entwurf eines Vertrages zur Gründung der Europäischen Union[8] und vom 7. April 1992 zu den Ergebnissen der Regierungskonferenzen[9],

- in Kenntnis der Stellungnahmen der Nichtregierungsorganisationen, die auf die Einladung des Institutionellen Ausschusses geantwortet und sich an der gemeinsamen Sitzung vom 7. Oktober 1997 beteiligt haben,

- in Kenntnis des Berichts des Institutionellen Ausschusses sowie der Stellungnahmen des Ausschusses für auswärtige Angelegenheiten, Sicherheit und Verteidigungspolitik, des Ausschusses für Landwirtschaft und ländliche Entwicklung, des Haushaltsausschusses, des Ausschusses für Wirtschaft, Währung und Industriepolitik, des Ausschusses für Forschung, technologische Entwicklung und Energie, des Ausschusses für Außenwirtschaftsbeziehungen, des Ausschusses für Recht und Bürgerrechte, des Ausschusses für Beschäftigung und soziale Angelegenheiten, des Ausschusses für Regionalpolitik, des Ausschusses für Umweltfragen, Volksgesundheit und Verbraucherschutz, des Ausschusses für Kultur, Jugend, Bildung und Medien, des Ausschusses für Entwicklung und Zusammenarbeit, des Ausschusses für Grundfreiheiten und innere Angelegenheiten, des Ausschusses für Haushaltskontrolle, des Ausschusses für Fischerei, des Ausschusses für Geschäftsordnung, Wahlprüfung und Immunität, des Ausschusses für die Rechte der Frau und des Petitionsausschusses (A4-0347/97),

A. in der Erwägung, dass die Völker und die Parlamente der Mitgliedstaaten sowie die Organe der Union vom Europäischen Parlament eine Stellungnahme zum Vertrag von Amsterdam erwarten,

B. in der Erwägung, dass es wegen der doppelten Legitimation der Europäischen Union als einer Union der Staaten und einer Union der Völker Europas die Aufgabe des Europäischen Parlaments sein muss, den Integrationswillen der Völker der Union in voller Unabhängigkeit zu artikulieren,

C. in der Erwägung, dass die jüngste Regierungskonferenz die Grenzen der Methode diplomatischer Verhandlungen gezeigt hat und das Europäische Parlament im

---

3   ABl. C 96 vom 01.04.1996, S. 77.
4   ABl. C 33 vom 03.02.1997, S. 66.
5   ABl. C 115 vom 14.04.97, S. 165.
6   ABl. C 200 vom 30.06.97, S. 70.
7   ABl. C 222 vom 21.07.1997, S. 17.
8   ABl. C 77 vom 19.03.1984, S. 53.
9   ABl. C 125 vom 18.05.1992, S. 81.

Hinblick auf seine konstruktive Rolle bei der Revision der Verträge und auf seine Funktion als legitimierter Repräsentant der europäischen Bürger bei künftigen Vertragsänderungen eine wesentlich stärkere Rolle beanspruchen muss,

D. unter Hinweis darauf, dass in Zukunft eine eindeutigere Identität der Union erforderlich sein wird, um die internationalen Interessen der Europäischen Union wahrzunehmen,

E. in der Erwägung, dass der politische Ausbau der Union durch den Vertrag von Amsterdam zu begrenzt ist, um die Währungsunion wirksam begleiten zu können, und dass deshalb ihre institutionellen Aspekte, insbesondere ihre demokratische Kontrolle, überdacht werden müssen,

F. in der Erwägung, dass bei der Beurteilung des neuen Vertrages vor allem auf folgende sechs Kriterien abgestellt werden sollte:

a) jeder neue Integrationsschritt muss die demokratische Qualität der Union steigern und selbst demokratisch legitimiert sein,

b) die Doppelnatur der Union als Union der Völker und Union der Staaten macht es erforderlich, dass jeder Integrationsschritt sowohl die Identität der Union stärkt und ihre Handlungsfähigkeit steigert, als auch die Identität der Mitgliedstaaten, den Kern der einzelstaatlichen Verfassungskulturen achtet und schützt und die Gleichrangigkeit aller Mitgliedstaaten sowie die Vielfalt der Kulturen ihrer Bürger beibehält,

c) jeder Integrationsschritt ist daran zu messen, ob und inwieweit er die Union nicht nur als gemeinsamen Markt, sondern auch als Wertordnung zum Ausdruck bringt und weiterentwickelt und welche Verbesserungen der Lebensqualität der Bürger, ihrer Aussichten auf Beschäftigung und der Qualität der Gesellschaft er ermöglicht, wobei vor allem der praktische Nutzen der Unionsbürgerschaft zugrunde zu legen ist,

d) jeder neue Integrationsschritt muss einen Fortschritt, eine konstruktive Weiterentwicklung gegenüber dem bisherigen Besitzstand darstellen,

e) der jetzige neue Integrationsschritt wird an den Forderungen zu messen sein, die das Europäische Parlament zur Regierungskonferenz ausgesprochen hat,

f) der neue Integrationsschritt muss daran gemessen werden, ob er die institutionellen Voraussetzungen für die kommenden Erweiterungen schafft,

G. in der Erwägung, dass weitere Verbesserungen im Interesse der Bürger nur möglich sind, wenn die Kritik, die sich aus der Anwendung der genannten Kriterien ergibt, von allen politischen und sozialen Kräften der Union in solidarischer Aktion in einen konstruktiven Kampf mit konkreten Anregungen für die unmittelbare Zukunft umgewandelt wird,

H. im Bewusstsein, dass die für die Europäische Union grundlegenden Werte des Friedens, der Demokratie, der Freiheit, der Menschenrechte, des Rechtsstaats, der sozialen Gerechtigkeit, der Solidarität und des Zusammenhalts nie als erreicht empfunden, sondern stets neu erkämpft werden müssen,

Gesamtwürdigung

1. empfiehlt den Mitgliedstaaten, den Vertrag von Amsterdam zu ratifizieren;

2. stellt fest, dass der Vertrag von Amsterdam einen weiteren Schritt auf dem unvollendeten Weg des Aufbaus einer Europäischen Politischen Union vollzieht und für gewisse Organe nicht zu unterschätzende Fortschritte enthält, andere Fragen aber ungelöst lässt;

3. vermisst im Vertrag von Amsterdam die für ein effizientes und demokratisches Arbeiten einer erweiterten Union notwendigen institutionellen Reformen und betont, dass diese Reformen so schnell wie möglich vor der Erweiterung verwirklicht werden müssen, um die Beitritte nicht zu verzögern;

4. ersucht den Europäischen Rat, zu bekräftigen, dass kein Beitritt in Kraft treten wird, bevor die institutionellen Reformen abgeschlossen sind, die für ein gutes Funktionieren einer erweiterten Union erforderlich sind; fordert den Rat auf, auf der Grundlage dieser Entschließung seine diesbezüglichen Arbeiten aufzunehmen und mit dem Europäischen Parlament in einen politischen Dialog hierüber einzutreten;

Prinzipien

5. betont, dass der Vertrag von Amsterdam einerseits der Gemeinschaftsmethode im Grundsatz den Vorrang einräumt, andererseits die Gefahren einer (auf manchen Gebieten unvermeidlichen) differenzierten Integration durch präzise Kriterien und ihren Ausnahmecharakter auf ein tragbares Maß eindämmt; unterstreicht jedoch, dass mutigere und konsequentere Schritte beim Übergang zur Gemeinschaftsmethode erforderlich gewesen wären;

6. bewertet die im Vertrag von Amsterdam erfolgte Fortschreibung der Ziele der Union und der Grundsätze der Gemeinschaft als Zeichen für den erforderlichen Integrationswillen der Völker und der Staaten; vermisst jedoch eine Präambel, die nach dem Vorbild der früheren Verträge in ausdrücklicher Form einen gemeinsamen politischen Willen der vertragschließenden Parteien verdeutlicht, wobei dieser Wille darauf gerichtet sein muss, einer Gemeinschaft anzugehören, die mehr ist als die Summe ihrer Teile und mehr als eine bloße Interessenvereinigung, deren Mitglieder keinen anderen Zweck verfolgen als das Gleichgewicht von eingebrachten Leistungen und erlangten Vorteilen;

7. unterstreicht, dass die neuen Möglichkeiten des Vertrags von Amsterdam nur dann zu greifbaren Ergebnissen führen werden, wenn der zurzeit nicht ausreichend vorhandene politische Wille zu gemeinsamem Vorgehen in allen Bereichen der Verträge zustande kommt und sich ein neues Verhältnis gegenseitigen Vertrauens der Mitgliedstaaten untereinander und zwischen ihnen und den Gemeinschaftsorganen herausbildet;

Grundlagen der Unionspolitiken

8. stellt unter Verweisung auf die im Sitzungsdokument A4-0347/1997[10] ausgeführten Einzelheiten fest, dass der Vertrag von Amsterdam die Instrumente der Union, Politik im Interesse ihrer Bürger zu gestalten, zum Teil erheblich verbessert, im Bereich der Gemeinschaftspolitiken insbesondere in der Beschäftigungs- und Sozialpolitik, der Umwelt- und Gesundheitspolitik und der Inneren Sicherheit; darüber hinaus sind weitere Verbesserungen notwendig; fordert insbesondere

- rasche Entscheidungen des Rates, die sicherstellen, dass die allgemeinen Regeln der Gemeinschaftsmethode zum frühestmöglichen Zeitpunkt auf den vergemeinschafteten Raum der Freiheit, der Sicherheit und des Rechts Anwendung finden, und die gemeinschaftliche Weiterentwicklung des Besitzstandes von Schengen ermöglichen; appelliert an die Regierungen Dänemarks, Irlands und des Vereinigten Königreichs, sich von Anfang an an den gemeinschaftlichen Maßnahmen auf diesem Gebiet zu beteiligen;

- die Kommission, den Rat und die Mitgliedstaaten auf, den politischen Willen aufzubringen, die neuen Möglichkeiten entschlossen im Interesse aller europäischen Bürger zu nutzen und insbesondere gestützt auf die neuen gemeinschaftlichen Politikinstrumente die Beschäftigungslage in allen Teilen der Union deutlich und nachhaltig zu verbessern;

- seine Ausschüsse auf, bis zum Inkrafttreten des Vertrages von Amsterdam, in ihrem jeweiligen Zuständigkeitsbereich zu prüfen, durch welche Initiativen von den neuen Möglichkeiten am wirkungsvollsten Gebrauch gemacht werden kann;

9. stellt fest, dass der Vertrag von Amsterdam auf dem Gebiet der gemeinsamen Außen- und Sicherheitspolitik zwar einige institutionelle, budgetäre und praktische Verbesserungen enthält, insgesamt aber nicht nur in Bezug auf die Entscheidungsmechanismen deutlich hinter den Erwartungen zurückbleibt; unterstreicht insbesondere, dass

- die Perspektive der Entwicklung einer gemeinsamen Verteidigung, insbesondere die Solidarität unter den Mitgliedstaaten bei Bedrohungen oder Verletzungen der

---

[10] Siehe die Begründung in dem dieser Entschließung zugrundeliegenden Bericht.

Außengrenzen verstärkt werden muss, wobei die Aufnahme der sogenannten Petersberg-Aufgaben in den Vertrag als einen wichtigen Schritt in Richtung einer gemeinsamen europäischen Sicherheitspolitik zu begrüßen ist, die über eine operative Kapazität verfügt, welche von der Westeuropäischen Union (WEU) bereitgestellt wird;

- in der neuen Troika alle Beteiligten, insbesondere auch die Kommission, eng, vertrauensvoll und gleichberechtigt zusammenarbeiten müssen, um den erwünschten Mehrwert an Sichtbarkeit, Effizienz und Kohärenz zu erzielen;

- die Strategieplanungs- und Frühwarneinheit in einer gemeinsamen Unionsperspektive arbeiten muss;

- im Bereich der Außenwirtschaft die Gemeinschaft für alle Fragen zuständig werden muss, die im Rahmen der Welthandelsorganisation behandelt werden; bis zu einer Änderung des Vertrags sollte die Kommission die Nachteile, die der Gemeinschaft wegen der Kompetenzzersplitterung in künftigen Verhandlungen drohen, den Mitgliedstaaten rechtzeitig und deutlich vor Augen führen und dem Rat die notwendigen Kompetenzübertragungen zur dringenden Beschlussfassung vorschlagen; diese Kompetenzübertragungen sollten jedoch die demokratische Kontrolle über das Handeln der Exekutive in den Außenwirtschaftsfragen nicht schwächen;

10. erkennt gewisse Fortschritte im Bereich Inneres und Justiz, soweit er in der Regierungszusammenarbeit verbleibt, und fordert den Rat bzw. die Mitgliedstaaten insbesondere auf,

- rasche Beschlüsse über verstärktes gemeinsames Vorgehen auf dem Gebiet der Bekämpfung der organisierten und internationalen Kriminalität zu fassen,

- eine Arbeitsebene mit dem Europäischen Parlament herzustellen, die einen gelungenen Verlauf der Konsultationen in diesem Bereich ermöglicht,

- den Rechtsschutz der Bürger zu verbessern und insbesondere die notwendigen Erklärungen abzugeben, damit der Europäische Gerichtshof im Rahmen des Vorabentscheidungsverfahrens angerufen werden kann,

- bei der innerstaatlichen Durchführung der Akte des Rates die Entstehung von Rechtschutzlücken zu vermeiden;

Institutionelle Fragen

11. erkennt an, dass der Vertrag von Amsterdam die Europäische Union als Wertordnung einer freiheitlichen, demokratischen, rechts- und sozialstaatlichen Solidargemeinschaft mit gemeinsamen Grund- und Bürgerrechten verfestigt und auf einigen Gebieten weiterentwickelt;

12. begrüßt die Ausweitung des Mitentscheidungsverfahrens auf zahlreiche neue Gebiete und das Zustimmungsrecht zur Benennung des Kommissionspräsidenten; fordert aber darüber hinaus, dass

- jede Änderung der Gründungsverträge der Zustimmung des Europäischen Parlaments unterworfen und eine neue Methode der Vorbereitung und des Abschlusses von Vertragsänderungen eingeführt wird;

- das Verfahren der Mitentscheidung auf die noch fehlenden Gesetzgebungsmaterien (insbesondere im neuen Titel IV (ex IIIa) EG-Vertrag, die Agrar- und Fischerei-, Steuer- und Wettbewerbs-, Struktur-, Fremdenverkehrs- und Gewässerpolitik, auf die Rechtsangleichung nach Artikel 94 (ex 100) EG-Vertrag sowie auf Gesetzgebungsakte im Rahmen des 3. Pfeilers) ausgedehnt wird; bedauert, dass in vier für die Unionsbürgerschaft besonders wichtigen Bereichen [Artikel 18 (ex 8a) Absatz 2, 42 (ex 51), 47 (ex 57) und Artikel 151 (ex 128) EG-Vertrag] das Mitentscheidungsverfahren neben dem Verfahren der einstimmigen Beschlussfassung des Rates weiterbestehen wird, was in der Praxis auf eine erhebliche Beschränkung der demokratischen Legitimität dieses Rechtsinstituts hinausläuft;

- die Kommission gemäß der Erklärung zur Komitologie im Juni 1998 einen Vorschlag zur Änderung des Beschlusses des Rates vom 13. Juli 1987 vorlegt, wobei das Europäische Parlament an der Ausarbeitung und Fertigstellung des endgültigen Textes beteiligt werden muss, der sein Einverständnis erhalten muss;

- die Union und die Gemeinschaften in einer einzigen Rechtspersönlichkeit verschmolzen werden;

- wichtige internationale Abkommen der Zustimmung des Europäischen Parlaments unterworfen werden;

- im Haushaltsbereich unter Einbeziehung des Europäischen Entwicklungsfonds zwischen den beiden Teilen der Haushaltsbehörde ein paritätisches, funktionelles und demokratisches Verhältnis geschaffen wird, sowie dass das System der Eigenmittel reformiert und der Zustimmung des Europäischen Parlaments unterworfen wird; fordert ferner, dass den Grundsätzen der Subsidiarität, Verhältnismäßigkeit und Solidarität bei der Finanzierung operationeller Politiken bzw. Maßnahmen auf Gemeinschaftsebene konkreter Inhalt verliehen wird;

- die demokratische Rechenschaftspflicht der künftigen Europäischen Zentralbank ausgestaltet werden muss;

- die Ausarbeitung eines spezifischen Grundrechtekatalogs der Union in Angriff genommen wird;

- jedwede Aussetzung bestimmter Rechte eines Mitgliedstaats (Artikel 7 (ex F.1) EU-Vertrag) aufgrund einer schwerwiegenden und anhaltenden Verletzung von in

Artikel 6 (ex F) genannten allgemeinen Grundsätzen durch einen Mitgliedstaat der Kontrolle des Gerichtshofs unterliegen sollte und auf keinen Fall Rechte der Unionsbürger beeinträchtigen darf;

- auf dem Gebiet der Sozialpolitik das Europäische Parlament regelmäßig über die Verhandlungen zwischen den Sozialpartnern informiert wird, und dass die zwischen ihnen geschlossenen Vereinbarungen, soweit sie durch eine Entscheidung des Rates umgesetzt werden, auch seiner Zustimmung unterworfen werden;

- die Fortschritte auf dem Gebiet der Gleichstellung der Geschlechter auf allen Ebenen entschlossen umgesetzt und weiterentwickelt werden und bis zur Vollendung der Chancengleichheit aktive Frauenförderung betrieben wird;

- angesichts der neuen Hervorhebung der Rolle der Kultur durch den Vertrag von Amsterdam die qualifizierte Mehrheitsentscheidung auf diesen Bereich erstreckt wird und dass die kulturelle Vielfalt respektiert und gefördert werden muss;

- die Instrumente der Solidarität und des wirtschaftlichen, sozialen und territorialen Zusammenhalts in der Perspektive einer erweiterten Union perfektioniert werden;

- die vertraglichen Bestimmungen für die Weiterentwicklung europäischer politischer Parteien verbessert werden;

- der Euratom-Vertrag dringend einer Reform unterzogen wird, insbesondere im Hinblick auf die Behebung des demokratischen Defizits in seiner Funktionsweise;

- bedauert, dass der Vertrag von Amsterdam den Sitz des Europäischen Parlaments ohne seine Beteiligung festgelegt hat;

13. erkennt Fortschritte auf dem Gebiet der Transparenz und Öffentlichkeit, durch die Vereinfachung und Verringerung der Zahl der Entscheidungsverfahren, durch vertragliche Regeln über den Zugang zu Dokumenten und durch die Überarbeitung der Vertragstexte; unterstreicht jedoch, dass es der Grundsatz der Zugänglichkeit für die Bürger gebietet, diese Bemühungen zu vollenden durch:

- Durchführungsmaßnahmen, die den Bürgern wirklich effizienten Zugang zu Informationen sichern;

- für die Bürger verständliche Dokumente, die die politischen Verantwortlichkeiten erkennen lassen;

- die Kodifizierung und Vereinfachung der Gründungsverträge;

14. bedauert, dass es im Vertrag von Amsterdam nicht ausreichend gelungen ist, durch Ausdehnung der qualifizierten Mehrheitsentscheidung die Effizienz der Entscheidungsverfahren zu verbessern;

15. nimmt zur Kenntnis, dass der Vertrag von Amsterdam im Protokoll über die Organe die Notwendigkeit weiterer institutioneller Reformen vor der Erweiterung

der Union auf über 20 Mitgliedstaaten anerkennt, und billigt in diesem Zusammenhang vorbehaltlos die gemeinsame Erklärung Belgiens, Frankreichs und Italiens, in der solche Reformen als Voraussetzung jedweder Erweiterung befürwortet werden;

16. fordert deshalb insbesondere, dass vor jedweder Erweiterung

- die Gewichtung der Stimmen im Rat und die Zahl der Kommissionsmitglieder angepasst wird; dabei müssen die Mitgliedstaaten gleichen Rang untereinander behalten;

- die qualifizierte Mehrheitsentscheidung im Rat zur allgemeinen Regel wird;

- das Erfordernis der Einstimmigkeit auf Entscheidungen von Verfassungscharakter beschränkt wird [Vertragsänderungen, Beitritte, Eigenmittelbeschlüsse, Wahlverfahren, Anwendung von Artikel 308 (ex 235) EG-Vertrag];

- alle sonstigen für die Erweiterung notwendigen Reformen beschlossen werden;

17. fordert die Mitgliedstaaten auf, die Möglichkeit, eine Beschlussfassung durch Mehrheitsentscheidung unter Berufung auf wichtige Gründe nationaler Politik zu verhindern, die der Vertrag von Amsterdam in der Außenpolitik und in Bezug auf „verstärkte Zusammenarbeit" vorsieht, nur als äußerste Notbremse zu nutzen;

Methode und Strategie des weiteren Vorgehens

18. stellt fest, dass mit dem Vertrag von Amsterdam eine geschichtliche Epoche zu Ende gegangen ist, in der das europäische Einigungswerk mit den Mitteln klassischer Diplomatie schrittweise vorangetrieben werden konnte;

19. ist überzeugt, dass statt dessen die Politik jetzt den Primat bei der Neugestaltung der Europäischen Union übernehmen muss und dass hierbei vor allem das Europäische Parlament und die Parlamente der Mitgliedstaaten ihre Rechte wahrnehmen müssen;

20. fordert die Kommission auf, ihm zu gegebener Zeit vor der Tagung des Europäischen Rates im Dezember 1998 einen Bericht mit Vorschlägen für eine umfassende Reform der Verträge vorzulegen, die insbesondere im institutionellen Bereich und im Zusammenhang mit der Erweiterung notwendig ist; fordert, dass dieses Dokument gemäß dem neuen Protokoll über die Rolle der nationalen Parlamente in der Europäischen Union den Parlamenten der Mitgliedstaaten übermittelt wird; beabsichtigt, seine eigene Position im Lichte dieser Vorschläge zu gegebener Zeit im Rahmen dieses Prozesses zu klären, um dann einen Dialog zwischen Kommission und Europäischem Parlament in Gang zu setzen; fordert, dass auch vor der Änderung des Artikel 48 (ex N) EU-Vertrag das Parlament an der nächsten Regierungskonferenz voll beteiligt wird und das verbindliche Einverständnis (z.B. nach dem

Modell interinstitutioneller Vereinbarungen) erreicht wird, dass der Vertrag nur mit Zustimmung des Parlaments in Kraft treten kann;

21. sieht den Äußerungen der Parlamente der Mitgliedstaaten zu diesem Bericht mit Interesse entgegen; erklärt seine Absicht, seine Kontakte zu den Parlamenten der Mitgliedstaaten systematisch zu intensivieren, um einen politischen Dialog zu führen und gemeinsam die künftige Gestaltung der Europäischen Union zu erörtern;

22. fordert die Kommission auf, dann die Position des Europäischen Parlaments zu übernehmen und förmliche Vorschläge für eine Änderung der Verträge gemäß Artikel 48 (ex N) EU-Vertrag vorzulegen; fordert für das weitere Verfahren eine paritätische Assoziierung des Europäischen Parlaments;

23. beauftragt seinen Präsidenten, diese Entschließung dem Rat, der Kommission, den Parlamenten und den Regierungen der Mitgliedstaaten zu übermitteln und dafür Sorge zu tragen, dass sie zusammen mit dem ihr zugrundeliegenden Sitzungsdokument der europäischen Öffentlichkeit zugänglich gemacht wird.

III. Begründung

1. Das Europäische Parlament, der Vertrag von Amsterdam und der Ausblick auf die weitere Entwicklung der Europäischen Union

Das Europäische Parlament wendet sich heute an alle anderen Akteure des europäischen Integrationsprozesses sowohl auf der Unionsebene als auch auf der Ebene der Mitgliedstaaten, vor allem an die Unionsbürger, die es repräsentiert, um angesichts der anstehenden Ratifikationsverfahren in den Mitgliedstaaten sein Urteil über den Vertrag von Amsterdam abzugeben. Dieses Urteil versteht das Europäische Parlament als dringende und wichtige Pflicht.

a) Urteilspflicht des Parlaments

Diese Pflicht ergibt sich erstens aus den Erwartungen der Völker und der Parlamente der Mitgliedstaaten. Die direkte Wahl seiner Abgeordneten durch die Unionsbürger verleiht dem Europäischen Parlament Legitimation und gibt ihm das Mandat, sich zu den Grundfragen der europäischen Integration zu äußern. Das Europäische Parlament ist sich bei dieser Beurteilung seiner historischen Verantwortung bewusst. Sie ergibt sich aus dem politischen Einfluss seines Urteils auf die anstehenden Ratifikationsverfahren in den Mitgliedstaaten.

Diese Pflicht ergibt sich zweitens aus der Tatsache, dass das Europäische Parlament nachhaltig und aktiv die Vorbereitung und die Durchführung der Regierungskonferenz begleitet hat. Leider verfügt das Europäische Parlament bis heute weder über ein institutionell abgesichertes Mitwirkungsrecht noch über eine Ratifizierungskompetenz. Somit entbehrt eine nach Art. 48 (ex N) EU-Vertrag erfolgende Vertragsänderung der besonderen Legitimationsgrundlage und der Ausstrahlung, die ihm das Europäische Parlament durch seine institutionelle Mitwirkung bei der Revision verleihen würde. Trotzdem ist es dem Europäischen Parlament durch die Rolle und das Gewicht seiner Präsidenten Gil Robles (ab Januar 1997) und Hänsch (bis Januar 1997), durch seine beiden Repräsentanten bei der Regierungskonferenz, die Abgeordneten Brok und Guigou, und durch und seine einschlägigen Entschließungen (Bourlanges/Martin vom 17.05.1995, Dury/Mail-Weggen vom 13.03.1996) gelungen, auf die Vertragsgestaltung prägenden Einfluss zu nehmen. Die meisten der positiven Vertragsänderungen bestehen in der weitgehenden Akzeptanz (z.B. Verfahren der Mitentscheidung, Beschäftigungspolitik) oder wenigstens teilweisen Aufnahme (Sozialpolitik, Innere Sicherheit) von Vorschlägen des Europäischen Parlaments. Gerade dieses den Bürgern Europas vorzuweisen und somit seine politisch erstrangige Rolle ins öffentliche Bewusstsein zu rufen, versteht das Europäische Parlament als die Folgepflicht aus seiner bisherigen Mitwirkung.

Die Pflicht des Europäischen Parlaments, die europäische Öffentlichkeit über Vorteile und Unzulänglichkeiten des Amsterdamer Vertrages aufzuklären, resultiert drittens aus seiner institutionellen Aufgabe, als Repräsentant der Unionsbürger mit Blick in die Zukunft den weiteren Entwicklungsweg der Europäischen Union zu weisen. Hier geht es um den Amsterdamer Vertrag nicht als Schlusspunkt einer institutionellen Entwicklung, sondern als einer weiteren Phase eines im ständigen historischen Wandel befindlichen Prozesses. Diese zukunftsorientierte Aufgabe, auf den Horizont und die Gestalt einer sich ständig erneuernden Europäischen Union hinzuarbeiten, wird das Europäische Parlament nachhaltig und unnachgiebig beanspruchen und wahrnehmen.

b) Der politische und verfassungsgenetische Prozess des Unionsvertrags

Änderungen des Unionsvertrages sind grundsätzlich alles andere als institutionelle Endstationen; vielmehr befindet sich der Unionsvertrag in einem ständigen politischen und verfassungsgenetischen Prozess.

Umfang, Art und Geschwindigkeit jenes politischen und verfassungsgenetischen Prozesses haben sich mit der Entwicklung des Integrationswillens der Völker der Union abzustimmen. Es ist Aufgabe des Europäischen Parlaments, weiterhin den Integrationswillen der Völker der Union in voller Unabhängigkeit von anderen Institutionen der Union und der Mitgliedstaaten festzustellen, zu interpretieren und zu artikulieren. Oft sind Kompromisse notwendig, wenn über wichtige Integrationsinhalte zwischen den Völkern der Union Divergenzen festzustellen sind. Konstruktive Kompromisse aber setzen die Offenlegung, nicht hingegen die Vertuschung von Divergenzen voraus.

Unter jenem Aspekt, d.h. unter dem Aspekt seiner Einordnung als Phase eines ständigen politischen und verfassungsgenetischen Prozesses, werden in diesem Bericht wichtige Vorteile und wichtige Unzulänglichkeiten des Amsterdamer Vertrages hervorgehoben. Der Blick bleibt dabei auf den Tag nach seinem Inkrafttreten gerichtet. Dies bedeutet, dass das Europäische Parlament sich aufgrund dieses Berichtes unter Berücksichtigung sowohl des Erreichten als auch des leider nicht Erreichten die Fortsetzung seines politischen Kampfes für die nächsten Schritte der Integration zur Aufgabe machen sollte.

c) Vision einer europäischen institutionellen Ordnung

Das Europäische Parlament wird von der Vision einer europäischen institutionellen Ordnung geleitet, die auf Demokratie, Freiheit und Menschenrechten, Rechtsstaat, soziale Gerechtigkeit, Solidarität und Kohäsion aufbaut. Diese Vision und der Wille, sich als Repräsentant der Unionsbürger für ihre Erfüllung einzusetzen, prägen sowohl die hier vorgestellte Auswertung des neuen Vertrages als auch die neuen politischen und institutionellen Forderungen, mit denen das Europäische Parlament die Nach-Amsterdam-Phase eröffnen will.

Bei der Prüfung der Änderungen, die der Vertrag von Amsterdam mit sich bringt, sind auch diejenigen Bereiche zu bedenken, die der neue Vertrag unangetastet lässt und damit bestätigt, insbesondere das Kapitel des Maastrichter Vertrags über die Wirtschafts- und Währungsunion, dessen Bestimmungen durch den neuen Pakt über Stabilität und Beschäftigung in sinnvoller Weise ergänzt werden. Diese Fragen sind nicht Gegenstand des vorliegenden Berichts, stellen das Parlament aber vor die Herausforderung, künftig die langfristigen Auswirkungen der monetären Entwicklung auf das institutionelle Gefüge zu überdenken.

d) Kriterien der Beurteilung des Vertrages

Das Europäische Parlament will die volle Transparenz der politischen und institutionellen Motive für seine Entschließung gewährleisten. Deshalb legt es hier die Kriterien seiner Beurteilung offen:

Ein erstes Beurteilungskriterium ist für das Europäische Parlament die demokratische Qualität des neuen Integrationsschrittes. Jeder Vertiefungsschritt in Richtung Integration muss demokratisch legitimiert sein. Denn Demokratie ist nicht nur eines der Ziele der Integration, sondern zugleich ihre Voraussetzung. Das Europäische Parlament bedauert, dass die Vorbereitungsarbeit und der Ablauf der Verhandlungen in der Regierungskonferenz den Bürgern der Union nicht transparent genug gemacht worden sind. Es muss die Frage gestellt werden, ob die Methode der Vertragsänderungen durch Regierungskonferenzen nicht revidiert werden sollte. Dies, in Verbindung mit der Weigerung, das Europäische Parlament in die Vertragsgenese mit der ihm zustehenden Rolle institutionell einzubeziehen, wird im Bewusstsein der Unionsbürger zu Recht als Demokratiedefizit empfunden. Der Vertrag selbst hingegen macht hierzu einige Schritte nach vorne (z.b. ausdrückliche Formulierung der Grundprinzipien der Demokratie, der Freiheit, des Grundrechtsschutzes und des Rechtsstaates im neuen Art. 6 (ex F) EU-Vertrag, Maßnahmen gegen unionsprinzipienfeindliches Verhalten von Mitgliedstaaten nach dem neuen Art. 7 (ex Fa) EU-Vertrag, ausführliche Transparenzregelung durch das neue Kapitel 10, stärkere Demokratisierung der abgeleiteten Gesetzgebung). Es bleibt aber noch vieles zu tun, vor allem die Revision des Art. 48 (ex N) EU-Vertrag, damit endlich dem Europäischen Parlament seine natürliche Funktion als Mitverfassungsgeber rechtsverbindlich zugestanden wird. Das Europäische Parlament erwartet demzufolge, dass bei der nächsten Vertragsrevision, die vor jeglichem Erweiterungsschritt dringend notwendig ist, Art. 48 (ex N) EU-Vertrag dahingehend geändert wird, dass für jede Änderung der Verträge die Mitwirkung des Europäischen Parlaments erforderlich ist. Das versteht das Europäische Parlament als Voraussetzung, um seine institutionell notwendige Mitwirkung bei Erweiterungsentscheidungen wahrzunehmen.

Ein zweites Beurteilungskriterium ist die gleichrangige Berücksichtigung der beiden tragenden Dimensionen der Unionsordnung. Demokratisch legitimierte Integration erfordert nach dem Verständnis des Europäischen Parlaments die Berücksichtigung beider Ebenen, auf denen sich die politische Repräsentation der Unionsbürger entfaltet, d.h. sowohl der Unionsebene als auch der Ebene der Einzelstaatlichkeit. Jede Revision hat sowohl eine Stärkung der Identität der Union, die Vergemeinschaftung von inzwischen nach dem Subsidiaritätsprinzip vergemeinschaftungsbedürftig gewordenen Bereichen anzustreben als auch den Kern der einzelstaatlichen Verfassungskulturen zu achten und zu schützen. In beiden Richtungen wird man nicht alle erwünschten, wohl aber einige positive Schritte im Amsterdamer Vertrag registrieren müssen (z.B. einerseits die Vergemeinschaftung eines Teils des 3. Pfeilers, aber zum anderen auch die Garantie der kulturellen Vielfalt nach dem neuen Art. 151 (ex 128) Abs. 4 EG-Vertrag, die Berufung auf wichtige nationale Interessen nach dem neuen Art. 23 (ex J.13) Abs. 2 EU-Vertrag). Mit anderen Worten: Das den Europäischen Verträgen, einschließlich des Vertrages von Amsterdam, immanente Integrationsziel ist nicht notwendig ein „Bundesstaat" im traditionellen, durch das herkömmliche Staatsverständnis geprägten Sinne. Die Union lässt sich besser verstehen als eine Ordnung sui generis im Wandel, die durch ihre eigene Geschichte, d.h. durch den Wandel des Integrationswillens der Völker der Union, ihre endgültigen Merkmale erhalten wird. In diesem Sinne steht der Vertrag von Amsterdam in der Tradition des Vertrages von Rom, der Einheitlichen Akte und des Vertrages von

Maastricht, die auf die schrittweise Verwirklichung einer politischen Union gerichtet ist.

Ein drittes Beurteilungskriterium ist die Frage, zu welcher Art, zu welcher Qualität von Gesellschaft der neue Vertrag hinführt. Das Europäische Parlament versteht die Europäische Unionsgrundordnung nicht nur und nicht im engeren Sinne als Ordnung eines gemeinsamen „Marktes", sondern zugleich als Wertordnung. Ein Merkmal dieser Wertordnung ist, dass sie die für den gemeinsamen Markt notwendige Wettbewerbsfähigkeit im Rahmen einer Ordnung sozialer Gerechtigkeit zu verwirklichen sucht, ohne die auch der gemeinsame Markt zur Funktionsunfähigkeit verurteilt wäre. Hierzu kann mit Zustimmung registriert werden, dass der neue Vertrag einen Beschäftigungstitel und das Abkommen über die Sozialpolitik in den 1. Pfeiler aufgenommen hat. Der Weg allerdings, der auch in der europäischen Rechtswirklichkeit aus der Union eine Sozialgerechtigkeitsordnung macht, ist ein langer Weg und ein Weg mit Hindernissen. Für weitere und schnellere Schritte auf diesem Weg wird das Europäische Parlament nachhaltig und unnachgiebig arbeiten.

Ein weiteres Merkmal dieser Wertordnung ist das Ziel, den Bürgern ein Leben in Frieden zu ermöglichen: im Frieden im Innern der Gesellschaft, im Frieden mit anderen Völkern und im Frieden mit Natur und Umwelt. Auch hier kann festgestellt werden, dass der Vertrag von Amsterdam weitere Schritte enthält, die die Europäische Union besser in die Lage versetzen, ihren Beitrag auf diesen Gebieten zu leisten, sei es durch gemeinschaftliche Maßnahmen im Bereich Innere Sicherheit, sei es durch eine effizientere Außenpolitik, sei es durch eine gestärkte Sensibilität für die Belange von Natur und Umwelt.

Der so verbesserte vertragliche Handlungsrahmen muss aber auch von den Europäischen Institutionen und den Mitgliedstaaten mit dem entsprechenden politischen Willen genutzt werden.

In der Kriterienliste zur Beurteilung des Amsterdamer Vertrages kann der Vergleich zum Maastrichter Vertrag nicht fehlen. Der Vergleich zeigt, dass, bei aller Enttäuschung über das noch nicht Erreichte, der Amsterdamer Vertrag die Europäische Union in Sachen Demokratie, Freiheit und Menschenrechte, Rechtsstaat, Sozialstaat, Solidarität und Kohäsion grundsätzlich weiter als der Maastrichter Besitzstand bringt.

Ein fünftes Beurteilungskriterium sind die bisherigen Stellungnahmen des Europäischen Parlaments. Das Europäische Parlament hat im Hinblick auf die Regierungskonferenz 1996 mehrmals durch Entschließungen seine Vorstellungen kundgetan und konkrete Reformkonzepte empfohlen. Bei seiner heutigen Beurteilung des neuen Vertrages hat das Europäische Parlament auch seine einschlägigen Initiativen zugrunde zu legen. Gerade dadurch wird ersichtlich, wie viele seiner Anregungen, obwohl ohne rechtlichen Anspruch auf Mitwirkung, im neuen Vertrag Ausdruck gefunden haben. Aber auch all das, was diesmal nicht aufgenommen worden ist oder wo die in Amsterdam vereinbarten Regelungen unzureichend sind (wie etwa in wichtigen institutionellen Fragen, der demokratischen Legitimität und Bürgernähe der Vertragsrevision, in Bezug auf die Europäischen Politischen Parteien, bei der Handlungsfähigkeit im Bereich der Außenpolitik oder der demokratischen Kontrolle im Bereich der Inneren Sicherheit), all dies bleibt für das politische Selbstverständnis des Europäischen Parlaments gewiss ein zu beklagendes Defizit, aber zugleich und vor allem Inhalt und Ziel seiner neuen Bemühungen für die unmittelbare Zukunft.

Natürlich wird das Ergebnis der Regierungskonferenz auch an den Erwartungen zu messen sein, die der Europäische Rat, insbesondere bei seinen Tagungen von Turin, Florenz und Dublin durch seine Schlussfolgerungen hervorgerufen hat.

Ein sechstes außerordentlich wichtiges Beurteilungskriterium ist die Erweiterungsfähigkeit der Union. Das Europäische Parlament hat sich bei seinen Bemühungen um die Vertragsrevision stets auch an den institutionellen, politischen und wirtschaftlichen Bedingungen der Erweiterung orientiert. Somit ist die Frage der Erweiterungsfähigkeit der Europäischen Union ein wichtiges Beurteilungskriterium für diese Entschließung. Bei allen positiven Schritten im institutionellen Bereich, die durch die Ratifizierung des Vertrages hoffentlich abgesichert werden, sind auch nach seinem Inkrafttreten die Bedingungen für eine Erweiterung der Union noch nicht erfüllt, weder auf institutionellem noch auf wirtschaftlichem Gebiet. Die Bedingungen einer eventuellen Zustimmung des Europäischen Parlaments zu künftigen Erweiterungen prüft der Institutionelle Ausschuss zurzeit im Rahmen der Stellungnahme von Frau Spaak für den Ausschuss für Auswärtige Angelegenheiten.

Der Appell des Europäischen Parlaments an die nationalen Parlamente und an die Unionsbürger zur kritischen Akzeptanz, aber zur Akzeptanz des Erreichten bzw. Erkämpften, verbindet sich untrennbar mit dem Aufruf zur Solidarität aller politischen und sozialen Kräfte in der Union, die Kritik am Amsterdamer Vertrag in einen inhaltlichen und konstruktiven Kampf mit konkreten Anregungen für die unmittelbare Zukunft umzuwandeln.

Das Europäische Parlament ist sich bewusst, dass Demokratie, Freiheit und Menschenrechte, Rechtsstaat, soziale Gerechtigkeit, Solidarität und Kohäsion ständig und täglich zu erkämpfen sind. Als „erreicht" dürfen sie nie empfunden werden, denn die Entwicklung der Gesellschaft, die stets neu auftretenden Gegebenheiten wie auch neu aufkommende Bedürfnisse, erweitern und verändern die Inhalte jener Prinzipien, die sich deshalb in ihrem Gehalt im ständigen Wandel befinden. Gerade in dieser ewigen Offenheit des politischen Prozesses, d.h. in der ständigen inhaltlichen Erneuerung der demokratischen, freiheitlichen, rechtsstaatlichen und sozialstaatlichen Ansprüche der Bürger, sieht das Europäische Parlament als ihr Repräsentant die größte Chance für ein Europa der Bürger und der Menschen.

2. Ziele der Europäischen Union und der Europäischen Gemeinschaft

Die Analyse der an den Zielen der Union (Art. 2) (ex B) und an den Grundsätzen der Gemeinschaft (Art. 2 des EG-Vertrags) vorgenommenen Änderungen stellt im Grunde eine Zusammenfassung aller großen Reformen des Vertragsentwurfs von Amsterdam dar.

Ihre Bedeutung liegt darin, dass die Ziele den Horizont von all dem darstellen, was die Union in einem Prozess der Entwicklung erreichen muss; historisch gesehen haben diese Ziele vor allem durch die Verwendung ihrer durch den Gerichtshof vorgenommenen Auslegung dazu gedient, ihre Verwirklichung zu jedem konkreten Zeitpunkt voranzutreiben.

Außerdem spielen die Grundsätze eine entscheidende Rolle: Sie stellen einen unumstößlichen Bezugspunkt dar, wenn es darum geht, die verschiedenen Vorschläge auszuarbeiten und anzunehmen, die in politischen Maßnahmen der Union Gestalt annehmen sollen.

Deshalb ist eine Würdigung der Änderungen an diesen beiden Artikeln von grundlegender Bedeutung, um einen Gesamteindruck davon zu gewinnen, was der neue Vertrag bedeutet. Bei der Analyse des Vertrags von Amsterdam und einem Überblick über die Ziele und Grundsätze – wie bei jedem Rechtstext, der das Ergebnis intensiver politischer und transnationaler Verhandlungen ist – kann man den Geist und Inhalt dessen besser beurteilen, was man in Rechtsvorschriften fassen wollte.

a) Artikel 2 (ex B) des EU-Vertrags: Ziele der Union

In Art. B des Vertrags von Maastricht waren die Ziele der Union genannt, die der neuen zu diesem Zeitpunkt eingeführten institutionellen Struktur entsprachen. Dieser Artikel enthält fünf Gedankenstriche mit ebenso vielen Zielen, von denen das erste, zweite und vierte der neuen im EU-Vertrag festgelegten Drei-Pfeiler-Architektur (Europäische Gemeinschaft, GASP und Zusammenarbeit in den Bereichen Justiz und Inneres) entsprachen, während der dritte Gedankenstrich sich auf die Einführung einer Unionsbürgerschaft bezog und der fünfte die volle Wahrung und Weiterentwicklung des gemeinschaftlichen Besitzstands und das Verfahren für die Revision des Vertrages festlegte. In einem letzten Absatz von Art. B (der im Vertrag von Amsterdam nicht geändert wurde) wurde vorgeschrieben, dass diese Ziele nach Maßgabe dieses Vertrages unter Beachtung des Subsidiaritätsprinzips verwirklicht werden. Ebenso wie im Vertrag von Maastricht dieser Art. B geschaffen und mit ihm die Ziele eingeführt wurden, die sich aus der zu diesem Zeitpunkt vorgenommenen Revision ergaben, wird dieser Artikel 2 (ex B) EU-Vertrag im Vertrag von Maastricht geändert, und bei dieser Änderung werden die wichtigsten von der Regierungskonferenz vorgenommenen Reformen berücksichtigt.

Im ersten Gedankenstrich von Art. 2 (ex B) wird zur Förderung des wirtschaftlichen und sozialen Fortschritts die Förderung eines hohen Beschäftigungsniveaus und die Herbeiführung einer ausgewogenen und nachhaltigen Entwicklung hinzugefügt. Dies entspricht einem zentralen Thema der Reform – Beschäftigungspolitik – und der wachsenden Bedeutung, die die europäische Öffentlichkeit dem Umweltschutz beimisst. Die Bezüge auf einen Raum ohne Binnengrenzen, den wirtschaftlichen und sozialen Zusammenhalt und die Wirtschafts- und Währungsunion werden unverändert beibehalten.

Im zweiten Gedankenstrich, in dem es um das Ziel einer Gemeinsamen Außen- und Sicherheitspolitik (einem weiteren großen Reformbereich) geht, wird die vorherige Formulierung wie folgt geändert: „die schrittweise Festlegung einer gemeinsamen Verteidigungspolitik, die zu einer gemeinsamen Verteidigung führen könnte" (wobei der Ausdruck „zu gegebener Zeit" wegfällt), was den Bestimmungen im neuen Art. J.7 entspricht. Dies steht im Einklang mit der Erkenntnis, dass die GASP weder ein echtes Fundament noch Handlungsfähigkeit erhalten kann, wenn keine gemeinsame Verteidigungspolitik existiert. Leider werden die Erwartungen, die durch die Einbeziehung der „schrittweisen Festlegung" geweckt werden könnten, bei der Revision des neuen Art. J.7 enttäuscht, der offensichtliche Mängel bei der Erreichung dieses Ziels aufweist.

Der dritte Gedankenstrich im Zusammenhang mit der Unionsbürgerschaft erfährt keinerlei Änderung.

Der Wortlaut des vierten Gedankenstrichs wird vollkommen geändert und sieht nun die Weiterentwicklung der Union als Raum der Freiheit, der Sicherheit und des Rechts vor, in dem in Verbindung mit geeigneten Maßnahmen in Bezug auf die Kontrolle an den Außengrenzen, die Einwanderung, das Asyl sowie die Verhütung und Bekämpfung der Kriminalität der freie Personenverkehr gewährleistet ist. Dies ist eines der tiefgreifendsten Themen im neuen Vertrag, was sich in dieser neuen Fassung niederschlägt, die viel umfassender als die des Vertrags von Maastricht ist. In ihr werden auch einige der Themen berücksichtigt, die bei den europäischen Bürgern auf die meiste Besorgnis stoßen.

Der fünfte und letzte Gedankenstrich von Art. 2 (ex B) EU-Vertrag, in dem es um die Wahrung und Weiterentwicklung des gemeinschaftlichen Besitzstandes geht, bleibt unverändert, es wird jedoch der logischerweise überholte Hinweis auf Abs. 2 von Art. 48 (ex N) gestrichen (in dem eben diese letzte Regierungskonferenz vorgesehen war).

b) Artikel 2 des EG-Vertrags: Grundsätze der Gemeinschaft

Anders als Art. 2 (ex B) EU-Vertrag gibt es Art. 2 des EG-Vertrags schon seit der Gründung der Europäischen Wirtschaftsgemeinschaft, und er wurde bereits durch den Vertrag von Maastricht dahingehend geändert, dass die Errichtung einer Wirtschafts- und Währungsunion, die Förderung einer ausgewogenen Entwicklung, ein beständiges, nichtinflationäres und umweltverträgliches Wachstum, ein hohes Beschäftigungsniveau, wirtschaftlicher und sozialer Zusammenhalt usw. darin enthalten waren.

Im Vertrag von Amsterdam wird Art. 2 EG-Vertrag erneut geändert, so dass einige Grundsätze aufgenommen werden, die einigen der wichtigsten, am übrigen Vertragsentwurf vorgenommenen Änderungen entsprechen. Dabei handelt es sich um vier neue Grundsätze, zwei davon beziehen sich auf die Umweltpolitik: eine ausdrückliche Erwähnung der Förderung einer nachhaltigen Entwicklung und eines hohen Maßes an Umweltschutz und Verbesserung der Umweltqualität (deshalb wird die frühere Formulierung „umweltverträglich" gestrichen), damit wollte man den wachsenden Anforderungen in der Union auf dem Gebiet der Umwelt Rechnung tragen.

Eine dritte Änderung betrifft die Einbeziehung des Prinzips der Gleichstellung von Männern und Frauen, das einhergeht mit der Förderung eines hohen Beschäftigungsniveaus und eines hohen Maßes an sozialem Schutz, wobei diese beiden Grundsätze nun an zweiter Stelle der Liste stehen (während in Maastricht die Beschäftigung und der soziale Schutz an vierter Stelle rangierten). Man darf nicht vergessen, dass eine der wichtigsten Änderungen bei der Sozialpolitik der Gemeinschaft in einer neuen, im Vergleich zur vorhergehenden Formulierung viel umfassenderen Formulierung dieses Prinzips der Gleichstellung im neuen Art. 141 (ex 119) EG-Vertrag besteht.

Schließlich wird dem bereits bestehenden hohen Grad von Konvergenz ein hoher Grad von Wettbewerbsfähigkeit der Wirtschaftsleistungen hinzugefügt, und dies im Einklang mit der von einigen Mitgliedstaaten ausgedrückten Notwendigkeit, ein Gegengewicht zu der immer größeren Bedeutung der Förderung eines hohen Beschäftigungsniveaus zu schaffen.

3. Freiheit, Sicherheit und Recht

a) Grundrechte und Nichtdiskriminierung

Die Notwendigkeit, eine Unionsbürgerschaft als Ausdruck des Zugehörigkeitsgefühl zur Union zu schaffen, fand ihren ersten schriftlichen Niederschlag in dem Spinelli-Entwurf des Vertrags über die Europäische Union, der am 14. Februar 1984 vom

Europäischen Parlament angenommen wurde. Wie bei so vielen anderen, in diesem Dokument enthaltenen Fragen wurde erst im Lauf der Zeit aus der Idee eine Realität – die Utopie, so sagte Lamartine, ist nichts anderes als eine verfrühte Wahrheit. Der Vertrag von Maastricht prägte das Konzept, das in sich die Fortschritte beim europäischen Aufbauwerk, die völlige Freizügigkeit und Niederlassungsfreiheit, die Teilnahme am politischen Leben jedes Mitgliedstaats und die Gleichstellung von Staatsangehörigen aller Mitgliedstaaten zum Zwecke des diplomatischen und konsularischen Schutzes verknüpfte, und dabei seinen evolutiven Charakter hervorhob.

Prioritäten des Parlaments

Eine größere Bedeutung Europas für die Bürger war das „Leitmotiv" der gesamten Regierungskonferenz seit der Ausarbeitung des Berichts der Reflexionsgruppe. Seit Beginn des Verfahrens zur Revision des Vertrages haben die Kommission und vor allem das Parlament den Schwerpunkt darauf gelegt, die Verpflichtung der Mitgliedstaaten zur Beachtung der Grundrechte und des Prinzips der Nichtdiskriminierung formell im Vertrag zu verankern. In der Stellungnahme des Parlaments zur Einberufung der Regierungskonferenz wird dieses Vorgehen bestätigt und „einer besseren Definition der Unionsbürgerschaft und einer stärkeren Achtung der Menschenrechte bei den Prioritäten der Konferenz Vorrang eingeräumt". Der Zusammenhang zwischen beiden ist vom Europäischen Parlament immer hervorgehoben worden, auch wenn es sich um unterschiedliche und eigenständige Konzepte handelt, von denen vor allem die Achtung der Menschenrechte nicht ausschließlich an das Konzept der Unionsbürgerschaft gebunden ist.

Dieser Zusammenhang wurde folglich dahingehend ausgelegt, die Erweiterung von im Vertrag anerkannten spezifischen Rechten, den Schutz der grundlegenden Menschenrechte und die Prinzipien der Gleichbehandlung und Nichtdiskriminierung, die Zusammenfassung der derzeit im ganzen Vertrag verstreuten Rechte im Zusammenhang mit den Bürgern in einem einzigen Kapitel über die Unionsbürgerschaft und schließlich die Festlegung einer vollständigen Rechtsschutzgarantie für die Organe der Union, die Mitgliedstaaten und die Bürger durch den Gerichtshof der Europäischen Gemeinschaften zu gewährleisten.

In diesem Sinne nimmt der Bericht Dury/Maij-Weggen die bereits erwähnte Entschließung wieder auf und hält eine bessere Definition der Unionsbürgerschaft und eine stärkere Achtung der Menschenrechte für eine der mit der Reform des EU-Vertrags angestrebten wichtigsten Prioritäten; deshalb sollte in den Vertrag ein Grundrechtekatalog aufgenommen werden oder, alternativ dazu, die Europäische Union der Konvention von Rom beitreten.

Ferner setzte sich das Parlament später dafür ein, dass sie durch die sich aus der Charta von 1989 ergebenden sozialen Grundrechte und einen ausdrücklichen Hinweis auf die Abschaffung der Todesstrafe ergänzt werden und dass die Rechte von Drittstaatsangehörigen im Vertrag ausdrücklich anerkannt werden sollten.

Inhalt des Vertrags

In Art. 6 (ex F.1) EU-Vertrag werden ausdrücklich die gemeinsamen grundlegenden Prinzipien der Union genannt (Freiheit, Demokratie, Achtung der Menschenrechte und Grundfreiheiten sowie der Rechtsstaatlichkeit), die die nationale Identität ihrer Mitgliedstaaten achten muss (Art. 6 (ex F) Absatz 3 EU-Vertrag); diese allgemeinen Grundsätze müssen auch von den beitrittswilligen Staaten beachtet werden (Art. 49 (ex O) EU-Vertrag).

Darüber hinaus wird ein neuer Art. 7 (ex Fa) EU-Vertrag eingeführt (dem, was den vom EG-Vertrag abgedeckten Anwendungsbereich angeht, ein neuer Art. 309 (ex 236) entspricht), um sicherzustellen, dass die Mitgliedstaaten die folgenden Grundsätze beachten: Es handelt sich um ein politisches Sanktionsverfahren im Fall einer schweren und andauernden Verletzung dieser Prinzipien durch einen Mitgliedstaat. Diese Verletzung wird vom in der Zusammensetzung der Staats- und Regierungschefs tagenden Rat einstimmig (ohne die Stimme des betroffenen Mitgliedstaats und ohne Berücksichtigung etwaiger Enthaltungen) auf Vorschlag eines Drittels der Mitgliedstaaten oder der Kommission nach Zustimmung des Europäischen Parlaments festgestellt. Dieses Verfahren kann nach einem vom Rat mit qualifizierter Mehrheit, jedoch ohne Stellungnahme des Europäischen Parlaments getroffenen Beschlusses zur Aussetzung von Rechten, einschließlich der Stimmrechte im Rat führen, die sich für den betroffenen Mitgliedstaat aus seiner Zugehörigkeit zur Union ergeben. Eine solche Aussetzung sollte jedoch nicht die Rechte der Unionsbürger beeinträchtigen.

Abs. 2 von Art. 6 (ex F) EU-Vertrag über die Achtung der durch die Europäische Konvention zum Schutze der Menschenrechte und Grundfreiheiten garantierten Grundrechte durch die Union ist nicht geändert, fällt aber nun ausdrücklich in den „Komplex der verfassungsmäßigen Bestimmungen", auf den sich der Gerichtshof beziehen kann (Änderung von Art. 46 (ex L) des EU-Vertrags).

In der Präambel des Vertrags wird erneut die Verpflichtung bestätigt, die die Union mit den in der Charta von 1961 und von 1989 festgelegten sozialen Grundrechten eingegangen ist; eine Erklärung zur Schlussakte spricht sich für die Abschaffung der Todesstrafe aus.

Im Zusammenhang mit der Nichtdiskriminierung räumt der neue Artikel 13 (ex 6a) EG-Vertrag dem Rat eine Rechtsgrundlage dafür ein, dass er einstimmig auf Vorschlag der Kommission und nach Anhörung des Europäischen Parlaments geeignete Vorkehrungen trifft, um Diskriminierungen aus Gründen des Geschlechts, der Rasse, der ethnischen Zugehörigkeit, der Religion oder der Weltanschauung, einer

Behinderung, des Alters oder sexuellen Ausrichtung zu bekämpfen; die Gleichstellung von Männern und Frauen wird in die Ziele der Gemeinschaft aufgenommen (Artikel 2, EG-Vertrag); in Artikel 3 wird das Ziel der Beseitigung der Ungleichheiten und der Förderung der Gleichstellung von Männern und Frauen bei der Verwirklichung der Ziele der Union festgelegt.

Darüber hinaus wird (Artikel 21 (ex 8d) EG-Vertrag) das Recht der Unionsbürger aufgenommen, sich in einer der Amtssprachen schriftlich an jedes Organ und an jede Einrichtung der Union zu wenden und eine Antwort in derselben Sprache zu erhalten; in die Präambel wird die Entscheidung für die Förderung eines breiten Zugang zur Bildung aufgenommen; ferner finden sich (in Artikel 151 Abs. 4 (ex 128) EG-Vertrag) die Verpflichtung der Union wieder, die Vielfalt ihrer Kulturen zu wahren und zu fördern, sowie die Bedeutung der Tätigkeiten des freiwilligen Dienstes (Erklärung zur Schlussakte).

Bewertung

Obwohl das Konzept der Unionsbürgerschaft in Abschnitt II des Vertrages „Die Union und die Bürger" zu finden ist, wohingegen die Grundrechte unter Abschnitt I fallen, sind Ihre Berichterstatter der Ansicht, dass die beiden Konzepte im gleichen Zusammenhang analysiert werden sollten.

Die formelle Verankerung der gemeinsamen Grundprinzipien sowohl im Hinblick auf ihren Inhalt, die Abstimmungsmodalitäten und die Rolle des Europäischen Parlaments ist ein positiver Aspekt insbesondere im Hinblick auf künftige Erweiterungen der Union. Gleiches kann man von der Erweiterung der sozioökonomischen Rechte der Unionsbürger und der Einführung der Nichtdiskriminierungsklausel – die auf eine Initiative des Europäischen Parlaments zurückgeht – behaupten, auch wenn zu bedauern ist, dass es keine direkte Auswirkung gibt, dass dafür das Prinzip der Einstimmigkeit und die Beteiligung des Europäischen Parlaments gemäß dem Konsultationsverfahren und nicht dem Mitentscheidungsverfahren gilt.

Darüber hinaus ist zu bedauern, dass die Vorschläge des Europäischen Parlaments für die Aufnahme eines Grundrechtekatalogs nicht berücksichtigt worden sind, was den Inhalt der Unionsbürgerschaft sichtbarer gemacht hätte. Es scheint auch unerklärlich zu sein, dass keine Rechtsgrundlage für den Beitritt zur Konvention von Rom aufgenommen wurde, was umso erstaunlicher ist, als der Gerichtshof sich erst kürzlich über die rechtliche Form für diesen Beitritt geäußert hat.

Eine der bemerkenswertesten Bestimmungen des Vertrags von Amsterdam betrifft das Prinzip der Gleichstellung von Männern und Frauen am Arbeitsplatz, das nun in Artikel 2 und 3 des EG-Vertrags zu finden ist. Darüber hinaus weitet ein neuer Artikel 141 (ex 119) EG-Vertrag die Definition des gleichen Entgelts erheblich aus. Ferner werden in Artikel 141 (ex 119) Absatz 3 die Beschlussfassungsverfahren für

Rechtsvorschriften auf dem Gebiet der Gleichstellung dahingehend geändert, dass mit qualifizierter Mehrheit im Rat getroffene Entscheidungen und die Mitentscheidung des Europäischen Parlaments vorgesehen werden. In Artikel 141 (ex 119) Absatz 4 wird schließlich ausdrücklich genehmigt, dass Mitgliedstaaten Programme zur affirmativen Diskriminierung beibehalten können. Allgemein gesprochen kodifiziert Artikel 141 (ex 119) bereits bestehende Praktiken, geht aber auch über diese Praktiken hinaus, indem er neue Entscheidungsregeln festlegt, durch die Rat, Kommission und Europäisches Parlament befugt sind, den Schutz künftig zu verstärken. Der Vertrag von Amsterdam erzielt auch ein optimales Gleichgewicht zwischen den Nichtdiskriminierungsklauseln und den Möglichkeiten für positive Maßnahmen zugunsten des benachteiligten Geschlechts auf dem Arbeitsmarkt. Auf jeden Fall soll darauf hingewiesen werden, dass das Europäische Parlament eine umfassende Politik der Chancengleichheit gefordert hat, die nicht auf den Bereich der Sozialpolitik beschränkt bleiben sollte.

Ihre Berichterstatter sind der Ansicht, dass der Vertragsentwurf von Amsterdam einen politischen Schritt nach vorn darstellt, da er den Grundsatz der Nichtdiskriminierung aufgrund des Geschlechts als grundlegendes Prinzip des Gemeinschaftsrechts festschreibt und die Gleichberechtigung der Geschlechter zu einem der Ziele des EG-Vertrages erklärt; sie begrüßen die verstärkte Rolle des Parlaments im Verfahren zur Annahme von Maßnahmen gemäß Artikel 119 betreffend die gleiche Entlohnung sowie die Umformulierung von Artikel 119, nach dem jetzt positive Maßnahmen zulässig sind, und sind der Ansicht, dass die Unterscheidung zwischen „Beschäftigung" und dem umfassenderen Begriff „Arbeit", die in Artikel 119 Absatz 3 getroffen wird, besagt, dass sämtliche Tätigkeitsbereiche von Frauen über die berufliche Tätigkeit hinaus abgedeckt werden sollten.

Zu guter Letzt ist noch als positiv der Schutz des einzelnen bei der Verarbeitung und dem freien Verkehr personenbezogener Daten zu begrüßen (Artikel 28 (ex 213 b) EG-Vertrag).

Im Rahmen der konkreten Bestimmungen über die Unionsbürgerschaft wurde die – vom Europäischen Parlament verfochtene – Idee sanktioniert, die nationale Staatsangehörigkeit nicht durch die Unionsbürgerschaft zu ersetzen, sondern komplementär zu ihr zu sehen, wie dies vom Europäischen Parlament gefordert worden war; es ist zu bedauern, dass nicht alle im Vertrag verstreuten Artikel über die Unionsbürgerschaft in einem einzigen Kapitel zusammengefasst worden sind, was es darüber hinaus ermöglicht hätte, auch die Grundrechte darin aufzunehmen; es ist zu begrüßen, dass die Bürger das Recht haben, sich an die Institutionen der Union in ihrer Amtssprache zu wenden und eine Antwort in der gleichen Sprache zu erhalten, ebenso wie die Verpflichtung zur Förderung der Vielfalt der Kulturen; in beiden Punkten kommt die Anerkennung des Reichtums der Pluralität der verschiedenen Staaten zum Ausdruck, aus denen die Union besteht; dagegen gab es keine Fortschritte bei der Stärkung der Europäischen Politischen Parteien, und es gab auch keine volle Anerkennung der Rechte der Drittstaatsangehörigen, die rechtmäßig in der Union ansässig sind.

b) Schrittweiser Aufbau eines Raums der Freiheit, der Sicherheit und des Rechts

In den Verträgen von Rom war keinerlei Bestimmung über justitielle und innere Angelegenheiten enthalten, nur in Artikel 293 (ex 220) EG-Vertrag war eine Bestimmung über die Rechtshilfe bei der Anerkennung und Vollstreckung richterlicher Entscheidungen und Schiedssprüche zu finden. In der Einheitlichen Europäischen Akte wurde als eine ihrer Zielsetzungen die Schaffung eines Binnenmarktes hervorgehoben; dies setzt einen Raum ohne Binnengrenzen voraus, der sich logischerweise auf die notwendigen Maßnahmen stützt, damit die Sicherheit in diesem Raum ohne Kontrollen gewährleistet ist. Zur Erreichung dieses Ziels ging man zunächst einmal Schritt für Schritt im Rahmen der verschiedenen Instanzen der zwischenstaatlichen Zusammenarbeit – Trevi-Gruppe der Innenminister, GAM, Terrorismus- und Drogengruppen der Europäischen Politischen Zusammenarbeit, CELAD und andere – vor. Ferner wurde bei der Schengen-Initiative im Zusammenhang mit der Freizügigkeit der Personen sowie bei der Schaffung von EUROPOL der konventionelle Weg beschritten. Der Vertrag von Maastricht ging noch einen Schritt weiter, erkannte als eines seiner Ziele die „Förderung einer engen Zusammenarbeit im Bereich Justiz und Innere Angelegenheiten" an und regelte diese Kriterien in seinem Titel VI, der unter das Prinzip der zwischenstaatlichen Zusammenarbeit fiel.

Prioritäten des Parlaments

Schon vor Beginn der Regierungskonferenz hatte sich ein Konsens abgezeichnet, dass eine immer stärkere Nachfrage nach einer auf europäischer Ebene in diesen Bereichen durchgeführten Aktion bestand und dass diese Angelegenheiten nicht nach der zwischenstaatlichen Methode funktionieren.

Im Bericht des Europäischen Parlaments über die Einberufung der Regierungskonferenz wurde die Konkretisierung dieser Forderungen durch die Vergemeinschaftung der Außenaspekte der Politik in den Bereichen Justiz und Inneres gefordert (Visumpolitik, Asyl, Einwanderung, Vorschriften für die Überschreitung der Außengrenzen sowie Maßnahmen zur Bekämpfung des Drogenhandels und Förderung der justitiellen Zusammenarbeit in Zivilsachen) sowie der Rückgriff auf die Institutionen und Verfahren der Gemeinschaft bei Angelegenheiten im Zusammenhang mit der polizeilichen Zusammenarbeit, der Zusammenarbeit im Zollwesen und der justitiellen Zusammenarbeit in Strafsachen sowie eine stärkere Verpflichtung der Demokratien zur Bekämpfung des Terrorismus.

Im Folgenden forderte das Europäische Parlament die Übertragung der Befugnis zur Auslegung von Übereinkünften an den Gerichtshof, eine Beschlussfassung mit qualifizierter Mehrheit und die Übertragung operationeller Zuständigkeiten an EURO-POL.

Die Auswirkungen des Vertrages

Es wurden die allgemeinen Ziele der Union (Artikel 2 (ex B) EU-Vertrag) um die Erhaltung und Weiterentwicklung der Union als Raum der Freiheit, Sicherheit und des Rechts ergänzt, in dem in Verbindung mit geeigneten Maßnahmen in Bezug auf die Kontrolle an den Außengrenzen, die Einwanderung, das Asyl sowie die Verhütung und Bekämpfung der Kriminalität und der freie Personenverkehr gewährleistet sind.

Es wurde eine große Zahl von Bereichen auf den EWG-Vertrag übertragen: die Festlegung der Vorschriften im Zusammenhang mit dem Überschreiten von Grenzen, die Asylpolitik, die Einwanderungspolitik sowie die justitielle Zusammenarbeit in Zivilsachen sind in einem neuen Titel IIIa (EG-Vertrag) mit der Überschrift „Freier Personenverkehr, Asylrecht und Einwanderung" zusammengefasst.

Zwei weitere vorher im dritten Pfeiler des EU-Vertrags angesiedelte Bereiche wurden vergemeinschaftet: Es handelt sich um die Bekämpfung von Betrug, der sich gegen die finanziellen Interessen der Gemeinschaft richtet (Artikel 279 (ex 209 EG-Vertrag), und die Zusammenarbeit im Zollwesen (Artikel 135 (ex 116) EG-Vertrag).

Der Vertrag sieht zum Teil übergangsweise Umgestaltungen der Gemeinschaftsmethode vor: Eine Fünfjahresfrist ist für die Annahme von Maßnahmen zur Abschaffung der Kontrollen an den Binnengrenzen (auch für die Drittstaatsangehörigen) und zur Durchführung der Kontrollen an den Außengrenzen, von Maßnahmen im Zusammenhang mit dem Asyl, von Mindestvorschriften für den vorübergehenden Schutz von Flüchtlingen sowie von Bestimmungen über die Einreise- und Aufenthaltsbedingungen von Zuwanderern vorgesehen; der Kommission wird – gemeinsam mit den Mitgliedstaaten – das Initiativrecht zuerkannt, das erst nach einer Übergangszeit von 5 Jahren ausschließlich wird; die Inanspruchnahme der Mitentscheidung und der qualifizierten Mehrheit hängt von einem einstimmig gefassten Beschluss des Rates nach Ablauf des gleichen Zeitraums ab. In der Zwischenzeit gilt Einstimmigkeit im Rat und die Anhörung des Parlaments; die Zuständigkeit des Gerichtshofs wird auf die auf diesen neuen Titel übertragenen Bereiche ausgedehnt, die Möglichkeit – gemäß Artikel 234 (ex 177) EG-Vertrag – im Wege der Vorabentscheidung befasst zu werden, gilt jedoch im Zusammenhang mit den Gerichten nicht, deren Urteile noch angefochten werden können; das Vereinigte Königreich und Irland (außer wenn sie ausdrücklich ihren Willen bekunden, an bestimmten Maßnahmen beteiligt zu werden, wobei für Irland die Möglichkeit gilt, nachträglich voll und ganz einbezogen zu werden) einerseits und Dänemark andererseits kommen in den Genuss der Protokolle im Anhang zum Vertrag, durch die sie von jeglicher

Verpflichtung im Zusammenhang mit den neuen Bestimmungen über die Freizügigkeit der Personen befreit werden.

Es wurde eine Schutzklausel (Artikel 4 (ex D) EU-Vertrag) zur Beibehaltung der Zuständigkeiten der Mitgliedstaaten für die Aufrechterhaltung der öffentlichen Ordnung und inneren Sicherheit sowie die Annahme von vorübergehenden Maßnahmen (Vorschlag der Kommission, qualifizierte Mehrheit des Rates) eingeführt, die zu einer Aufhebung dieser Rechte für einen Zeitraum von 6 Monaten führen, wenn ein Mitgliedstaat sich durch den unerwarteten Ansturm von Drittstaatsangehörigen einer Notsituation gegenübersieht.

Die Bestimmungen im Zusammenhang mit der polizeilichen und justitiellen Zusammenarbeit in Strafsachen, die in einem neuen Titel VI des EU-Vertrags zu finden sind, wurden, was ihre Ziele angeht, klarer formuliert (Artikel 29 (ex K.1) EU-Vertrag) – Verfolgung und Bekämpfung von organisiertem Verbrechen, Terrorismus, Menschenhandel, Straftaten gegenüber Kindern, illegalem Drogen- und Waffenhandel, Korruption und Betrug –, die mit gemeinsamen Aktionen (Artikel 30 (ex K.2) EU-Vertrag) verfolgt werden – wozu auch die Mitwirkung von EUROPOL gehört – und die Möglichkeit, schrittweise Maßnahmen zu beschließen, durch die Mindestvorschriften in Strafsachen festgelegt werden (Artikel 31 (ex K.3) EU-Vertrag).

Die Beibehaltung der Einstimmigkeit im Rat und die Beschränkung des Europäischen Parlaments auf eine konsultative Rolle, die darüber hinaus auf drei Monate beschränkt werden kann, zeugen von der Beibehaltung des zwischenstaatlichen Charakters der polizeilichen und justitiellen Zusammenarbeit in Strafsachen.

In diesem Zusammenhang gibt es jedoch mehrere Änderungen (Artikel 34 (ex K.6) bis 39 (ex K.11) EU-Vertrag: Möglichkeit für Formen einer verstärkten Zusammenarbeit nach Ermächtigung des Rats, der mit qualifizierter Mehrheit beschließt, und Stellungnahme der Kommission. Wenn ein Mitgliedstaat es ablehnt und dafür wichtige Gründe der nationalen Politik angibt, erfolgt keine Abstimmung. Die Frage wird dann zur einstimmigen Beschlussfassung an den Europäischen Rat verwiesen; Übertragung eines gemeinsamen Initiativrechts an die Kommission und die Mitgliedstaaten; Einführung eines neuen normativen Instruments ähnlich der Richtlinie, des „Rahmenbeschlusses"; Inkrafttreten von Übereinkommen, sobald sie von mindestens der Hälfte der unterzeichnenden Mitgliedstaaten angenommen sind; Erweiterung der Zuständigkeit des Gerichtshofs – jeder Mitgliedstaat kann eine Erklärung abgeben, mit der er die Zuständigkeit des Gerichtshofs für Vorabentscheidungen anerkennt.

Die sich daraus ergebenden Verwaltungskosten gehen zu Lasten des Gemeinschaftshaushalts, ebenso wie die operationellen Kosten, mit Ausnahme von Fällen, in denen der Rat einstimmig etwas anderes beschließt (Artikel 41 (ex K.13) EU-Vertrag).

Das Protokoll zur Einbeziehung des Schengen-Besitzstandes ermächtigt die Unterzeichnerstaaten (die 15 außer dem Vereinigten Königreich und Irland), untereinander eine engere Zusammenarbeit bei der Anwendung des Schengen-Besitzstandes im institutionellen und rechtlichen Rahmen der Europäischen Union festzulegen, wodurch dieser Besitzstand direkt auf die 13 Mitgliedstaaten anwendbar ist (einstimmiger Beschluss des Rates, Zuständigkeit des Gerichtshofs mit Ausnahme der Maßnahmen zur Aufrechterhaltung der öffentlichen Ordnung und Sicherheit). Ferner wird verfügt, dass die beitrittswilligen Staaten voll und ganz diesen Besitzstand im Hinblick auf die Erweiterung akzeptieren müssen und dass ein Protokoll über die Position von Dänemark aufgenommen wird.

Schließlich legt das Protokoll zum EG Vertrag über die Gewährung von Asyl für Staatsangehörige von Mitgliedstaaten der Europäischen Union das allgemeine Prinzip fest, dass alle Mitgliedstaaten der Europäischen Union in diesem Sinne als sichere Herkunftsländer gelten; allgemein gilt die Nichtanwendbarkeit des Asylrechts untereinander, und der Asylantrag eines Staatsangehörigen eines Mitgliedstaats wird nur in ganz konkreten Fällen berücksichtigt oder zur Bearbeitung zugelassen, die im Zusammenhang mit der Verletzung der gemeinsamen Grundprinzipien der Union und der Prinzipien der in diesem Bereich geltenden internationalen Übereinkommen durch einen Mitgliedstaat stehen.

Bewertung

Vor dem Vertrag von Maastricht gab es außer dem Bereich Justiz und Inneres, die zumindest seit Bodino unter die Souveränität der Nationalstaaten fallen, keine charakteristischeren Fragen für den Tätigkeitsbereich der Regierungen. Wenn der EU-Vertrag die Verankerung der zwischenstaatlichen Zusammenarbeit zwischen den Mitgliedstaaten bedeutete, so steht der Vertrag von Amsterdam für die eindeutige Entscheidung für eine Integration durch Vergemeinschaftung. Die Tatsache, dass nur zwei der neuen, als Fragen von gemeinsamem Interesse im EU-Vertrag aufgeführten Bereiche im dritten Pfeiler des Vertrags von Amsterdam verbleiben, ist unter dem Gesichtspunkt der politischen Grundsätze und Konzepte ein außerordentlich positiver Schritt.

Neben der Vergemeinschaftung der Politiken im Zusammenhang mit dem freien Personenverkehr, dem Asyl und der Einwanderung ist auch die Vergemeinschaftung bei der Bekämpfung des Betrugs gegen die finanziellen Interessen der Gemeinschaft und bei der Zusammenarbeit im Zollwesen hervorzuheben, auch wenn die diesbezüglichen polizeilichen und strafrechtlichen Aspekte weiterhin unter Titel VI fallen.

Was den schrittweisen Charakter der Schaffung eines Raums der Freiheit, der Sicherheit und des Rechts angeht, so scheint der Fünfjahreszeitraum für die Annahme von Maßnahmen zur Gewährleistung des freien Personenverkehrs ein annehmbarer Kompromiss zwischen drei Grundsätzen zu sein, die a priori nicht leicht miteinander zu vereinbaren schienen: die Berücksichtigung der nationalen Empfindlichkeiten, die Erfordernis von Effizienz und die Notwendigkeit, ein wirksames Kontrollsystem (sowohl politisch als auch rechtlich) auf europäischer Ebene einzurichten. Wir sehen deshalb die Fünfjahresfrist als Ergebnis des Konsenses.

Auf jeden Fall bedeutet die Verwirklichung des gesamten Kapitels ein sehr umfassendes Arbeitsprogramm für die nächsten fünf Jahre. Das Europäische Parlament sollte es äußerst aufmerksam verfolgen und auf jegliche Verzögerung und jeglichen Rückschritt und vor allem jegliche Verringerung der demokratischen Kontrolle hinweisen.

Bedauernswert ist die Beibehaltung der Einstimmigkeit im Rat, auch wenn sich gleichzeitig der schrittweise Übergang von der Einstimmigkeit/Koinitiative hin zur qualifizierten Mehrheit/zum ausschließlichen Initiativrecht der Kommission durchzusetzen scheint; dennoch bleibt die Konkretisierung des Übergangs hin zur qualifizierten Mehrheit noch in der Schwebe. Was das Europäische Parlament angeht, ist zu bedauern, dass es zu den Rechtsakten nur angehört wird; der mögliche Schritt hin zur Mitentscheidung nach Ablauf von fünf Jahren erfolgt nicht automatisch (der Rat muss einstimmig beschließen, ausgenommen davon sind zwei legislative Aspekte der Visumpolitik). Bedenkt man, dass der Übergang zur Mitentscheidung im Jahr 2004 im Hinblick auf den politischen Kalender der Agenda 2000 mit den ersten Beitritten der Länder Mittel- und Osteuropas zusammenfallen wird, so scheint das Glück dem Europäischen Parlament nicht sehr gewogen zu sein. Deshalb erscheint es uns dringend erforderlich, dass das Europäische Parlament auf der Grundlage einer Erklärung in der Anlage, die auf Ersuchen Deutschlands aufgenommen wurde, den Rat dazu drängt, diese Entscheidung vor Ablauf dieser Fünfjahresfrist zu prüfen und vorzubereiten.

Es ist sehr ermutigend, dass die übertragenen Bereiche der Rechtsprechung des Gerichtshofs unterworfen werden; dies ist jedoch bei den Beschränkungen im Zusammenhang mit den Vorabentscheidungen und den nationalen Schutzmaßnahmen (Artikel 4 (ex D) EU-Vertrag) keineswegs der Fall; durch diese Einschränkungen kann es leicht zu uneinheitlichen Auslegungen des Gemeinschaftsrechts kommen, und dies sehen wir mit großer Beunruhigung.

Von den im dritten Pfeiler verbleibenden Fragen hatte das Europäische Parlament die Vergemeinschaftung der Bekämpfung des Drogenhandels, der Betrügereien im internationalen Maßstab und des organisierten Verbrechens gefordert, jedoch ohne Erfolg; auf jeden Fall kann sich die durch Artikel 32 (ex K.4) EU-Vertrag eröffnete

Möglichkeit, in dem die schrittweise Verabschiedung von Mindestvorschriften für die Harmonisierung bestimmter Delikte und Strafen in diesem Bereich vorgesehen ist, als ein nützliches Instrument erweisen. Was EUROPOL angeht, so ist trotz der erzielten Fortschritte darauf hinzuweisen, dass das Europäische Parlament gefordert hatte, schrittweise gemeinschaftliche Verfahren für die polizeiliche Zusammenarbeit anzuwenden. Was das Verfahren angeht, so ist die Beibehaltung der Einstimmigkeit zu kritisieren, auch wenn wir die Ausdehnung des Initiativrechts der Kommission als positiv erachten, aber das dem Europäischen Parlament zugewiesene Recht auf Anhörung für sehr unzureichend halten, das noch dazu seine Stellungnahme innerhalb von sechs Monaten abgeben muss. Schließlich gibt es – bereits auf normativer Ebene – nichts gegen die Einführung von drei neuen Rechtsinstrumenten, d.h. den Beschlüssen, Rahmenbeschlüssen und Übereinkommen, einzuwenden, womit die Forderung des Europäischen Parlaments nach der Annahme von Richtlinien in diesen Fragen erfüllt wird.

Die Einbeziehung des Schengen-Besitzstandes in den Vertrag war vom Europäischen Parlament gefordert worden; dies ist an sich positiv. Es ist offenbar nichts einzuwenden gegen die gewählte Form – eigenes Protokoll –, wohl aber gegen die Beibehaltung der Einstimmigkeit für die Annahme von Maßnahmen zur Anwendung des Besitzstandes – im Falle der Blockade wird dies durch die Möglichkeit des „Funktionierens mit 13" abgeschwächt; ferner wird in keiner Weise auf die Rolle des Europäischen Parlaments verwiesen, und die Ausnahmen für das Vereinigte Königreich, Irland und Dänemark von der Charta, die, dadurch dass sie so überladen ist, auch wenig zur klärenden Auslegung dieser Fragen beiträgt, sind eher zu bedauern.

Im Zusammenhang mit dem Asyl für Staatsangehörige aus Mitgliedstaaten der Europäischen Union stellt die Aufnahme des allgemeinen Prinzips – die Mitgliedstaaten gelten gegenseitig für alle rechtlichen und praktischen Auswirkungen im Zusammenhang mit Asylfragen als sichere Herkunftsländer – einen sehr positiven Fortschritt dar, durch den künftig einige überraschende Situationen vermieden werden können, die in letzter Zeit anscheinend zwischen den Mitgliedstaaten entstanden sind. Die Einbeziehung von ganz bestimmten Ausnahmen von diesem Prinzip ändern nichts an seiner politischen Tragweite.

4. Die Union und die Bürger

a) Beschäftigung

Die Bekämpfung der Arbeitslosigkeit ist in allen Mitgliedstaaten der Europäischen Union eine der wichtigsten wirtschaftlichen und sozialen Herausforderungen, insbesondere nach der schweren wirtschaftlichen Rezession in den ersten Jahren dieses

Jahrzehnts. Ihren Anfang nahm die Bekämpfung der Arbeitslosigkeit auf Gemeinschaftsebene mit dem Europäischen Rat von Edinburgh (1992) und von Kopenhagen (1993), auf denen die sogenannte europäische Initiative für Wachstum beschlossen wurde. Auf dem Europäischen Rat von Essen (1994) wurde eine Reihe von Grundsätzen genannt, wie z.B. die Beobachtung der Beschäftigungstendenzen oder die Beurteilung des Stands der Mehrjahresprogramme in den Mitgliedstaaten.

In der Debatte über die Einführung eines der Beschäftigung gewidmeten Abschnitts in den Vertrag ging es vor und dann während der gesamten Regierungskonferenz um folgendes: Da einerseits die Beschäftigung eines der Hauptanliegen der Bürger darstellte, erwies sich eine bessere Bekanntmachung der durchgeführten Aktion auf europäischer Ebene als eine politische Notwendigkeit, und zwar insbesondere angesichts der wachsenden Zweifel in der Öffentlichkeit am europäischen Einigungswerk. Andererseits musste in Anbetracht der erforderlichen Berücksichtigung der unabdingbaren Notwendigkeit von Wachstum und Wettbewerbsfähigkeit, in Anbetracht der Globalisierung der Wirtschaften, im Bestreben der Vermeidung einer Schwächung der Zielsetzung einer einheitlichen Währung und im Hinblick auf die Tatsache, dass die Beschäftigungspolitik vor allem in die Zuständigkeit der Mitgliedstaaten fällt, gleichzeitig verhindert werden, übertriebene Erwartungen an das europäische Einigungswerk zu wecken.

Prioritäten des Parlaments

Zunächst wurde diese Debatte ausschließlich im Europäischen Parlament geführt. In der Entschließung Dury/Maij-Weggen handelt ein ganzer Abschnitt mit dem Titel „Eine entschlossene Beschäftigungspolitik" davon; dort heißt es, dass die Förderung eines hohen Beschäftigungsniveaus in Artikel 2 des Vertrags zu den Aufgaben der Gemeinschaft gezählt werden muss; die Beschäftigung muss in den Mittelpunkt aller Politiken der Gemeinschaft gestellt werden; in einem neuen Kapitel müssen die in diesem Bereich zu verfolgenden gemeinsamen Ziele und Verfahren festgelegt werden; es muss Ausgewogenheit zwischen den Grundzügen der Wirtschaftspolitik und der Ausrichtung der Beschäftigungspolitik herrschen; ein Beschäftigungsausschuss sollte eingesetzt werden, der für die Förderung der Koordinierung der Politiken der Mitgliedstaaten der Gemeinschaft im Beschäftigungsbereich und für die Unterstützung der Vorbereitung der Arbeiten des Rates zuständig wäre; danach hat das Europäische Parlament seine Position durch Vorschläge, die es nacheinander durch seine Vertreter, Frau Guigou und Herrn Brok, im Hinblick auf die Einführung eines Beschäftigungskapitels in den Vertrag auf der Regierungskonferenz vorgelegt hat, formalisiert. Es hat darüber hinaus ständig darauf hingewiesen, welche Bedeutung es diesem Aspekt der Revision des Vertrags beimisst[11].

---

[11] Insbesondere in seinen Entschließungen vom 16. Januar 1997 und vom 11. Juni 1997.

Inhalt des Vertrags

Die Förderung eines hohen Beschäftigungsniveaus gehört zu den Zielsetzungen und Aufgaben der Union (Artikel 2 (ex B) EU-Vertrag und 2 EG-Vertrag), in letzterem Fall geht sie einher mit Sozialschutz und einem hohen Grad an Wettbewerbsfähigkeit. Als Instrument (Artikel 3 EG-Vertrag) wird die Förderung der Koordinierung der Beschäftigungspolitik der Mitgliedstaaten aufgenommen.

Es wird ein neuer Titel zur Beschäftigung eingefügt, in dem sich die Mitgliedstaaten verpflichten, auf die Entwicklung einer koordinierten Beschäftigungsstrategie hinzuarbeiten. Auch wenn die Staaten die ausschließliche Zuständigkeit in diesem Bereich behalten, so verpflichten sie sich, ihre beschäftigungspolitischen Maßnahmen mit den in Artikel 99 Abs. 2 (ex 103) EG-Vertrag genannten Grundzügen der Wirtschaftspolitik abzustimmen und die Förderung der Beschäftigung als Angelegenheit von gemeinsamem Interesse zu betrachten (Art. 126 (ex 109 O) EG-Vertrag); schließlich muss die Gemeinschaft dem Ziel eines hohen Beschäftigungsniveaus bei der Festlegung und Durchführung der Gemeinschaftspolitik Rechnung tragen (Artikel 127 (ex 109p) EG-Vertrag).

Das vorgesehene Koordinierungsverfahren (Artikel 128 (ex 109q) EG-Vertrag) durchläuft folgende Etappen: Prüfung der Beschäftigungslage in der Gemeinschaft durch den Europäischen Rat; Festlegung von Leitlinien für die nationale Beschäftigungspolitik mit qualifizierter Mehrheit und nach einfacher Anhörung des Europäischen Parlaments durch den Rat anhand der Schlussfolgerungen des Europäischen Rates; Prüfung der Durchführung der Leitlinien, die ggf. auf Vorschlag der Kommission und immer noch mit qualifizierter Mehrheit, aber ohne Anhörung des Parlaments, zu Empfehlungen an die Mitgliedstaaten führen kann; Ausarbeitung eines Jahresberichts für den Europäischen Rat durch Kommission und Rat.

Der Rat und die Kommission werden bei diesem Verfahren durch einen beratenden Beschäftigungsausschuss unterstützt (Artikel 130 (ex 109s) EG-Vertrag).

Möglichkeit der Annahme im Mitentscheidungsverfahren und nach Anhörung des Ausschusses der Regionen und des Wirtschafts- und Sozialausschusses von Maßnahmen über Anreize zur Förderung der Zusammenarbeit zwischen den Mitgliedstaaten und zur Unterstützung ihrer Beschäftigungsmaßnahmen durch den Rat (im wesentlichen Austausch von Informationen und bewährten Verfahren, vergleichende Analysen und Gutachten, Pilotprojekte); Maßnahmen, die keinerlei Harmonisierung der Rechtsvorschriften voraussetzen, sollten einen reinen Anreizcharakter (Erklärung in der Schlussakte) haben, und ihre Finanzierung fällt unter Rubrik 3 der Finanziellen Vorausschau.

Bewertung

Die Einführung eines Titels zur Beschäftigung in den Vertrag, der eine der Prioritäten des Europäischen Parlaments als eigentlichem Urheber dieser Initiative darstellte, ist einer der Meilensteine der Regierungskonferenz. Die ausdrückliche Einbeziehung der Förderung eines hohen Beschäftigungs- und Sozialschutzniveaus in die allgemeinen Ziele und Aufgaben der Union neben der Erreichung eines hohen Grads an Wettbewerbsfähigkeit, stellt einen bedeutenden Fortschritt für das Europäische Einigungswerk dar, dessen Schwerpunkt bis dahin eher auf wirtschaftlichen Fragen zu liegen schien, und drückt den Wunsch der Unterzeichner von Amsterdam aus, den Erwartungen der europäischen Bürger gerecht zu werden.

Ein weiterer wichtiger Erfolg sind die Anerkennung der Wechselbeziehung zwischen den Grundzügen der Wirtschaftspolitik der Gemeinschaft und der Beschäftigungspolitik sowie die Berücksichtigung des Ziels eines hohen Beschäftigungsniveaus bei der Festlegung und Durchführung der Gemeinschaftspolitik; beide Aspekte könnten in der Zukunft noch eine große Rolle spielen.

Was die Verfahrensfragen angeht, so stellen sie generell einen Fortschritt dar, auch wenn zu bedauern ist, dass die Rolle des Europäischen Parlaments auf das Verfahren der Konsultation beschränkt wurde, wenn es um die Ausarbeitung der jährlichen Leitlinien geht. Dagegen begrüßen wir, dass die Annahme von Fördermaßnahmen unter die Mitentscheidung fällt. Ein weiterer bedeutender Fortschritt – der ebenfalls vom Europäischen Parlament unterstützt wird – ist die Einsetzung eines Beschäftigungsausschusses mit beratender Funktion, auch wenn negativ anzumerken ist, dass für seine Einsetzung nicht das Verfahren der Mitentscheidung angewandt wird.

Das bei der neuen Beschäftigungspolitik festzustellende Hauptmanko ist, dass die als Leitlinien dienenden Grundsätze nicht konkret ausformuliert sind; ferner gehen sie nicht ins Detail und enthalten auch keine finanziellen Programme, und dies lässt an ihren praktischen Auswirkungen zweifeln. Unserer Ansicht nach wird durch die Bekräftigung der Tatsache, dass die Beschäftigungspolitik in die ausschließliche Zuständigkeit der Mitgliedstaaten fällt, die Durchführung auf europäischer Ebene auf die erforderliche Koordinierung und Förderung beschränkt. Auf jeden Fall ist der Samen gelegt, nun muss dafür gesorgt werden – und zweifellos wird dies das Europäische Parlament tun –, dass er aufgeht.

b) Sozialpolitik

Trotz seiner vorwiegend wirtschaftlichen Ausrichtung waren sich die Verfasser des Vertrags von Rom bereits der Notwendigkeit bewusst, bestimmte Aspekte der Sozialpolitik zu regeln und zu harmonisieren; deshalb widmeten sie im Jahr 1957 den Titel VII des Vertrags von Rom der „Sozial-, Bildungs-, Berufsbildungs- und Jugendpolitik".

Auf Grund des Einflusses der Rechtsvorschriften im Zusammenhang mit dem Binnenmarkt ist die Europäische Union schrittweise in bestimmten Bereichen der Sozialpolitik tätig geworden, um den europäischen Arbeitnehmern das Recht zu garantieren, sich gleichberechtigt in allen Mitgliedstaaten zu bewegen und sich dort niederzulassen. Sie hat Mindesterfordernisse für den Gesundheitsschutz und die Sicherheit der Arbeitnehmer festgelegt und hat die Arbeitsmöglichkeiten sowie die geographische und berufliche Mobilität im Rahmen des Europäischen Sozialfonds gefördert.

Prioritäten des Parlaments

Im Verlauf der Regierungskonferenz war die Frage der Revision der Bestimmungen über die Sozialpolitik weitgehend von der Einbeziehung des Abkommens über die Sozialpolitik in der Anlage zu Protokoll Nr. 14 in den Vertrag dominiert. Das Europäische Parlament hat immer eindeutig Stellung zugunsten dieser Einbeziehung bezogen. Aber unabhängig von der Frage der Verankerung der sozialen Grundrechte ist es außerdem noch weitergegangen und hat erklärt, dass es notwendig ist, dieses Abkommen zu verbessern; und zwar auf institutioneller Ebene durch eine generelle Beschlussfassung mit qualifizierter Mehrheit und im Verfahren der Mitentscheidung; und auf inhaltlicher Ebene, indem es sich dafür einsetzte, dass die Union im Vertrag verpflichtet wird, eine Politik zur Überwindung der sozialen Ungerechtigkeit, Ausgrenzung, Diskriminierung und Armut zu entwickeln.

Inhalt des Vertrages

Die Einbeziehung des Abkommens über die Sozialpolitik. Im Entwurf von Amsterdam ist im Vertrag das Abkommen über die Sozialpolitik in den jetzigen Artikeln 136 (ex 117) bis 145 (ex 122) EG-Vertrag aufgenommen.

Die Klarstellung der Zielsetzungen der Sozialpolitik. Artikel 1 des Abkommens (aus dem nun Artikel 136 (ex 117) EG-Vertrag wird) ist jedoch weitgehend geändert: Einführung eines politischen Hinweises auf die Charta von Turin aus dem Jahr 1961 und von Straßburg aus dem Jahr 1989, Aufruf zur Berücksichtigung der Notwendigkeit, die Wettbewerbsfähigkeit der Wirtschaft der Gemeinschaft bei der Verwirklichung ihrer Sozialpolitik zu erhalten; Hervorhebung der Idee, dass die Ziele des Vertrags auf sozialem Gebiet sich nicht allein als natürliche Folge des Funktionierens des einheitlichen Marktes, sondern auch einer im Sinne des Vertrages durchgeführten Aktion einstellen, wozu auch die Harmonisierung bestimmter Vorschriften gehört.

Die Ausdehnung der Mitentscheidung. Die Verbesserung der Arbeitsumwelt, der Arbeitsbedingungen, die Unterrichtung und Anhörung der Arbeitnehmer, die Chancengleichheit von Männern und Frauen auf dem Arbeitsmarkt und die Gleichbehandlung am Arbeitsplatz sowie die Eingliederung von aus dem Arbeitsmarkt ausgegrenzten Personen, d.h. die Fragen, die im Abkommen unter die qualifizierte Mehrheit und das Verfahren der Zusammenarbeit fallen, können Gegenstand von in Mitentscheidung angenommenen Richtlinien sein, in denen schrittweise anwendbare Mindestvorschriften festgelegt werden.

Die Fragen, die unter die Einstimmigkeit und die einfache Anhörung fielen (soziale Sicherheit, Schutz der Arbeitnehmer im Falle der Entlassung, Vertretung und kollektive Wahrnehmung der Arbeitnehmer- und Arbeitgeberinteressen, Beschäftigungsbedingungen der Drittstaatsangehörigen und finanzielle Beiträge zur Förderung der Beschäftigung), werden auch weiterhin auf diese Art entschieden.

Die Einführung einer Rechtsgrundlage zur Bekämpfung der sozialen Ausgrenzung. Artikel 2 Absatz 2 des Abkommens (nun Artikel 137 (ex 118) Absatz 2 EG-Vertrag) wird um einen dritten Gedankenstrich ergänzt, durch den die Annahme von Maßnahmen im Rahmen der Mitentscheidung zur Förderung der Zusammenarbeit zwischen den Mitgliedstaaten bei der Bekämpfung der sozialen Ausgrenzung möglich wird.

Die Weiterentwicklung einer Politik der Chancengleichheit von Männern und Frauen. Artikel 141 (ex 119) wird dahingehend geändert, dass das Prinzip des gleichen Entgelts für gleiche Arbeit auch auf ein gleiches Entgelt für gleichwertige Arbeit ausgedehnt wird; außerdem soll der Artikel durch diese Änderung zu einer Rechtsgrundlage werden (was vorher nicht der Fall war), und zwar für die Annahme von Maßnahmen im Verfahren der Mitentscheidung zur Sicherstellung der Chancengleichheit und der Gleichbehandlung von Männern und Frauen bei Beschäftigung und Arbeit, und die Mitgliedstaaten sollen durch die Änderung ausdrücklich ermächtigt werden, sogenannte „positive" Maßnahmen zu erlassen.

Bewertung

Der wichtigste Fortschritt im Bereich der Sozialpolitik liegt unzweifelhaft in der Einbeziehung des Sozialprotokolls in die normativen Bestimmungen des Vertrages, wodurch die Sozialpolitik der Gemeinschaft mehr Kohärenz und Einheitlichkeit erhält.

Ferner ist die Billigung der Anhörung der Sozialpartner auf Gemeinschaftsebene (Artikel 138 (ex 118a) EG-Vertrag), wie sie vom Europäischen Parlament gefordert wird, sowie die Übertragung der Befugnis zur Koordinierung von Maßnahmen der Mitgliedstaaten auf dem Gebiet Beschäftigung, Arbeitsrecht und Arbeitsbedingungen, berufliche Ausbildung und Weiterbildung, soziale Sicherheit, Berufsunfälle und Berufskrankheiten, Gesundheitsschutz bei der Arbeit und Koalitionsrecht und Kollektivverhandlungen (Artikel 140 (ex 118c) EG-Vertrag) an die Kommission hervorzuheben.

Auch wenn der Vorschlag des Europäischen Parlaments nicht angenommen wurde, der darauf abzielte, dass die Kommission einen Zeitplan und ein Maßnahmenpaket zur Verwirklichung der Sozialunion vorlegt, so begrüßen wir die in Artikel 137 (ex 118) Absatz 2 festgelegte Rechtsgrundlage zur Annahme von im Rahmen der Mitentscheidung beschlossenen Maßnahmen zur Bekämpfung der sozialen Ausgrenzung, auch wenn zu bedauern ist, dass im letzten Moment die Maßnahmen zugunsten von älteren Personen und Behinderten von dieser neuen Rechtsgrundlage ausgenommen wurden. Außerdem hätte die Bekämpfung der Armut ausdrücklich zu den Zielen der Europäischen Union gerechnet werden müssen, damit jegliche Politik der Union nach ihren Auswirkungen auf den sozialen Zusammenhalt beurteilt wird.

Auch wenn das Verfahren der Zusammenarbeit durch das der Mitentscheidung in den Artikeln 137 (ex 118) und 141 (ex 119) ersetzt wurde, so bleibt immer noch die Einstimmigkeit und die Anhörung bei einer großen Zahl von Fällen bestehen, und es gibt auch weiterhin eine Liste von Ausnahmen in sehr wichtigen Bereichen, wie z.B. Vergütungen, Streikrecht, Vereinigungsfreiheit oder Aussperrungsrecht.

Die in Artikel 141 (ex 119) festgelegte Verpflichtung zur Gewährleistung der Anwendung des Prinzips des gleichen Entgelts für Arbeitnehmer für eine gleiche oder gleichwertige Arbeit, die wir im Kapitel über die Nichtdiskriminierung analysiert haben, ist sehr positiv; ebenso wie die in Artikel 16 (ex 7d) EU-Vertrag – ebenfalls eine teilweise übernommene Initiative des Europäischen Parlaments – enthaltene Erklärung, in der die Europäische Union und die Mitgliedstaaten beauftragt werden, in ihren jeweiligen Zuständigkeitsbereichen darauf zu achten, dass die Dienste von allgemeinem wirtschaftlichem Interesse auf der Grundlage von Prinzipien und Bedingungen funktionieren, die es ihnen ermöglichen, ihren Aufgaben nachzukommen.

c) Umweltpolitik

Die ausführlichste im Plenum vorgenommene Darlegung der Anliegen des Europäischen Parlaments im Umweltbereich im Zusammenhang mit der Regierungskonferenz findet sich in der Entschließung Dury/Maij-Weggen vom 13.6.96[12]. Hierbei ist es ermutigend, dass viele bei dieser Gelegenheit vorgebrachte Forderungen des Europäischen Parlaments im Vertragsentwurf von Amsterdam berücksichtigt worden sind.

Das Europäische Parlament forderte[13] die Einbeziehung des Konzepts der nachhaltigen Entwicklung in den Vertrag sowie des Umweltschutzes in andere Politiken und

---

[12]   Diese ist selbst stark beeinflusst von den Stellungnahmen des Umweltausschusses und des Institutionellen Ausschusses, die in PE 212.450/end/Teil II und PE 216.237/end/Anl. enthalten sind.

[13]   In Ziffer 13.1, 13.2 und 13.3 der vorgenannten Entschließung.

Ziele der Gemeinschaft. Beides wurde in den neuen Vertragsentwurf aufgenommen. In der Entschließung[14] wurde auch gefordert, dass der Vertrag dahingehend geändert wird, dass die Bedeutung der Umweltverträglichkeitsprüfungen hervorgehoben wird. Es wurde keine formale Änderung des Vertrags vorgeschlagen, aber die Bedeutung dieser Prüfungen wurde in einer unverbindlichen Erklärung anerkannt. Es ist von grundlegender Bedeutung, dass dies angemessen umgesetzt wird.

Ein besonders heikles Thema, das vom Parlament in seiner Entschließung vom Juni 1996[15] hervorgehoben wurde, war die Notwendigkeit, den Mitgliedstaaten, falls sie dies wünschen, zu erlauben, strengere Umweltvorschriften als die der Europäischen Union festzulegen. Der geänderte neue Text von Artikel 9 Absatz 4 (ex 100) EG-Vertrag ist viel klarer als der derzeitige Vertragstext, da er es den Mitgliedstaaten nicht nur ermöglicht, bestehende nationale Vorschriften beizubehalten, sondern auch neue auf der Grundlage neuer wissenschaftlicher Erkenntnisse einzuführen. Der Notwendigkeit solcher Maßnahmen stehen Binnenmarktserwägungen gegenüber.

Die Entscheidung darüber, ob eine echte Ausgewogenheit erreicht worden ist, wurde der Kommission überlassen. Es gibt ganz klar in bestimmten Kreisen einige Beunruhigung darüber, ob der Kommission nicht zu viel Entscheidungsspielraum eingeräumt worden ist und ob dem Binnenmarkt gegenüber den Umwelterwägungen zuviel Gewicht beigemessen wird. Obwohl der diesbezügliche Text in einigen Aspekten eine Verbesserung gegenüber dem derzeitigen Vertragstext darstellt, wird er von der Kommission mit sehr viel Einfühlungsvermögen ausgelegt werden müssen.

Die Integrität des Binnenmarktes muss maximal geschützt werden; dies darf aber nicht zu Lasten legitimer neuer Umwelterwägungen gehen.

Schließlich hat das Europäische Parlament die Einbeziehung des Tierschutzes – Ziffer 13.6 seiner Entschließung vom 6. Juni 1996 – gefordert, und zwar nicht in einer unverbindlichen Erklärung wie in Maastricht, sondern in verbindlicher Form im Vertrag. Im Vertragsentwurf ist in der Tat dieses Anliegen in einer verbindlichen Form in einem Protokoll zum EG-Vertrag berücksichtigt worden, und dies ist begrüßenswert. im Wesentlichen gestützt auf die bestehende Erklärung Nr. 24 enthält er auch einen neuen Satz, in dem die Berücksichtigung von „Rechts- und Verwaltungsvorschriften und Gepflogenheiten der Mitgliedstaaten insbesondere in Bezug auf religiöse Riten, kulturelle Traditionen und das regionale Erbe" gefordert wird. Dadurch wird das Protokoll teilweise geschwächt, aber es scheint ein realistisches Gleichgewicht erreicht worden zu sein, insofern als es zu einer Stärkung des Tierschutzes in so heiklen Fragen wie dem Transport eng zusammengepferchter Tiere

---

[14]   In Ziffer 13.5 dieser Entschließung.
[15]   Ziffer 13.4

führen und gleichzeitig die Europäische Union nicht zu einem unbeliebten neuen Sündenbock in einigen Ländern machen dürfte.

Zusammengefasst und unter Berücksichtigung des obengenannten Vorbehalts zur geänderten Fassung von Artikel 94 (ex 100) EG-Vertrag stellen die Umweltbestimmungen im Vertragsentwurf von Amsterdam deshalb zwar keine großen Neuerungen, aber eine Reihe von nützlichen Fortschritten im Sinne der früheren Forderungen des Europäischen Parlaments dar. Die nachhaltige Entwicklung wird im revidierten Vertrag als eines der wichtigsten Ziele der Union aufgeführt, und der Umweltschutz wird zu einer Priorität für die Gemeinschaftspolitiken und -maßnahmen. Der einzige größere Kritikpunkt ist, dass Artikel 175 Absatz 2 (ex 130s) EG-Vertrag, in dem eine Reihe von Umweltmaßnahmen mit steuerlichen Auswirkungen und Auswirkungen auf die Nutzung von Land und Energie enthalten sind, in der letzten Minute der Verhandlungen von den Beschlüssen mit qualifizierter Mehrheit ausgenommen und wieder dem derzeitigen Erfordernis der Einstimmigkeit unterstellt wurde und dass das Parlament deshalb nicht die Mitentscheidung erhielt, die es in diesen Bereichen gefordert hat.

d) Gesundheitswesen

In Anbetracht solcher Skandale wie der BSE-Krise und von Problemen mit verseuchtem Blut hielten es die Verhandlungsführer der Regierungskonferenz für erforderlich, den bestehenden Artikel 152 (ex 129) EG-Vertrag über das Gesundheitswesen zu verstärken. In der neuen Fassung von Artikel 152 (ex 129) EG-Vertrag sind eine Reihe von wertvollen Reformen enthalten. Die Ziele der Gemeinschaftsaktion im Bereich des Gesundheitswesens, die „die Politik der Mitgliedstaaten ergänzt", sind nun expliziter dargestellt als zuvor. Darüber hinaus wird „bei der Festlegung und Durchführung aller Gemeinschaftspolitiken und -maßnahmen ein hohes Gesundheitsschutzniveau sichergestellt".

In der früheren Fassung von Artikel 152 (ex 129) EG-Vertrag war nur vorgesehen, dass die Mitgliedstaaten im Benehmen mit der Kommission ihre Politiken und Programme im Bereich des Gesundheitswesens koordinieren. In der neuen Fassung des Artikels erhält die Gemeinschaft eine auf mehr Eigeninitiative beruhende Rolle bei der Förderung einer solchen Kooperation zwischen den Mitgliedstaaten und ggf. der Unterstützung ihrer Tätigkeit.

Schließlich bezieht sich die alte Fassung von Artikel 152 (ex 129) EG-Vertrag nur auf Fördermaßnahmen, die auf Gemeinschaftsebene gemäß dem Mitentscheidungsverfahren zu beschließen sind. In der neuen Fassung des Artikels werden in zwei wichtigen Bereichen spezifische Maßnahmen hinzugefügt, nämlich Maßnahmen zur Festlegung hoher Qualitäts- und Sicherheitsstandards für Organe und Substanzen menschlichen Ursprungs sowie für Blut und Blutderivate und ebenso, abweichend von Artikel 37 (ex 43) EG-Vertrag, Maßnahmen in den Bereichen Veterinärwesen und Pflanzenschutz, die unmittelbar den Schutz der Gesundheit der Bevölkerung zum Ziel haben. Diese Änderung von Artikel 152 (ex 129) EG-Vertrag stellt den ersten Schritt in Richtung der Ziele des Europäischen Parlaments dar, Mitentscheidung bei allen legislativen Aspekten der Agrarpolitik zu erreichen, die derzeit unter Artikel 37 (ex 43) EG-Vertrag fallen.

Die revidierte Fassung von Artikel 152 (ex 129) EG-Vertrag wird von Ihren Ko-Berichterstattern insofern nachdrücklich unterstützt, als dass dadurch möglich sein wird, dass Erwägungen der Volksgesundheit künftig sowohl generell als auch im Vergleich mit anderen politischen Bereichen, wie z.B. die Landwirtschaft, stärker berücksichtigt werden.

e) Verbraucherschutz

Im Vertragsentwurf ist eine Reihe neuer Bestimmungen enthalten, durch die der Verbraucherschutz innerhalb der Europäischen Union verbessert würde. Zunächst wird in der neuen Fassung von Artikel 95 Absatz 3 (ex 100a) EG-Vertrag gefordert, dass Parlament und Rat, und nicht nur die Kommission (wie vorher) von einem hohen Schutzniveau für alle Binnenmarktsmaßnahmen ausgehen sollten, und dabei insbesondere alle neuen auf wissenschaftliche Ergebnisse gestützten Entwicklungen berücksichtigen sollten. Zweitens sind in der neuen Fassung von Artikel 153 (ex 129a) EG-Vertrag deutlichere Ziele für den Verbraucherschutz auf Gemeinschaftsebene festgelegt. Drittens ist in Artikel 153 (ex 129a) EG-Vertrag nun geregelt, dass Verbraucherschutzerfordernisse bei der Festlegung und Durchführung weiterer Politiken und Tätigkeiten der Gemeinschaft berücksichtigt werden.

Die vorstehend genannten Reformen sind alle sinnvoll und werden von Ihren Ko-Berichterstattern befürwortet. Es ist wichtig, dass sie angemessen umgesetzt werden.

f) Sonstige Bereiche der Gemeinschaftspolitik

Der Abschnitt über die sonstigen Bereiche der Gemeinschaftspolitik enthält eine Vielfalt unterschiedlicher Fragen, in einigen kommen spezifische nationale Anliegen und in anderen solche von allgemeinerer Bedeutung zum Ausdruck. Ihre Ko-Berichterstatter werden ihre Bemerkungen auf einige der letzteren konzentrieren, da die übrigen Fragen bereits an anderer Stelle in diesem Bericht analysiert worden sind.

Betrugsbekämpfung

Die Notwendigkeit einer wirksamen Bekämpfung der betrügerischen Verwendung von Gemeinschaftsmitteln auf allen Ebenen war eine der acht wichtigsten Prioritäten in der Entschließung Dury/Maij-Weggen vom 13. März 1996, in der insbesondere in

Ziffer 22.2 eine Verstärkung des bestehenden Artikels 280 (ex 209a) EG-Vertrag und die Schaffung der notwendigen und ausreichenden Rechtsgrundlagen zur Festlegung von Gemeinschaftsvorschriften gefordert wurde. Ihre Ko-Berichterstatter begrüßen deshalb nachdrücklich, dass Artikel 280 (ex 209a) EG-Vertrag in diesem Sinne geändert worden ist, um die Bekämpfung des Betrugs gegen die finanziellen Interessen der Gemeinschaft zu verstärken. Gemeinsam mit dem neuen Artikel 125 (ex 109n) EG-Vertrag über die Zusammenarbeit im Zollwesen und mit den erweiterten Befugnissen des Rechnungshofs (die an anderer Stelle in diesem Bericht kommentiert werden) wurde ein Maßnahmenpaket vorgelegt, das eine erhebliche Verbesserung gegenüber dem Status quo darstellt und künftig für einen erheblichen Unterschied sorgen wird.

Gebiete in äußerster Randlage, Inselgebiet und überseeische Länder und Gebiete

Zwar ist die Förderung der regionalen Entwicklung keine der wesentlichen Prioritäten des Vertragsentwurfs von Amsterdam, er enthält jedoch einige nützliche Bestimmungen auf diesem Gebiet. Am bedeutungsvollsten ist vielleicht, dass die energische Kampagne, die innerhalb des Europäischen Parlaments breite Unterstützung fand und in der es um die Stärkung der Position der Gebiete in äußerster Randlage (die französischen überseeischen Departements, die Azoren, Madeira und die Kanarischen Inseln) ging, ihren Niederschlag in einem Änderungsvorschlag zu Artikel 299 Absatz 2 (ex 227) EG-Vertrag fand, in dem das Bewusstsein der Europäischen Union für die strukturelle, soziale und wirtschaftliche Lage dieser Regionen hervorgehoben und ihre besonderen Umstände bei der Anwendung des Vertrags – einschließlich der gemeinsamen Politiken – auf diese Regionen berücksichtigt werden. Ihre Ko-Berichterstatter begrüßen diesen geänderten Artikel, obwohl sie bedauern, dass das Europäische Parlament bei allen demgemäß beschlossenen spezifischen Maßnahmen nur im Wege der Konsultation und nicht der Mitentscheidung beteiligt wird.

Ein weiteres Anliegen des Europäischen Parlaments wurde im Vertragsentwurf anerkannt, nämlich dass die begründeten neuen Bestimmungen zugunsten der Gebiete in äußerster Randlage nicht dazu führen sollten, andere Inselregionen zu vernachlässigen. Deshalb wurde Artikel 158 (ex 130a) EG-Vertrag geändert und enthält nun einen Hinweis auf Inselgebiete, und es wurde eine eigene Erklärung in den Text aufgenommen, um sie besser und gleichberechtigt in den Binnenmarkt zu integrieren.

Schließlich wurde eine neue Erklärung über die Notwendigkeit einer gründlichen Überprüfung der bestehenden Assoziierungsvereinbarungen mit dem überseeischen Ländern und Gebieten hinzugefügt. Eine solche Überprüfung ist dringend erforderlich, da das bestehende System im Wesentlichen aus den bei der Gründung der Gemeinschaft festgelegten Regelungen besteht.

Grenzüberschreitende Zusammenarbeit

Es wäre auch die Aufnahme eines geeigneten Rechtsrahmens zur Förderung der Erweiterung der grenzüberschreitenden und interregionalen Zusammenarbeit in den Vertrag wünschenswert, der besonders dazu beitragen soll, die konzeptionellen und praktischen Grenzen auf möglichst bürgernahem Niveau zu überwinden; wenngleich der Vertrag von Amsterdam nichts dergleichen vorgesehen hat, hat jedoch durch ihn die interregionale und die grenzüberschreitende Zusammenarbeit durch ihre Einbeziehung in die Angelegenheiten, zu denen der Ausschuss der Regionen angehört werden muss, eine gewisse Aufwertung erfahren.

Öffentlich-rechtlicher Rundfunk

Die Einbeziehung dieses Protokolls erscheint wegen des möglichen Verstoßes gegen die Wettbewerbsvorschriften, den die Finanzierung der öffentlich-rechtlichen Rundfunkanstalten darstellt, äußerst überraschend.

Dienste von allgemeinem wirtschaftlichem Interesse

Die in den vergangenen Jahren erfolgte Liberalisierung auf diesem Gebiet, die sowohl zur Verwirklichung des Binnenmarktes als auch zur Verbesserung der Qualität solcher Dienstleistungen notwendig war, erzeugte zugleich das politische Bedürfnis, die Bedeutung solcher Dienste im Rahmen der Wertordnung der Union auf der Ebene des Primärrechts positiv zu würdigen. In seinen vorbereitenden Entschließungen zur Regierungskonferenz hat sich das Europäische Parlament die Forderung nach einer solchen Bestimmung zu Eigen gemacht, und seine Repräsentanten bei der Regierungskonferenz haben sie mit Vorschlägen untermauert. Der Vertrag von Amsterdam kommt dem in befriedigender Weise nach. In dem neuen Artikel 16 (ex 7d) EG-Vertrag wird die Aufgabe der Gemeinschaft und der Mitgliedstaaten hervorgehoben, im Rahmen ihrer jeweiligen Befugnisse, unter Einhaltung der Wettbewerbsordnung sowie unter Beachtung der Rechtsprechung des Gerichtshofes, die Voraussetzungen für das gute Funktionieren dieser Dienstleistungen zu gewährleisten. Eine Erklärung für die Schlussakte sieht vor, dass die Bestimmungen des neuen Artikels 7d unter uneingeschränkter Beachtung der Rechtsprechung des Gerichtshofs, u.a. in Bezug auf die Grundsätze der Gleichbehandlung, der Qualität und der Dauerhaftigkeit solcher Dienste, umgesetzt werden.

Auf der Ebene des Vertrags wird damit ein Bezugspunkt geschaffen, der die Berechtigung gewisser Dienste von allgemeinem Interesse im Rahmen der gemeinschaftlichen Wertordnung ausdrücklich anerkennt und es damit in Zukunft erleichtert, ein Gleichgewicht zwischen Wettbewerbsordnung und öffentlicher Daseinsvorsorge zu finden.

Die in den Erklärungen über die öffentlich-rechtlichen Kreditinstitute enthaltenen spezifischen Aussagen respektieren den durch Artikel 7d EG-Vertrag gezogenen Rahmen. Diese Texte tragen einem legitimen öffentlichen Anliegen Rechnung, auch wenn die Proliferation von Protokollen bzw. Entschließungen generell zu bedauern ist.

Bildung, Jugend und Sport

Der Hinweis auf die Bildung in der Präambel ist zwar an sich positiv zu sehen, reicht jedoch nicht aus; es wird künftig auch notwendig sein, eine Jugendpolitik vorzusehen, indem „inter alia" das Prinzip eines europäischen freiwilligen Zivildienstes eingeführt wird, dadurch soll die Europäische Union die Möglichkeit erhalten, Maßnahmen im Bereich des Kinderschutzes zu ergreifen und über eine Rechtsgrundlage im Zusammenhang mit dem Sport verfügen.

Kultur

Im Vertragsentwurf wird ein neuer Hinweis auf die Notwendigkeit der Wahrung und Förderung der Vielfalt der Kulturen der Gemeinschaft im bestehenden Artikel 128 Absatz 4 hinzugefügt, in dem gefordert wird, dass die Gemeinschaft den kulturellen Aspekten bei ihrer Tätigkeit aufgrund anderer Bestimmungen dieses Vertrags Rechnung trägt. Die Notwendigkeit einer stärkeren Anerkennung der kulturellen und sprachlichen Vielfalt wurde vom Europäischen Parlament nachdrücklich hervorgehoben (z.B. in den Ziffern 11 bzw. 4.13 der Entschließungen zu den Regierungskonferenzen vom 17. Mai 1995 und 13. Juni 1996), und deshalb wird diese Ergänzung von Ihren Ko-Berichterstattern begrüßt. Andererseits bedauern sie nachdrücklich, dass jegliche im Rahmen dieses Artikels beschlossene Maßnahmen mit Anreizcharakter immer noch einstimmig angenommen werden müssen. Die Informationsgesellschaft und ihre Entwicklungen im Hinblick auf das Funktionieren unserer Gesellschaften, u.a. auch im Zusammenspiel der Demokratie, erfordern eine bessere Berücksichtigung ihrer Auswirkungen. Es wäre viel eher vorzuziehen gewesen, wenn die qualifizierte Mehrheit auf diesen Artikel angewandt worden wäre.

Verwendung von Sprachen

In der ersten Entschließung des Europäischen Parlaments zur Regierungskonferenz vom 17. Mai 1995 (in ihrer Ziffer 11) wurde nachdrücklich der Schutz der Amts- und Arbeitssprachen Europas gefordert. Ihre Ko-Berichterstatter äußern sich deshalb erfreut darüber, dass in Amsterdam ein neuer dritter Unterabsatz zu Artikel 8 d des EG-Vertrags hinzugefügt worden ist, in dem es heißt, dass jeder Unionsbürger sich schriftlich in einer der zwölf Sprachen der Verträge an jedes Organ bzw. an jede

Einrichtung der Gemeinschaft wenden und eine Antwort in derselben Sprache erhalten kann.

Lokale Gebietskörperschaften

Im Vertrag von Amsterdam fehlt jegliche Anerkennung der Rolle der lokalen oder örtlichen Regierungsstellen. Vorschläge zur Einbeziehung des Prinzips der kommunalen Selbstverwaltung wurden erörtert, aber nicht angenommen. Seit Juni hat der Beschluss des Vereinigten Königreichs und von Irland, die Europäische Charta der kommunalen Selbstverwaltung zu unterzeichnen, die allgemeine Anerkennung des Prinzips durch die Mitgliedstaaten der Verwirklichung einen Schritt näher gebracht. Dennoch sind die europäischen Verträge in diesem Bereich immer noch lückenhaft; das Recht der Bürger auf Selbstverwaltung durch gewählte Gebietskörperschaften sollte deshalb in den Verträgen anerkannt werden.

Energie

Der Vertrag von Amsterdam lässt die Aufnahme eines gesonderten Kapitels über Energie, das eine einheitliche Energiepolitik ermöglicht, vermissen. Das Europäische Parlament sollte insbesondere eine Strategie zur Revision des Euratom-Vertrags festlegen, die auch das demokratische Defizit in diesem Bereich behebt.

g) Das Subsidiaritätsprinzip

Allgemeines

Das Subsidiaritätsprinzip ist dem Integrationsprozess seit seinen Anfängen als Architekturprinzip Europas immanent. Erst mit der Umsetzung des Weißbuches zur Verwirklichung des Binnenmarktes wirkte sich das Gemeinschaftsrecht jedoch so tiefgreifend auf die konkreten Lebensverhältnisse der Bürger aus, dass die Grenzen der Gemeinschaftätigkeit, die durch das Subsidiaritätsprinzip gesetzt sind, politisch zum Problem wurden. Das Europäische Parlament formulierte den Grundsatz der Subsidiarität zuerst in seiner Entschließung vom 12. Juli 1990[16].

Im Vertrag von Maastricht wurde dann das Subsidiaritätsprinzip zum ersten Mal ausdrücklich positiviert und auf Ebene des EU-Vertrags in Art. 2 II (ex B) EU-Vertrag verankert. Diese Norm enthält eine positive und eine negative Voraussetzung: Die Gemeinschaft darf im Bereich der konkurrierenden Kompetenz nur dann rechtsetzend tätig werden, wenn ein bestimmtes Ziel durch ein Handeln der Mitgliedstaaten auf nationaler Ebene nicht ausreichend erreicht werden kann (negative Voraussetzung) und daher das Ziel in Anbetracht des Umfanges und der Wirkungen

---

[16]   ABl. C 231 vom 17.09.90, S. 163-165, Bericht Giscard d`Estaing, Der Grundsatz der Subsidiarität, A3-163/90.

einer gemeinschaftsrechtlichen Maßnahme besser auf Gemeinschaftsebene erreicht werden kann (positive Voraussetzung)[17].

Das Subsidiaritätsprinzip ist also keine Einbahnstraße. Es kann sowohl weitere Integrationsschritte erforderlich machen, als auch übertriebene Vereinheitlichung verhindern.

Noch vor Inkrafttreten des Vertrags von Maastricht hat der Europäische Rat von Edinburgh vom 11. und 12. Dezember 1992 ein Gesamtkonzept für die Anwendung des Subsidiaritätsprinzips durch den Rat formuliert.

Die Anwendung des Subsidiaritätsprinzips durch die drei politischen Institutionen ist Gegenstand der „interinstitutionellen Vereinbarung zwischen dem Europäischen Parlament, dem Rat und der Kommission über die Verfahren zur Anwendung des Subsidiaritätsprinzips" vom 25. Oktober 1993.

Prioritäten des Parlaments

Im Vorfeld der Regierungskonferenz von Amsterdam hat das Parlament die Formulierung des Subsidiaritätsprinzips im Primärrecht der Union als befriedigend angesehen. Handlungsbedarf hat es insofern nicht in Bezug auf eine Vertragsänderung, sondern vor allem in Bezug auf eine korrekte Anwendung des Subsidiaritätsprinzips gesehen.

Die Ergebnisse des Vertrags von Amsterdam

Im Entwurf des Vertrags von Amsterdam werden die Bestimmungen der Gründungsverträge über das Subsidiaritätsprinzip nicht berührt. In einem Protokoll werden aber in inhaltlicher Anlehnung an die Schlussfolgerungen des Europäischen Rates von Edinburgh und an die bestehende interinstitutionelle Vereinbarung Grundsätze für seine Anwendung niedergelegt. In diesem Zusammenhang wird auch auf die vom EuGH aufgestellten Grundsätze sowie Art. 6 Absatz 4 (ex F) EU-Vertrag Bezug genommen.

Von größerer praktischer Bedeutung ist hierbei die generell für alle Organe sowie speziell für die Kommission bestehende Begründungspflicht und die Präzisierung, dass die Voraussetzungen des Art. 5 Absatz 2 (ex 3b) EG-Vertrag kumulativ vorliegen müssen. Insbesondere die Begründungspflicht bietet den Ansatzpunkt für eine gerichtliche Überprüfung durch den Gerichtshof.

---

[17] Die kumulative Geltung der beiden Kriterien wird nun durch das Protokoll zum Amsterdamer Vertrag bestätigt.

Bewertung

Der Entwurf des Amsterdamer Vertrages enthält keine grundlegenden Neuerungen zum Subsidiaritätsprinzip. Durch die im Protokoll niedergelegten Bekräftigungen wird dieses Prinzip weiter konkretisiert. Der Text stellt eine Zusammenfassung der in den letzten Jahren ergangenen Versuche dar, die Weite für die Anwendung und Behandlung dieses Rechtsprinzips einzugrenzen und für den Gemeinschaftsalltag einige verbindliche Regeln aufzustellen. Das Protokoll bietet daher insoweit eine brauchbare Antwort auf Verfahrensfragen bei der Anwendung des Subsidiaritätsprinzips und auf bisher diskutierte Auslegungsprobleme.

Trotz der nun im Primärrecht festgeschriebenen Leitsätze stellt sich im konkreten Fall jedes Mal erneut die Frage, wie mit dem gehörigen Maß an Rechtssicherheit entschieden werden kann, ob eine Gemeinschaftsmaßnahme besser ist und ob die Regelungen auf mitgliedstaatlicher Ebene nicht ausreichen. Gerade die Frage, wann eine kleinere Einheit tatsächlich eine Aufgabe zufriedenstellend oder gar besser erfüllen kann, ist oft gerade aus der Sicht der größeren Einheit nicht zu erkennen. Umgekehrt verschließen sich der kleineren Einheit zumeist die Beweggründe der größeren sowie deren Sichtweise und Hintergründe. Die Frage nach der Weite und Anwendung des Subsidiaritätsprinzips ist daher entscheidend mit der Problematik der unterschiedlichen Standpunkte und Horizonte verknüpft. Insoweit kann es keine Patentlösung im Sinne einer für die Organe verbindlichen Entscheidungsanleitung geben. Vielmehr ist dieser Problematik, wie in den meisten Fällen, wo Grundprinzipien als unbestimmte Rechtsbegriffe das Handeln von Institutionen bestimmen und beeinflussen sollen, durch gegenseitige Annäherung und Einsichten in die Aufgaben der jeweils anderen Einheit im Einzelfall zu begegnen. Dabei können die Stellungnahmen von Gremien mit Konsultation- oder Diskussionsfunktion, wie zum Beispiel des Ausschusses der Regionen oder auch der COSAC, für den politischen Entscheidungsprozess eine Hilfe sein, auch wenn ihnen keinerlei Rechtsverbindlichkeit zukommt.

Aus diesen Gründen hat auch der EuGH in Bezug auf das Subsidiaritätsprinzip keine uneingeschränkte Prüfungskompetenz, obwohl er grundsätzlich berufen ist, jedwede Streitigkeit über die Auslegung der Gemeinschaftsverträge zu entscheiden. Denn bei der Frage, ob ein Tätigwerden der Gemeinschaft besser oder erforderlich ist, handelt es sich um eine Entscheidung, in der die zuständigen Gesetzgebungsorgane über einen weiten Ermessens- und Beurteilungsspielraum verfügen, der nur eingeschränkt gerichtlich nachprüfbar ist. Es ist daher nicht unwahrscheinlich, dass der EuGH nach den Prinzipien des „judicial-self-restraint" bei der Überprüfung des Subsidiaritätsprinzips auch künftig eher zurückhaltend agieren wird.

Das Protokoll über die Subsidiarität stellt die Unionsorgane damit noch deutlicher vor die Herausforderung, das Subsidiaritätsprinzip sorgfältiger und überlegter anzuwenden als bisher. Entscheidend wird sein, dass die Gemeinschaftsorgane sich der auferlegten Begründungspflichten nicht in formalistischer Weise entledigen, sondern ehrlich versuchen, die beabsichtigten Maßnahmen jeweils auch aus dem anderen Horizont zu sehen. Nur so kann auch das Subsidiaritätsprinzip seine Wirkung in beide Richtungen entfalten: einmal zur Eindämmung einer Zentralisierung und Bürokratisierung auf europäischer Ebene, zum anderen aber darin, eine die Problemlösungskompetenz verringernde Renationalisierung zu verhindern, und nur so kann das Subsidiaritätsprinzip seinen Beitrag leisten, sowohl die europäische Identität als auch die Identität der Mitgliedstaaten zu entwickeln und zu bewahren und so eine produktive Synthese zwischen Einheitlichkeit und Heterogenität herzustellen. Dies wird auch dazu beitragen, dass die Gemeinschaften das notwendige Maß an Transparenz und Bürgernähe erreichen.

h) Transparenz

Allgemeines

Die Prinzipien Offenheit und Transparenz sind in den bestehenden Verträgen nicht festgelegt. Obwohl sie sich aus dem Grundsatz der Demokratie ableiten lassen, der eine der institutionellen Grundlagen der Europäischen Union ist, wurde die Verwirklichung dieser Prinzipien dadurch behindert, dass sehr unterschiedliche Ansichten und Praktiken innerhalb der Mitgliedstaaten bestehen, wobei einige ihnen einen hohen Vorrang einräumen, andere aber eher für eine geheime Beschlussfassung unter Ausschluss der Öffentlichkeit sind. Glücklicherweise wurde der langsame Gesinnungswandel innerhalb der Europäischen Union in Richtung eines offeneren Vorgehens durch den Beitritt der jüngsten Mitgliedstaaten beschleunigt.

Die Prioritäten des Parlaments

Das Europäische Parlament hat der Förderung dieser Ziele in den letzten Jahren große Bedeutung beigemessen. Nach Annahme der ersten interinstitutionellen Erklärung zu Demokratie, Transparenz und Subsidiarität vom 25. Oktober 1993[18] bemühte sich das Europäische Parlament, indem es diese Frage bei den interinstitutionellen Verhandlungen zur Sprache brachte, um weitere Fortschritte.[19] Leider konnten keine konkreten Ergebnisse erzielt werden.

In der ersten Entschließung zur Regierungskonferenz vom 17. Mai 1995[20] verlangte das Europäische Parlament, dass „der Grundsatz der Transparenz ausdrücklich im

---

[18] ABl. C 329 vom 17.11.1993, S. 133.
[19] Arbeitsdokument vom 22. November 1994 von den Abgeordneten Tsatsos, Pierre und B. Donnelly (PE 210.692/rev2A).
[20] ABl. C 151 vom 16.06.1995, S. 56, Bericht Bourlanges-Martin, A4-0102/95.

Vertrag verankert werden sollte und detaillierte Durchführungsbestimmungen eingeführt werden sollten (soweit der Rat in seiner Eigenschaft als Legislativorgan tätig
wird)". Er wurde als eine der Prioritäten in der Entschließung vom 13.03.1996[21]
übernommen. Im Bericht der Reflexionsgruppe wurde nur sehr kurz darauf eingegangen und festgestellt, dass einige ihrer Mitglieder für eine neue Rechtsgrundlage
im Vertrag wären, wohingegen andere damit zufrieden wären, dieses Prinzip in
Form eines Verhaltenskodex der Kommission und des Rates zu wahren und weiterzuentwickeln. Damit war das Europäische Parlament nicht zufrieden, das in seiner
Entschließung vom 13. Juni 1996 der Ansicht war, dass der Bericht der Reflexionsgruppe „bei den Fragen der Offenheit und Transparenz erhebliche Mängel" aufwies.

Die Ergebnisse des Vertrags von Amsterdam

In ihm ist klar das Prinzip der Offenheit festgelegt, und zwar durch Änderung von
Artikel 1 (ex A) des EU-Vertrags, der zufolge Entscheidungen „möglichst offen"
getroffen werden sollen. In ihm wird eindeutig das Recht jedes Unionsbürgers und
jeder natürlichen oder juridischen Person mit Wohnsitz bzw. Sitz in einem Mitgliedstaat auf Zugang zu Dokumenten des Europäischen Parlaments, des Rates und der
Kommission anerkannt. Die allgemeinen Grundsätze und die aufgrund öffentlicher
oder privater Interessen geltenden Einschränkungen für die Ausübung dieses Rechts
auf Zugang zu Dokumenten werden vom Parlament und vom Rat binnen zwei Jahren nach Inkrafttreten des Vertrags nach dem Verfahren der Mitentscheidung festgelegt. Parlament, Rat und Kommission müssen in ihren Geschäftsordnungen Son-
derbestimmungen hinsichtlich des Zugangs zu ihren Dokumenten festlegen.

Gemäß dem geänderten Artikel 207 (ex 151) des EG-Vertrags bestimmt der Rat die
Fälle, in denen davon auszugehen ist, dass er als Gesetzgeber beschließt, „damit in
solchen Fällen umfassenderer Zugang zu den Dokumente gewährt werden kann,
gleichzeitig aber die Wirksamkeit des Beschlussfassungsverfahrens gewahrt bleibt".
Eine wichtige Bestimmung besteht darin, dass die Abstimmungsergebnisse und die
Erklärungen zur Stimmabgabe sowie die Protokollerklärungen veröffentlicht werden
müssen, wenn der Rat als Gesetzgeber tätig ist.

Bewertung

Generell begrüßen Ihre Berichterstatter diese Bestimmungen, üben aber an drei
spezifischen Punkten Kritik. Zunächst einmal wäre es wünschenswert gewesen,
wenn das Recht auf Zugang zu den Dokumenten nicht nur für das Parlament, den
Rat und die Kommission, sondern für alle EU-Institutionen und -Organe gelten
würde. Zweitens wäre es vorzuziehen, wenn die Fälle, in denen der Rat als Gesetzgeber beschließt, nicht einseitig vom Rat, sondern als Ergebnis einer umfassenderen

---

[21] ABl. C 96 vom 01.04.1996, S. 77, Bericht Dury/Maij-Weggen, A4-0068/96.

interinstitutionellen Vereinbarung festgelegt würden, da dies eine Frage ist, die auch das allgemeine Problem der Einstufung von Gemeinschaftsakten betrifft. Ein dritter Vorbehalt ist gegenüber der Erklärung für die Schlussakte zu Artikel 254 (ex 191a) des EG-Vertrags vorzubringen, der es einem Mitgliedstaat gestatten würde, die Kommission oder den Rat zu ersuchen, ein aus dem betreffenden Mitgliedstaat stammendes Dokument nicht ohne seine vorherige Zustimmung an Dritte weiterzuleiten. Dies greift der Debatte voraus, die über die auf die Offenheit anzuwendenden Prinzipien stattfinden sollte, und könnte jegliche Vereinbarung untergraben. Es wird wichtig sein, sicherzustellen, dass die Regierungen eine eindeutige Rechtfertigung dafür abgeben müssen, wenn sie ein Dokument nicht offen legen wollen.

Von größerer Bedeutung jedoch als diese spezifischen Punkte ist die Notwendigkeit, dass diese Bestimmungen korrekt angewandt werden. Zwar stellen diese Bestimmungen zweifellos einen Fortschritt gegenüber dem Status quo dar und würden z.B. bei allen späteren Rechtssachen vor Gericht helfen, aber sie werden nicht automatisch eine größere Offenheit gewährleisten. Diese Prinzipien müssen so ausgelegt werden, dass die Praxis der Offenheit in der gesamten Europäischen Union akzeptiert wird. Der Rat insbesondere muss offener handeln, wenn er als Gesetzgeber tätig ist. Die zaghaften Schritte, die in diesem letzteren Zusammenhang in jüngster Zeit unternommen wurden, müssen verstärkt und ausgebaut werden.

i) Qualität der Gesetzgebung

In seinen Entschließungen zur Regierungskonferenz hat das Parlament mehr Transparenz und Konsolidierung im Bereich der Gemeinschaftsgesetzgebung gefordert, die Verbesserung der Qualität der Gemeinschaftsgesetzgebung aber nicht ausdrücklich thematisiert. Jedoch beschäftigt die Frage, wie die Gemeinschaftsgesetzgebung für den Bürger verständlicher und klarer verfasst werden kann, das Europäische Parlament seit der ersten Direktwahl[22]. In der interinstitutionellen Vereinbarung vom 20. Dezember 1994[23] hat das Europäische Parlament bereits seinen Willen zur Zusammenarbeit im Rahmen eines beschleunigten Verfahrens der Kodifizierung von Rechtstexten unter Beweis gestellt. Das von den vertragschließenden Parteien in der Schlussakte an die politischen Institutionen gerichtete Ersuchen, einvernehmlich Leitlinien zur Verbesserung der redaktionellen Qualität der gemeinschaftlichen Rechtsvorschriften festzulegen, kann vom Europäischen Parlament nur willkommen geheißen werden.

Bei aller Bereitschaft zur Mitarbeit an einer solchen interinstitutionellen Vereinbarung und ihrer anschließenden Umsetzung auf der Ebene der Geschäftsordnung muss seitens des Europäischen Parlaments aber auch daran erinnert werden, dass ein

---

[22] Vgl. den Entschließungsantrag (Dok. 1-244/79) der Abgeordneten Kirn und Turner.
[23] ABl. C 293/95 vom 08.11.1995, S. 2.

Gesetzestext einfach und klar nur dann formuliert werden kann, wenn volle Einigkeit über das zu formulierende Konzept besteht. Häufig verdecken unklare, zweideutige oder widersprüchliche Formulierungen nur einen konzeptionellen Mangel in der politischen Willensbildung; es tritt ein Formelkompromiss an die Stelle eines echten Kompromisses in der Sache. In solchen Fällen können die besten Grundsätze in Bezug auf redaktionelle Qualität, auch wenn sie in einer interinstitutionellen Vereinbarung niedergelegt sind, nicht weiterhelfen. Die Rechtsetzungstätigkeit würde aber wohl zum Stillstand kommen, wollte man an die redaktionelle Qualität der Gesetzestexte zu perfektionistische Ansprüche stellen. Deshalb wird die angestrebte interinstitutionelle Vereinbarung vielleicht Verfahrensregeln aufstellen können, die das ernsthafte Bemühen um eine möglichst einfache und klare Gesetzesformulierung sicherstellen. Die Last der Erarbeitung des konkreten Norminhalts für jeden einzelnen Anwendungsfall wird der Rechtsgemeinschaft hierdurch aber nicht erspart.

5. Eine effiziente und kohärente Außenpolitik

Allgemeines

Seit den Anfängen des modernen Verfassungsstaates galt die Außenpolitik als Bestandteil der Souveränität der Nationalstaaten, deren Ausübung in den Händen der Exekutive lag. Gemäß dem Grundsatz: „External affairs are a matter for the Lords and not for the peoples" (die auswärtigen Angelegenheiten sind Sache der Herrschenden und nicht des Volkes) wurde daher den Parlamenten als Volksvertretungen die Mitwirkung an der Konzipierung und Durchführung der Außenpolitik von Anfang an versagt.

In der ersten Phase der europäischen Integration nach dem Zweiten Weltkrieg versuchten die Gründungsväter dennoch, den neugeschaffenen europäischen Institutionen Befugnisse im Bereich der Außenpolitik zu übertragen, da sie damals von der Vision der „Vereinigten Staaten von Europa" ausgingen. Das Scheitern der Gründung einer Europäischen Verteidigungsgemeinschaft wie auch der Erste und Zweite Fouchet-Plan veranlassten sie jedoch, diese Richtung des europäischen Integrationsprozesses aufzugeben und sich stattdessen auf die Integration im Wirtschafts- und Handelsbereich zu konzentrieren. Dieser Sachverhalt liegt der Charakterisierung der Europäischen Gemeinschaft als „wirtschaftlicher Riese" und „politischer Zwerg" zugrunde.

Um dieser unbefriedigenden Situation abzuhelfen – das Ziel einer „immer engeren Union der Völker Europas" war kaum realistisch, wenn sich die Integration auf einige Wirtschaftssektoren ohne irgendeine Form der politischen Union beschränken sollte –, wurde auf der Tagung des Europäischen Rates von Den Haag (im Dezember 1969), auf die der Bericht Davignon (im Oktober 1970) folgte, die sogenannte

Europäische Politische Zusammenarbeit (EPZ) geschaffen, die das zweifache Ziel einer gemeinsamen Verständigung zwischen den Mitgliedstaaten und einer Stärkung der Solidarität durch eine Angleichung der Politik und die Möglichkeit gemeinsamer Maßnahmen verfolgte.

Der Londoner Bericht vom Oktober 1981 umfasste einige der Vorschläge, die das Parlament in seiner Entschließung vom 9. Juli 1981 (Bericht Tindemans) formuliert hatte und die auf eine Verstärkung der Verwaltungs- und Beschlussfassungsverfahren der EPZ, insbesondere auch in Bezug auf die Rolle des Europäischen Parlaments und seiner Konsultationsbefugnisse, abzielten.

Die Feierliche Erklärung über die Europäische Union, die von den Staats- und Regierungschefs im Juni 1983 in Stuttgart unterzeichnet wurde (Colombo-Genscher-Erklärung) sah eine Verstärkung der politischen Zusammenarbeit durch die Koordinierung der Positionen der Mitgliedstaaten zu den politischen und wirtschaftlichen Aspekten der Sicherheit und die verstärkte Anerkennung des Beitrags des Europäischen Parlaments zur Schaffung einer koordinierten Außenpolitik vor.

Trotz ihrer Beschränkungen stellte die EPZ erstmals in der europäischen Geschichte den Versuch dar, die Außenpolitik der Mitgliedstaaten im Wege einer Konzertierung zu koordinieren. Sie bildete mit ihrer Kodifizierung in der Einheitlichen Europäischen Akte, wenngleich sie außerhalb der üblichen Gemeinschaftsverfahren und -strukturen angesiedelt blieb, die Ausgangsgrundlage für die späteren Bestimmungen über die „Gemeinsame Außen- und Sicherheitspolitik" in Titel V des Vertrags von Maastricht.

Zweifelsohne hatten die historischen Entwicklungen in Europa und anderen Teilen der Welt Ende der 80er Jahre und zu Beginn der 90er Jahre – der Fall der Berliner Mauer und die deutsche Wiedervereinigung, die Lage im ehemaligen Jugoslawien, der Golfkrieg usw. – eine Katalysatorwirkung für die Annahme des sogenannten zweiten Pfeilers des Vertrags über die Europäische Union, womit die Außen- und Verteidigungspolitik erstmals in das Vertragswerk der Europäischen Union einbezogen wurde.

Die Prioritäten des Parlaments

In ihren Berichten über die Erfahrungen mit dem Vertrag von Maastricht im Vorfeld der Regierungskonferenz kritisierten der Rat, die Kommission und das Parlament die bisher erreichten Ergebnisse als ungenügend. Bereits zu diesem Zeitpunkt konzentrierten sich die Revisionsvorschläge des Parlaments auf die Einbeziehung der verschiedenen Tätigkeitsbereiche der Union in den Gemeinschaftspfeiler, auf das Ziel einer besser definierten Sicherheits- und Verteidigungspolitik auf EU-Ebene, die Berücksichtigung der unterschiedlichen Mitgliedschaften in der WEU und NATO und das Ziel einer schrittweisen Eingliederung der WEU in die Union sowie die Gewährleistung der Grenzen der Union und ihrer Mitgliedstaaten. Um die starre Konsens-Regel aufzubrechen, forderte es für eine qualifizierte Mehrheit von Mitgliedstaaten die Möglichkeit, zu handeln, ohne einen Mitgliedstaat zur Mitwirkung zu verpflichten oder einzelnen Mitgliedstaaten die Möglichkeit zu geben, ein solches Handeln zu verhindern, die volle Beteiligung der Kommission an der Festlegung und Konzipierung der GASP, eine gemeinsame Planungs- und Analyseeinheit der Kommission und des Rates, eine bessere Kontrolle seitens des Parlaments in Zusammenarbeit mit den nationalen Parlamenten, und zwar im Wege der Konsultation und Unterrichtung, eine stärkere Rolle der Gemeinschaft im Bereich der Rüstungsproduktion und der Rüstungsausfuhren, wie auch die Schaffung eines zivilen europäischen Friedenskorps. Das Parlament plädierte später ferner für eine Finanzierung der GASP aus dem Gemeinschaftshaushalt mit einem Mindestmaß an Haushaltsbefugnissen für das Parlament selbst, ohne die GASP als prinzipielle Domäne der Exekutive und die Vorrechte der Regierungen in diesem Bereich in Frage zu stellen. Es befürwortete den Gedanken einer eigenen Rechtspersönlichkeit für die Union und die Ausweitung des Geltungsbereichs von Artikel 113 des EG-Vertrages über die Außenwirtschaftsbeziehungen vom Warenhandel auf den Dienstleistungshandel, das geistige Eigentum und die Investitionen, um etwaige Rückschritte beim Integrationsstand zu verhindern, wenn sich bei horizontalen Abkommen das Erfordernis der Einstimmigkeit auch auf den Warenhandel auswirken könnte, für den derzeit die Beschlussfassung mit qualifizierter Mehrheit gilt.

Ergebnisse der Vertragsrevision

In der Neufassung von Artikel 3 (ex C) EU-Vertrag ist nun ausdrücklich vorgesehen, dass der Rat und die Kommission zur Gewährleistung der Kohärenz aller Maßnahmen im Bereich der Außen-, Sicherheits-, Wirtschafts- und Entwicklungspolitik zusammenarbeiten.

Artikel 11 (ex J.1) EU-Vertrag, der die Ziele der GASP betrifft, enthält nunmehr eine neue Bezugnahme auf die Wahrung der Unversehrtheit der Union und die Schaffung einer gegenseitigen politischen Solidarität zwischen den Mitgliedstaaten. In Artikel 12 (ex J.2) sind die 5 Instrumente zur Verwirklichung dieser Ziele aufgeführt. Artikel 13 (ex J.3) stärkt die Rolle des Europäischen Rates, insofern als diesem die Befugnis übertragen wird, die Grundsätze und die allgemeinen Leitlinien der GASP, auch bei Fragen mit verteidigungspolitischen Bezügen, zu bestimmen und gemeinsame Strategien in Bereichen, in denen wichtige gemeinsame Interessen der Mitgliedstaaten bestehen, zu beschließen, wobei in diesen Strategien jeweils Zielsetzung, Dauer und die bereitzustellenden Mittel anzugeben sind. Diese Strategien werden vom Rat mit qualifizierter Mehrheit festgelegt und durchgeführt, wobei ein Mitglied, das unter Angabe wichtiger Gründe der nationalen Politik gegen einen solchen Beschluss ist, eine Abstimmung verhindern kann, und die Frage zur einstimmigen Beschlussfassung an den Europäischen Rat verwiesen werden kann (Artikel 23 (ex J.13), der den Mitgliedern auch eine „konstruktive" Enthaltung ermöglicht, die zur Folge hat, dass sie nicht verpflichtet sind, den Beschluss durchzuführen). In den neuen Artikeln 14 (ex J.4) bis 16 (ex J.6) werden die übrigen in Artikel 12 (ex J.2) festgelegten Instrumente, d.h. gemeinsame Aktionen, gemeinsame Standpunkte und Zusammenarbeit der Mitgliedstaaten, präzisiert.

Artikel 17 (ex J.7) sieht die „schrittweise Festlegung" (und nicht mehr „auf längere Sicht") „einer gemeinsamen Verteidigungspolitik" ungeachtet der Mitgliedschaft oder Nichtmitgliedschaft der Mitgliedstaaten in der NATO oder der WEU vor. Die Möglichkeit einer gemeinsamen Verteidigung und einer Eingliederung der WEU in die Europäische Union wird von entsprechenden Beschlüssen des Europäischen Rates abhängig gemacht. Die im Vertrag von Maastricht enthaltene Einschränkung, dass dies „zu gegebener Zeit" geschehen könnte, wurde aufgehoben. Artikel J.7 räumte der Union die Befugnis ein, in verteidigungspolitischen Fragen die WEU in Anspruch zu nehmen, und dem Europäischen Rat die Befugnis, für die WEU in diesen Fragen Leitlinien festzulegen. Ferner werden unter den Aufgaben, die im Rahmen des Vertrags beschlossen werden können, ausdrücklich humanitäre Aufgaben und Rettungseinsätze, friedenserhaltende Aufgaben sowie Kampfeinsätze bei der Krisenbewältigung einschließlich friedensschaffender Maßnahmen genannt (Artikel 17 Absatz 2 (ex J.7) EU-Vertrag). Ist ein entsprechender Beschluss gefasst worden, so können alle Mitgliedstaaten, auch solche, die der WEU nicht angehören, sich in vollem Umfang an den betreffenden Aufgaben beteiligen, jedoch leisten nur die teilnehmenden Mitgliedstaaten einen Beitrag zur Finanzierung. Ein Protokoll zu Artikel 17 (ex J.7) sieht vor, dass die Europäische Union mit der WEU binnen eines Jahres Regelungen für eine verstärkte Zusammenarbeit zwischen der Europäischen Union und der WEU erarbeitet. In Artikel 17 Abs. 1 (ex J.7.) ist von der Möglichkeit einer rüstungspolitischen Zusammenarbeit zwischen den Mitgliedstaaten die Rede.

In den Artikeln 18 (ex J.8), 26 (ex J.16) und 27 (ex J.17) ist ein neues Konzept für die Troika festgelegt. Der Vorsitz, der die Union in Angelegenheiten der GASP vertritt und für die Durchführung der gemeinsamen Aktionen verantwortlich ist, wird vom Generalsekretär des Rates, d.h. einem Hohen Vertreter für die GASP, und einem für die GASP zuständigen Kommissionsmitglied unterstützt. In einer Erklärung für die Schlussakte wird auf die Zweckmäßigkeit hingewiesen, einem Vizepräsidenten der Kommission die Zuständigkeit für die Außenbezichungen zuzuweisen.

Nach dem neuen Artikel 24 (ex J.14) kann der Vorsitz, der gegebenenfalls von der Kommission unterstützt wird, durch einstimmigen Beschluss seitens des Rates ermächtigt werden, Übereinkünfte mit anderen Staaten oder mit internationalen Organisationen zu schließen oder auszuhandeln.

Die GASP wird aus dem Gemeinschaftshaushalt finanziert werden, mit Ausnahme der Ausgaben aufgrund von Maßnahmen mit militärischen oder verteidigungspolitischen Bezügen oder von Fällen, in denen der Rat einstimmig etwas anderes beschließt (Artikel 28 (ex J.18) EU-Vertrag). In einer interinstitutionellen Vereinbarung zwischen dem Europäischen Parlament, dem Rat und der Kommission sind bestimmte Modalitäten festgelegt.

In einer Erklärung für die Schlussakte werden die Aufgaben, das Personal und die Arbeitsverfahren der neuen Strategieplanungs- und Frühwarneinheit umrissen, die unter der Verantwortung des Generalsekretärs des Rates geschaffen werden soll.

Im Bereich der Außenwirtschaftsbeziehungen sieht ein neuer Artikel 133 Absatz 5 (ex 113) EG-Vertrag vor, dass der Rat durch einstimmigen Beschluss die Anwendung der Absätze 1 und 4 auf Dienstleistungen und Rechte des geistigen Eigentums ausdehnen kann, d.h. eine ausschließliche Zuständigkeit für die Gemeinschaft und eine Beschlussfassung mit qualifizierter Mehrheit im Rat bei Verhandlungsmandaten für die Kommission und beim Abschluss internationaler Abkommen. Die Neufassung von Artikel 300 Absatz 2 (ex 228) EG-Vertrag ermöglicht die vorläufige Anwendung und Aussetzung der Anwendung bestimmter internationaler Übereinkünfte nach einem Beschluss mit qualifizierter Mehrheit, wobei das Europäische Parlament über solche Beschlüsse unverzüglich und umfassend unterrichtet wird.

Bewertung

Wenngleich eine Reihe von Vorschlägen, die ebenfalls vom Parlament unterbreitet wurden, nicht in den endgültigen Text übernommen wurden, enthält der Vertrag von Amsterdam einige bedeutende Verbesserungen, was das Regelwerk für die GASP und den Verteidigungsbereich betrifft. Bei den beschlossenen Vertragsänderungen handelt es sich in den meisten Fällen um Schritte in die richtige Richtung, die auch vom Parlament empfohlen wurden und bis zu einem gewissen Grad übernommen wurden. Dies allein reicht jedoch noch nicht für einen wesentlichen Durchbruch im Bereich der GASP und der Verteidigung aus. So stellen die neu konzipierten Institutionen und Entscheidungsverfahren lediglich ein Regelwerk dar, d.h. Instrumente, die die Annahme und Durchführung politischer Entscheidungen ermöglichen sollen und hoffentlich auch leichter machen werden. Entscheidend bleibt weiterhin, dass in den Mitgliedstaaten auch der politische Wille zur Anwendung dieser Instrumente und zu einem gemeinsamen Handeln im Interesse der Union existiert. Es wird somit vom politischen Willen und dem Maß an Bereitschaft der Mitgliedstaaten zur Zusammenarbeit abhängen, ob das verbesserte Regelwerk auch tatsächlich den angestrebten Fortschritt bringen wird. Das Parlament wird das Vorgehen der Mitgliedstaaten und der Kommission sehr sorgfältig beobachten und nicht zögern, Mängel oder nicht zufriedenstellende Entwicklungen öffentlich anzuprangern.

Es gibt zum Beispiel nichts Grundsätzliches gegen die neuen „Strategien" einzuwenden, die vom Europäischen Rat einstimmig festzulegen sind. Allerdings wurde keine Abgrenzung vorgenommen, um den inhaltlichen Unterschied zwischen einer Strategie und den daraus resultierenden Maßnahmen zur Umsetzung einer solchen Strategie festzulegen, die mit qualifizierter Mehrheit zu beschließen sind. Es ist daher durchaus möglich, Einzelheiten einer Durchführungsmaßnahme als Bestandteil der Strategie einzustufen und somit den betreffenden Durchführungsbeschluss der Einstimmigkeitsregel anstelle der Beschlussfassung mit qualifizierter Mehrheit zu unterwerfen. Außerdem hat, was noch besorgniserregender ist, jedes Mitglied nicht nur das Recht auf „konstruktive Enthaltung", sondern kann zudem Durchführungsbeschlüsse, die unter die Beschlussfassung mit qualifizierter Mehrheit fallen, unter Angabe wichtiger Gründe der nationalen Politik verhindern. Es trifft zu, dass durch diese Bestimmungen eine Blockierung von Beschlüssen im Vergleich zur bisherigen Situation erschwert wird, da die betreffenden Gründe genannt und dargelegt werden mussen. Aber letztlich ist das Zustandekommen von Beschlüssen mit qualifizierter Mehrheit auch am schwierigsten (62 Stimmen, wenn man den Ioannina-Kompromiss von 1994 berücksichtigt, und mindestens 10 Mitgliedstaaten). Erstmals wird das Abstimmungsverfahren nicht durch die Substanz des Beschlusses, sondern durch die Ebene bestimmt, auf der er gefasst wird. Die Beschlussfassung hängt jedoch nach wie vor von der Bereitschaft aller Mitgliedstaaten zur Zusammenarbeit ab. Da eine klare Definition stichhaltiger nationaler Interessen zur Blockierung von Mehrheitsentscheidungen nicht möglich ist und um eine willkürliche Blockade durch nichtkooperative Mitgliedstaaten zu verhindern, wäre es besser gewesen, vorzusehen, dass ein Mitgliedstaat, der ein nationales Interesse geltend macht, von mindestens zwei weiteren Mitgliedstaaten unterstützt werden muss, um zu verhindern, dass ein einziger Mitgliedstaat verlangen kann, dass eine Abstimmung nicht stattfindet, und die Frage an den Europäischen Rat verwiesen wird. Die Tatsache, ein solches nationales Interesse gegenüber dem Europäischen Rat begründen zu müssen, kann zwar eine bestimmte politische Hemmschwelle darstellen, bietet aber immer noch keine Absicherung gegen einen Missbrauch dieses Instruments. Das Parlament wird nach Mitteln und Wegen suchen müssen, um ein Höchstmaß an politischer Offenheit in diesen Fragen zu gewährleisten, um diese Schwelle so anzuheben, dass die Mitgliedstaaten von dieser Möglichkeit nur in äußersten Fällen Gebrauch machen.

Ein positives Element ist die Einbeziehung der Wahrung der Unversehrtheit der Union und ihrer Außengrenzen in die Ziele der Gemeinsamen Außenpolitik, was der Einbeziehung der Fragen im Zusammenhang mit der Sicherheit und Verteidigung in den Bereich der Außenpolitik der Union noch größere Evidenz verleiht. Dieser Aspekt sollte in der Zukunft noch weiter verstärkt werden. Eine GASP würde nur wenig Sinn haben, wenn sie nicht durch eine eigenständige Verteidigungspolitik und eine verteidigungspolitische Struktur zur Durchführung dieser Politik ergänzt wird.

Artikel 14 (ex J.4) EU-Vertrag schafft den Rahmen dafür. Die Mitgliedstaaten haben vereinbart, dass im Rahmen der Komplementarität zwischen der NATO und der EU/WEU erstere die wichtige Aufgabe der kollektiven Verteidigung Europas behalten soll, während letztere prinzipiell ihre Tätigkeiten des Krisenmanagements in der Zeit nach dem kalten Krieg, wie sie in der Petersberg-Erklärung definiert sind, beschränken sollte. Die vom Europäischen Parlament befürwortete schrittweise Integration der WEU in die Europäische Union nach einem spezifischen Zeitplan ist nicht erreicht worden, was die Schaffung eines europäischen Verteidigungspfeilers mit operationeller Kapazität innerhalb der NATO unmöglich macht. Für die Möglichkeit einer Integration der WEU in die Union besteht weiterhin eine Reihe von Hindernissen (Erörterung und Beschlussfassung im Europäischen Rat, nationale Ratifizierungen, Neuverhandlungen auf der nächsten Regierungskonferenz). Die gemeinsame Verteidigung wird, wenngleich sie im Rahmen der Union und der WEU in Zukunft als möglich dargestellt wird, im neuen Vertrag als „in der NATO verwirklicht" angesehen, wodurch die bereits im Vertrag von Maastricht bestehende Unterstellung der europäischen Verteidigung unter die NATO verstärkt wird. Die NATO bleibt zweifellos der grundlegende Pfeiler für die Verteidigung des europäischen Territoriums gegen jedwede existentielle Bedrohung, da sie das einzige Bündnis mit einer integrierten militärischen Struktur ist und das Hauptreservoir an gemeinsamen Streitkräften bildet. Es sollte aber berücksichtigt werden, dass die Außengrenzen der Union nicht ausschließlich von der NATO garantiert werden können, da deren Mitgliedstaaten nicht mit den Mitgliedstaaten der Europäischen Union identisch sind.

Nach Ende der Ära des Kalten Krieges haben parallel zu der herkömmlichen Aufgabe der territorialen Verteidigung das Krisenmanagement, der friedenserhaltenden und friedensschaffenden Maßnahmen, und die Krisenintervention erheblich an Bedeutung gewonnen. Die Einbeziehung der Petersberg-Aufgaben in Artikel 17 Absatz 2 (ex J.7) EU-Vertrag ist ein Schritt in die richtige Richtung und trägt in angemessener Weise den Interessen der Mitgliedstaaten und Nichtmitgliedstaaten der WEU und NATO Rechnung. Es hängt aber weiterhin von neuen einstimmigen Beschlüssen in der Zukunft ab, ob praktische Regelungen für eine verbesserte Zusammenarbeit mit der WEU und ihre Integration in die Union möglich sein werden. Auch in diesem Bereich sollte in Zukunft eine stärkere Rolle des Europäischen Parlaments vorgesehen werden, um die Konsultation mit dem Rat und die Unterrichtung durch diesen zu verbessern.

Die Bedeutung der Petersberg-Aufgaben wird jedoch durch die Möglichkeit des opt-out und die finanziellen Vereinbarungen gemindert. Es gilt die Einstimmigkeitsregel, wenngleich sie durch die Möglichkeit der „konstruktiven Enthaltung" gemäß Artikel 23 Absatz 1 und Absatz 3 (ex J.13) EU-Vertrag abgeschwächt wurde, und die Kosten etwaiger Interventionen werden von den Mitgliedsstaaten entsprechend ihrem BSP getragen. Diejenigen Mitgliedstaaten, die von ihrem Recht der „konstruktiven Enthaltung" Gebrauch machen, sind von finanziellen Beiträgen befreit. Es besteht die Gefahr eines missbräuchlichen Rückgriffs auf die finanziellen Regelungen im Zusammenhang mit der konstruktiven Stimmenthaltung: Dieses Beschlussverfahren wird es den Mitgliedstaaten ermöglichen, sich der Stimme zu enthalten, um keinen finanziellen Beitrag leisten zu müssen.

Der Vertrag sieht außerdem keine friedenssichernden Maßnahmen wie die Intervention der NATO im Bosnien-Konflikt vor, durch die dieser beendet wurde. Der Begriff „Friedenssicherung" wurde in der Schlussphase der Verhandlungen über den Vertrag fallengelassen.

Das neue Troika-Konzept dürfte zu einer größeren Kontinuität in der Außenpolitik der Union führen, da die Amtszeit des Generalsekretärs und des Vizepräsidenten der Kommission länger als die der derzeitigen Mitglieder der Troika sein wird. Abgesehen davon, dass die Schaffung des neuen unabhängigen Amtes eines „Herrn oder Frau GASP", das vom Parlament abgelehnt wurde, hätte vermieden werden können, ist die Lösung auch sonst nicht optimal, da das Gewicht von Mitgliedstaaten/Rat gegenüber dem der Kommission doppelt so groß ist, für die eine bessere Mitwirkung hätte vorgesehen werden müssen, um den Auffassungen und Interessen der Union insgesamt stärkeres Gehör zu verschaffen.

Ob die neue Troika und auch die neue politische Planungs- und Analyseeinheit wirklich den gewünschten „Mehrwert" für die Union gegenüber der Suche nach dem kleinsten gemeinsamen Nenner von fünfzehn unabhängigen Standpunkten der Mitgliedstaaten bewirken werden, bleibt abzuwarten. Nachdem die Gelegenheit versäumt wurde, diese Einheit der (Mit-)Verantwortung der Kommission zu unterstellen, wie dies vom Parlament gefordert wurde, kann eine gleichberechtigte Mitarbeit des Personals der Kommission in der neuen Einheit in diesem Zusammenhang von entscheidender Bedeutung sein. Auf lange Sicht kann diese Analyseeinheit zu einem europäischen Außenministerium werden, und es wäre zweckmäßig, sie als administrative Maßnahme noch vor der vollständigen Ratifizierung des Vertrags zu errichten.

Die Union wird über keine Rechtspersönlichkeit verfügen, und es besteht kein Zweifel daran, dass eines der negativsten Elemente der Reform das Nichtzustandekommen einer Einigung über die am 12. Juni vorgelegten Vorschläge des Vorsitzes ist. Der internationale Status der Union, ihre Geschlossenheit nach außen und ihre Verhandlungsstärke werden daher weiterhin gemindert sein. Die Befugnis des Vorsitzes, internationale Übereinkünfte für die Union auszuhandeln bzw. zu schließen (Artikel 24 (ex J.14) EU-Vertrag), stellt nur einen ersten Schritt dar, der bei angemessener Umsetzung die Zusammenarbeit mit Drittstaaten erleichtern kann, z.B. in

Bereichen wie Einwanderungspolitik, Bekämpfung des Terrorismus und Sicherheitspolitik.

Demgegenüber stellen die neuen Regelungen für die Finanzierung der GASP einen echten Fortschritt mit Blick auf Effizienz und schnelles Handeln dar. Die Einstufung der GASP-Ausgaben als obligatorische Ausgaben, die in früheren Entwürfen vorgesehen war und zu einer erheblichen Beschneidung der Rechte des Parlaments geführt hätte, konnte verhindert werden. Die diesbezügliche interinstitutionelle Vereinbarung bringt ebenfalls eine Reihe von Verbesserungen, was die Konsultation des Parlaments und seine Unterrichtung über gemeinsame Aktionen im Bereich der GASP betrifft.

Die Ergebnisse der Revision des Vertrags im Bereich der Außenwirtschaftsbeziehungen sind besorgniserregend. Da im Rat die Einstimmigkeit erforderlich ist, ist es leider nicht sehr wahrscheinlich, dass die neuen Möglichkeiten rasch und wirksam genug genutzt werden. Falls sich dies bewahrheiten sollte, wird die Handlungsfähigkeit der Gemeinschaft bei den bevorstehenden horizontalen internationalen Verhandlungen, beispielsweise im Rahmen der WTO, gegenüber der bisherigen Situation stark eingeschränkt sein. Ihre Berichterstatter bedauern auch die Revision von Artikel 300 (ex 228) EG-Vertrag, der zufolge das Parlament bei einem Beschluss über die vorläufige Anwendung von Abkommen oder ihre Aussetzung wegen Menschenrechtsverletzungen oder der Nichteinhaltung demokratischer Regeln erst im Nachhinein unterrichtet werden wird. Bei der nächsten Revision der Verträge muss, wie vom Parlament seit jeher gefordert, die Gemeinschaft ausdrücklich für alle Bereiche zuständig werden, die im Rahmen der Welthandelsorganisation behandelt werden. Die Befugnisse des Parlaments sollten in diesem Bereich gestärkt werden, um das bestehende demokratische Defizit zu beheben. Bis zu einer solchen Vertragsänderung sollte die Kommission nichts unversucht lassen, um einstimmige Entscheidungen des Rates über eine Kompetenzübertragung von Fall zu Fall herbeizuführen.

6. Die Institutionen der Union

a) Das Europäische Parlament

Allgemeines

Die Rolle des Europäischen Parlaments im System der Gemeinschaftsverträge hat sich seit den fünfziger Jahren schrittweise von einer Versammlung aus nationalen Parlamenten delegierter Mitglieder mit Konsultationsbefugnissen zu einem durch direkte Wahl legitimierten Parlament mit Haushalts-, Gesetzgebungs- und Kontrollbefugnissen entwickelt. Entscheidende Stationen auf diesem Weg sind in den siebziger Jahren die Reform des Haushaltsverfahrens und der Akt über die allgemeine und direkte Wahl der Abgeordneten, in den achtziger Jahren die Einheitliche Europäische Akte (Verfahren der Zusammenarbeit), der Vertrag von Maastricht (Verfahren der Mitentscheidung und Zustimmung zur Benennung der Kommission). Mit der Reform des Mitentscheidungsverfahrens, der Ausdehnung seines Anwendungsbereichs und dem Erfordernis der Zustimmung des Parlaments zur Benennung des Kommissionspräsidenten bringt der Vertrag von Amsterdam einen konsequenten weiteren Schritt auf diesem Wege.

Prioritäten des Parlaments

Das Parlament selbst hat sich in seinen Entschließungen vor und während der Regierungskonferenz die Logik dieser Entwicklung uneingeschränkt zu Eigen gemacht. Sie beruht auf der Vorstellung der doppelten Legitimation der Union (und ihrer Organe) als einer Union der Staaten und einer Union der Völker Europas. Das Europäische Parlament beansprucht auf dem Boden dieser Logik, als demokratisch legitimiertes Repräsentationsorgan der Völker eine gleichgewichtige Stellung im Prozess der politischen Willensbildung der Union und im Verhältnis zu den Organen, die die Mitgliedstaaten repräsentieren. Die Reformen, die im Vertrag von Amsterdam niedergelegt sind, bringen das Europäische Parlament einen wesentlichen Schritt weiter in seinem Anspruch, auf diese Weise die auf europäischer Ebene erforderliche demokratische Legitimation herzustellen.

Die Ergebnisse des Vertrages von Amsterdam

Die deutlichsten praktischen Auswirkungen werden die Reformen des Vertrages von Amsterdam im Bereich der Gemeinschaftsgesetzgebung haben. Entsprechend der Forderung des Parlaments sind die vielfältigen Beschlussfassungsverfahren im Grundsatz[24] auf drei reduziert worden (Mitentscheidung, Zustimmung, Konsultation), und die vereinfachte Fassung des Artikel 251 (ex 189b) EG-Vertrag (Streichung der 3. Lesung im Rat, Abschluss des Verfahrens bei Übereinstimmung, aber auch bei Ablehnung in 1. Lesung) stellt Parlament und Rat bei der Gemeinschaftsgesetzgebung auf gleiche Ebene. Diese Reformen werden in der Alltagspraxis der Gesetzgebungsarbeit wenig verändern, weil von den entfallenen Verfahrensoptionen ohnedies nur in politischen Ausnahmefällen Gebrauch gemacht wurde. Sie verändern aber die institutionelle Symbolik und damit das institutionelle Gleichgewicht. Deutlicher denn je konstituiert sich die Union jetzt in ihrem Gesetzgebungsprozess

---

[24] Im Bereich der Wirtschafts- und Währungsunion findet das bisherige „Kooperationsverfahren" (Art. 252 (ex 189c) EG-Vertrag) weiterhin Anwendung; die Unantastbarkeit der Wirtschafts- und Währungsunion war für die Regierungskonferenz ein noch höherrangiges Gebot als die Verfahrensvereinfachung.

durch zwei prinzipiell gleichberechtigte Repräsentationsorgane als eine Union der Staaten und der Völker Europas.

Mit der Ausdehnung des Mitentscheidungsverfahrens auf 24 neue Materien (in der Visumgesetzgebung allerdings erst 5 Jahre nach Inkrafttreten und in 3 anderen Fällen gepaart mit Einstimmigkeit im Rat) erhält das Parlament (mit-)entscheidende gesetzgeberische Verantwortung in fast allen Bereichen der Gemeinschaftsgesetzgebung; keine Fortschritte gibt es bei Art. 37 (ex 43) EG-Vertrag (Agrarpolitik und Fischereipolitik; jedoch sind die veterinärrechtlichen und phytosanitären Fragen in den neuen, der Mitentscheidung unterliegenden Art. 152 (ex 129) EG-Vertrag ausgelagert), 83 (ex 87) EG-Vertrag (Wettbewerbspolitik), 93 (ex 99) EG-Vertrag (Steuerharmonisierung), 9 (ex 100) EG-Vertrag (Rechtsangleichung), 308 (ex 235) EG-Vertrag (Vertragsergänzung), die nach wie vor nur der Konsultation des Parlaments unterworfen sind. Mit anderen Worten: für etwa 70% der Gemeinschaftsgesetzgebung wird das Europäische Parlament zusammen mit dem Rat zum gleichberechtigten Mitgesetzgeber.

Das Erfordernis der Zustimmung des Europäischen Parlaments zu Vertragsänderungen war eine der Prioritäten des Parlaments für diese Regierungskonferenz. Dieser Priorität wurde im Vertrag von Amsterdam leider nicht Rechnung getragen. Zusätzlich zu den im Vertrag von Maastricht vorgesehenen Fällen wurde das Erfordernis der Zustimmung des Europäischen Parlaments lediglich auf die Benennung des Kommissionspräsidenten (siehe hierzu unter Abschnitt c) „Die Kommission") und die Verhängung von Sanktionen gegen Mitgliedstaaten erstreckt, wenn diese gegen die Grundsätze der Union verstoßen.

Das Zustimmungserfordernis eignet sich zur Stärkung der demokratischen Legitimation vor allem bei quasi-konstitutionellen Beschlüssen, Ernennungen und internationalen Abkommen. Das Europäische Parlament hatte deshalb ein Zustimmungsrecht auch in Bezug auf Eigenmittelbeschlüsse, Artikel 308 (ex 235) EG-Vertrag, Ernennung der Richter am EuGH und vor dem Abschluss internationaler Abkommen gefordert. Die sich aus dem Vertrag von Amsterdam ergebenden zusätzlichen zwei Fälle des Zustimmungserfordernisses sind deshalb nur eine weitere Etappe auf dem Weg zur Verwirklichung der Legitimationsfunktion des Europäischen Parlaments in quasi-konstitutionellen Bereichen.

Der Vertrag von Amsterdam hat die Konsultation des Europäischen Parlaments auf eine Reihe neuer Materien ausgedehnt. Zu nennen sind die Beschlüsse des Rates im neuen Titel des EG-Vertrages über Visa, Asyl, Einwanderung und andere mit der Freizügigkeit verbundene Politiken sowie, im Bereich der Regierungszusammenarbeit im „3. Pfeiler", Beschlüsse und Rahmenbeschlüsse des Rates einschließlich der Ausarbeitung von Übereinkommen. Die Konsultation ist die schwächste Form parlamentarischer Beteiligung an Beschlüssen des Rates. Insoweit ist das Ergebnis unzureichend. Allerdings hat in historischer Perspektive die verantwortungsvolle Ausübung des Konsultationsrechts durch das Europäische Parlament die Vertrauensgrundlage dafür geschaffen, dass es jetzt in weiteren Bereichen volle Mitverantwortung trägt. Somit ist es aus der Sicht des Parlaments zwar zu bedauern, dass insbesondere im neuen Titel IV (ex IIIa) des EG-Vertrages die Vergemeinschaftung nicht zu parlamentarischer Mitentscheidung führte. Doch das beste Mittel, um dies Ziel in absehbarer Zukunft zu erreichen, wird eine dynamische und verantwortungsbewusste Wahrnehmung der jetzt neu eingeräumten Kompetenzen sein.

Ungelöst lässt der Vertrag von Amsterdam das Problem der Hierarchie der Normen (bzw. das Problem der Komitologie), das von dieser Regierungskonferenz hätte behandelt werden sollen[25]. In dieser Frage hatte das Parlament seit seiner Entschließung vom 18. April über die Art der gemeinschaftlichen Rechtsakte[26] die Position vertreten, es sei Sache der Gesetzgebungsorgane der Union, in jedem einzelnen Falle darüber zu entscheiden, welche Befugnisse gegebenenfalls auf die Exekutivorgane übertragen werden können (d.h. das Parlament erkennt, anders als die Rechtsordnungen einiger Mitgliedstaaten, keinen originären Bereich exekutiver Rechtsetzung an).

Damit entsteht die Notwendigkeit eines Verfahrens der Überwachung der delegierten Rechtsetzungstätigkeit („Komitologie") durch die Gesetzgebungsorgane. Kraft seiner Qualität als gleichberechtigter Mitgesetzgeber zusammen mit dem Rat beansprucht das Parlament auf dem Gebiet der Komitologie eine ex aequo mit dem Rat auszuübende Kontrollbefugnis ex post gegenüber der Kommission. Der Vertrag von Amsterdam konnte – trotz einer entsprechenden Absichtserklärung, die im „Modus Vivendi" vom 20. Dezember 1994[27] enthalten war, – dies Problem nicht lösen, sondern verlagerte es in die Zukunft, indem in einer Erklärung der Kommission anheim gestellt wird, bis Ende 1998 einen Vorschlag zur Änderung des Ratsbeschlusses gemäß Art. 202 (ex 145) EG-Vertrag betreffend die der Kommission übertragenen Durchführungsbefugnisse auszuarbeiten. Dies bedeutet nicht nur Zeitverlust, sondern auch und vor allem Ungewissheit, ob mit einstimmiger Entscheidung im Rat und bloßer Konsultation des Parlaments Modalitäten gefunden werden können, die diesen sensiblen Konfliktherd zwischen den beiden Gesetzgebungsorganen auf Dauer befrieden. Bei aller Kritik an diesem Verfahren sollte es das Parlament aber nicht versäumen, der Kommission eine politische Orientierung für ihren Vorschlag vorzugeben.

[25] Vgl. die dem Vertrag von Maastricht beigefügte Erklärung (Nr. 16) zur Rangordnung der Rechtsakte der Gemeinschaft.

[26] ABl. C 129/91 vom 20.05.1991, S. 134 (Bericht Bourlanges A3-0085/91).

[27] ABl. C 43 vom 20.02.1995, S. 37.

Im Bereich der haushaltspolitischen Verantwortung des Parlaments bringt der Vertrag von Amsterdam keine Fortschritte[28], weder im Hinblick auf die volle Gleichberechtigung bei den Entscheidungsverfahren, noch in Bezug auf die Mitverantwortung auf der Einnahmeseite. Bestenfalls lässt sich feststellen, dass Rückschritte verhindert werden konnten. Verhindert wurde insbesondere die von einer Reihe von Mitgliedstaaten angestrebte Qualifizierung der für den 2. und 3. Pfeiler bestimmten operationellen Mittel des Haushaltsplans als obligatorische Ausgaben. Der Kern des Konflikts konnte durch eine interinstitutionelle Vereinbarung über die Modalitäten der Ausübung der jeweiligen Haushaltsbefugnisse im Bereich der GASP beigelegt werden. Insbesondere im Hinblick auf die Erweiterung der Union sollten die Finanzbestimmungen des Vertrags Gegenstand einer echten Reform sein, die sich auf die Grundsätze der Finanzautonomie und -planung und die Herstellung eines gleichgewichtigen, funktionellen und demokratischen Verhältnisses zwischen beiden Teilen der Haushaltsbehörde stützt. Was die Entlastung durch das Parlament betrifft, so entspricht die formale Einbeziehung der Zuverlässigkeitserklärung als förmliche Grundlage der gegenwärtigen Praxis.

Eine institutionelle Anomalie und politisch bedauerlich ist das neue Protokoll über die Festlegung der Sitze der Organe. Eine institutionelle Anomalie deshalb, weil die Union mit diesem Protokoll von dem in Artikel 289 (ex 216) EG-Vertrag vorgesehenen Beschlussverfahren, von dem der Europäische Rat von Edinburgh Gebrauch gemacht hat, eindeutig abgewichen ist. Dem in Artikel 289 (ex 216) EG-Vertrag unzweifelhaft vorgesehenen Beschluss auf dem Gebiet des abgeleiteten Gemeinschaftsrechts wird nun eine (inhaltsgleiche) Regelung des Primärrechts gegenübertreten, was möglicherweise Anlass zu der Frage geben wird, wie ernst die Gemeinschaft ihre eigene abgeleitete Rechtssetzung nimmt. Politisch zu bedauern ist das neue Protokoll, weil es, obwohl es formell alle Organe der Union betrifft, politisch auf das Europäische Parlament zielt und den Willen deutlich macht, es von der (Mit-)Entscheidung über den eigenen Sitz auszuschließen.

Trotz dieser zu kritisierenden Aspekte wird die Union durch den Vertrag von Amsterdam auf dem Gebiet der Demokratisierung bedeutende Schritte nach vorn machen, die sie für sich allein zwar noch nicht reif für eine Erweiterung machen, sie aber doch diesem Ziel erheblich näher bringen. In diesem Zusammenhang verdient auch der Umstand Beachtung, dass durch Artikel 189 (ex 137) EG-Vertrag in der Fassung des Vertrages von Amsterdam die Zahl der Abgeordneten des Europäischen Parlaments entsprechend seinen eigenen Vorschlägen auf 700 begrenzt wird.

Das Europäische Parlament wird nicht umhinkommen, in der nächsten Zeit Modelle dafür zu entwickeln, wie bei den künftigen Beitritten seine Zusammensetzung ange-

---

[28] Trotz der Absichtserklärung, die in der interinstitutionellen Vereinbarung vom 29. Oktober 1993 (ABl. C 331 vom 7.12.1993, S.1) enthalten war.

passt werden muss, damit eine angemessene Vertretung der Völker der in der Gemeinschaft zusammengeschlossenen Staaten gewährleistet werden kann, so wie es in den ergänzenden Bestimmungen vorgesehen ist, die der Vertrag von Amsterdam in den Direktwahlakt eingefügt hat.

Die vor der Erweiterung geplante Reform der Stimmengewichtung im Rat[29] steht mit der Anpassung der Abgeordnetenzahlen in einem politischen Zusammenhang, der auf der doppelten Legitimation der Union als Union der Staaten und Union der Völker beruht und den man als System kommunizierender Röhren beschreiben kann. Dieser Zusammenhang ist für das künftige institutionelle Gleichgewicht von maßgeblicher Bedeutung. Der Vertrag von Amsterdam scheint hierzu die Orientierung zu enthalten, den Rat als Organ von Regierungsvertretern weiterzuentwickeln, die vorbehaltlich gewisser Differenzierungen prinzipiell gleichberechtigt sind, und die Repräsentativität des Europäischen Parlaments zu stärken. Für die nächsten Reformschritte würde dies nahe legen, dass einerseits die Stimmengewichtung im Rat sehr vorsichtig und unter Schutz der Interessen der bevölkerungsärmeren Mitgliedstaaten angepasst wird, dass andererseits bei der Anpassung der Abgeordnetenzahlen des Parlaments ihre Repräsentativität in Bezug auf die Bevölkerungszahlen behutsam verbessert wird, ohne die Mindestvoraussetzungen für eine effiziente parlamentarische Vertretung der Bevölkerung der kleinsten Mitgliedstaaten in Frage zu stellen.

Die strukturelle Stärkung der parlamentarischen Demokratie auf europäischer Ebene gehörte bis in die Schlussphase der Regierungskonferenz zu den Prioritäten des Europäischen Parlaments. Sein Präsident und seine beiden Vertreter haben wiederholt und nachdrücklich die Forderung nach gemeinsamen Prinzipien für das Wahlverfahren zum Europäischen Parlament[30], nach einer Rechtsgrundlage für die Schaffung eines einheitlichen Abgeordnetenstatuts[31] und zum Erlass von Rahmenregelungen für Europäische Politische Parteien[32] vorgebracht. Für den zuletzt genannten Punkt hat der Vertrag von Amsterdam leider keine Fortschritte gebracht. Zum Wahlverfahren enthält er im neuen ersten Unterabsatz von Artikel 190 (ex 138) Abs. 3 EG-Vertrag die Klarstellung, dass die Vorschläge des Europäischen Parlaments sich auf Grundsätze beschränken können, die allen Mitgliedstaaten gemeinsam sind – damit werden die Aussichten verbessert, trotz Einstimmigkeitserfordernisses eine politische Lösung des Problems zu erreichen. Schließlich ermächtigt der neu hinzugefügte Absatz 4 von Artikel 190 (ex 138) EG-Vertrag das Parlament, nach Stel-

---

[29] Siehe hierzu im Einzelnen den folgenden Abschnitt b) „Der Rat".
[30] Vgl. Entschließung vom 10.03.1993, ABl. C 115 vom 26.04.1993, S. 121 f. (Bericht de Gucht A3-0381/92).
[31] Vgl. Entschließung vom 13.03.1997 (B4-0266/97), Ziffer 28.
[32] Vgl. Entschließung vom 10.12.1996, ABl. C 20 vom 20.01.1997, S. 29 f. (Bericht Tsatsos A4-034 2/96).

lungnahme der Kommission und einstimmig erteilter Zustimmung des Rates, die Regelungen und allgemeinen Bedingungen für die Ausübung der Aufgaben seiner Mitglieder festzulegen. Diese Befugnis – in Ergänzung zu dem bereits bestehenden Protokoll über die Vorrechte und Befreiungen – kommt im Ergebnis der Befugnis zur Verabschiedung eines Statuts sehr nahe und war deshalb auch von den Vertretern des Parlaments in der Schlussphase der Verhandlungen befürwortet worden. Allerdings stellt das Einstimmigkeitserfordernis im Rat eine schwierige Hürde dar.

Bewertung

Insgesamt kann das Parlament bei der Verbesserung der strukturellen Voraussetzungen europäischer Demokratie einen beachtlichen Teilerfolg verzeichnen. Aus der Sicht des Parlaments sind insbesondere die weitgehende Demokratisierung des Gesetzgebungsverfahrens, das Zustimmungsrecht zur Wahl des Kommissionspräsidenten sowie die Fortschritte auf dem Gebiet des Wahlverfahrens und des Abgeordnetenstatus zu begrüßen, wobei die beiden letzteren noch der Umsetzung durch entsprechenden politischen Willen bedürfen. In der Zukunft wird das Parlament insbesondere darum zu kämpfen haben, seine Rolle beim Prozess der Verfassungsentstehung (d.h. bei Vertragsänderungen) und beim Zustandekommen internationaler Verträge zu erringen, seine Mitentscheidungsbefugnisse auf die noch fehlenden Materien der Gemeinschaftsgesetzgebung auszudehnen und ein Verfahren gleichberechtigter Mitentscheidung mit dem Rat über alle Elemente des Gemeinschaftshaushalts durchzusetzen.

b) Der Rat

Allgemeines

Im System der Europäischen Union als einer Union der Staaten und Völker nimmt der Rat die Stellung eines Repräsentativorgans der Mitgliedstaaten ein. Bei seiner institutionellen Weiterentwicklung sind entscheidend die Steigerung der Effizienz der Arbeitsweise (im Hinblick auf die Erweiterung) und Verbesserung der demokratischen Kontrolle durch größere Transparenz. Die Dimension des Problems wird anschaulich, wenn man sich vergegenwärtigt, dass in einer Union von 26 Mitgliedstaaten der Rat eine Sitzungszeit von vier Stunden benötigt, wenn zu einem bestimmten Problem jeder Minister in nur zehn Minuten die Position seiner Regierung darlegt.

Prioritäten des Parlaments

Das Europäische Parlament hat in seinen Entschließungen im Vorfeld der Regierungskonferenz in Bezug auf den Rat insbesondere größere Transparenz[33] und den Übergang zu Mehrheitsentscheidungen als allgemeine Regel gefordert.

Nach seinen Vorstellungen sollte Einstimmigkeit im Rat nur noch für fünf Fälle von Beschlüssen „verfassungsrechtlicher" Art beibehalten werden, nämlich für Vertragsänderungen, Erweiterungen, Eigenmittel, das Wahlverfahren und Artikel 308 (ex 235) EG-Vertrag. Im Zusammenhang mit der Ausdehnung des Bereichs der Mehrheitsentscheidung hat das Europäische Parlament anerkannt, dass eine Anpassung der Stimmengewichtung im Rat erforderlich ist, um politisch untragbare Verzerrungen der Repräsentativität der qualifizierten Mehrheit zu vermeiden, die im Falle künftiger Erweiterungen bei linearer Fortschreibung der Gewichtung drohen würden.

In Bezug auf die Arbeitsweise des Ministerrats hat sich das Europäische Parlament mit Zurückhaltung geäußert, was dem Selbstorganisationsrecht jedes Gemeinschaftsorgans Rechnung trägt. Es hat lediglich bemerkt, dass an der Rotation der Präsidentschaft im Rhythmus von 6 Monaten festgehalten werden sollte.

Ergebnisse des Vertrags von Amsterdam, Bewertung

aa) Ausdehnung der Beschlussfassung mit qualifizierter Mehrheit (BQM)

Die Ausdehnung der Beschlussfassung mit qualifizierter Mehrheit (BQM) stellt eine ganz entscheidende Reform dar, was die Förderung der Effizienz im Rahmen der bestehenden Europäischen Union betrifft, der jedoch im Rahmen der künftigen Erweiterung noch größere Bedeutung zukommt. Das progressive Zurückstecken, das in dieser Hinsicht im Verlauf der Regierungskonferenz festzustellen war, gehört zu den enttäuschendsten Merkmalen der Konferenz. Die Reflexionsgruppe hat in ihrem Bericht (in den Ziffern 99-101) eine entschiedene Haltung in der Frage der Ausdehnung der BQM eingenommen. „Bezüglich der gemeinschaftlichen Rechtsetzung ist eine breite Mehrheit in der Gruppe bereit, die qualifizierte Mehrheit aus Effizienzgründen als allgemeine Regel in Erwägung zu ziehen (...)". Die guten Absichten der Reflexionsgruppe haben in der Praxis jedoch nur wenig bewirkt. Die vom Generalsekretariat des Rates vor der Regierungskonferenz erstellte Liste der Artikel, die der Einstimmigkeit unterliegen, umfasste 58 Artikel, davon 47 allein im EG-Vertrag. In einer bestimmten Phase der Regierungskonferenz war der Vorsitz bereit, 19 dieser Artikel in die Beschlussfassung mit qualifizierter Mehrheit zu übernehmen. Elf davon waren bereits vor Beginn der Tagung des Europäischen Rates in Amsterdam

---

[33] Siehe im Einzelnen: 4. Abschnitt h) dieses Berichts.

fallengelassen worden und sechs weitere wurden im Verlauf des Gipfeltreffens wieder ausgeklammert.

Am Ende des Gipfels von Amsterdam schien der ursprüngliche Text des Vertragsentwurfs auf die Einbeziehung von fünf Artikeln des bestehenden Vertrags in die Beschlussfassung mit qualifizierter Mehrheit hinzudeuten, jedoch stellte sich selbst dies als irreführend heraus. Zwei dieser Artikel fielen alle unter den Bereich Forschung und Entwicklung (Artikel 166 (ex 130i) und 172 (ex 132o) EG-Vertrag), einer (Artikel 46 (ex 56) Absatz 2 EG-Vertrag über die Koordinierung der Rechts- und Verwaltungsvorschriften für eine Sonderregelung für Ausländer (Niederlassungsrecht)) war de facto bereits in die BQM einbezogen worden und wurde aus technischen Gründen in die Liste aufgenommen, und ein weiterer (Artikel 45 Absatz 3 über die Ausgleichszahlung für Einfuhren von Rohstoffen) wurde in den ersten Fassungen des Entwurfs des Vertrags von Amsterdam stolz als neu in die BQM einbezogen präsentiert, wobei jedoch in der endgültigen konsolidierten Fassung der gesamte Artikel als nicht mehr relevant gestrichen wurde. Tatsache bleibt, dass, was den bereits bestehenden Vertrag betrifft, die BQM nur in einem einzigen Politikbereich, dem der Forschung und Entwicklung, ausgedehnt wurde. Die Situation stellt sich allerdings etwas weniger düster dar, was die neuen Vertragsbestimmungen betrifft, wo elf neue Fälle der Beschlussfassung mit qualifizierter Mehrheit vorgesehen wurden. Dies stellt jedoch nur einen teilweisen Ausgleich für das bedenkliche Fehlen eines politischen Willens, das insgesamt betrachtet festzustellen ist, dar. So gibt es weiterhin 44 Artikel allein im EG-Vertrag, die nach wie vor der Einstimmigkeitsregel unterliegen, von denen etwa 20 legislativer Natur zu sein scheinen (z.B. Artikel 93 (ex 99) EG-Vertrag über die Harmonisierung der Steuern, Artikel 94 (ex 100) EG-Vertrag über die Angleichung der Rechts- und Verwaltungsvorschriften, Artikel 151 (ex 128) EG-Vertrag über die Politik im kulturellen Bereich, Artikel 157 (ex 130) EG-Vertrag über die Industriepolitik, Artikel 161 (ex 130 d) EG-Vertrag über die Strukturfonds und Artikel 130 s Absatz 2 über bestimmte Aspekte der Umweltpolitik). Darüber hinaus gibt es nun auch vier Fälle, in denen die Einstimmigkeit neben der Mitentscheidung bestehen wird. Einige dieser Bereiche sind für das reibungslose Funktionieren des Binnenmarktes von entscheidender Bedeutung, bei dem die Beschlussfassung mit qualifizierter Mehrheit eine Voraussetzung für Effizienz darstellt.

Die Union sollte daher diese Frage so rasch wie möglich wiederaufgreifen und sich erneut mit der Notwendigkeit einer weiteren und erheblich umfangreicheren Ausweitung der BQM befassen. Die bisherige Regierungskonferenz hat bereits die Frage der etwaigen Kriterien für die Beibehaltung der Einstimmigkeitsregel für bestimmte Politikbereiche geprüft, bei denen ein breiter Konsens besteht, wie bei den Fragen „verfassungsrechtlicher" Art oder den Bestimmungen über Ausnahmen von den Binnenmarktregeln. All dies bedarf noch einer weitaus gründlicheren Prüfung, wobei auch das Ergebnis der neuen Strategien, die von der Kommission zurzeit in einigen unter die Einstimmigkeitsregel fallenden Bereichen initiiert werden, sowie die Option einer schrittweisen Einführung der BQM oder mögliche Zwischenlösungen berücksichtigt werden müssen.

bb) Neugewichtung der Stimmen im Rat

Die Neugewichtung der Stimmen ist ein außerordentlich heikler Punkt, bei dem es um die Frage des Kräftegleichgewichts zwischen den größeren und den kleineren Mitgliedstaaten innerhalb der Entscheidungsmechanismen der Union geht. Im Zuge der Erweiterung wird die Möglichkeit bestehen, dass eine qualifizierte Mehrheit von Staaten erreicht werden könnte, die eine Minderheit der Gesamtbevölkerung der Europäischen Union darstellen, wenn man die derzeitigen Abstimmungsregeln für die Zukunft fortschreibt.

So wurden auf der Regierungskonferenz zwei Lösungsmöglichkeiten geprüft, eine bloße Neugewichtung der Stimmen dahingehend, dass die größeren Mitgliedstaaten eine höhere Anzahl von Stimmen erhalten sollen, und die Einführung eines neuen Systems doppelter Mehrheiten. Leider wurden diese Fragen in den Anfangsstadien der Regierungskonferenz weitgehend umgangen. Erst in den späteren Phasen der Verhandlungen fanden eingehendere Diskussionen darüber statt. In der Schlussphase der Regierungskonferenz legte der niederländische Vorsitz schließlich einen formellen Vorschlag für die Neugewichtung der Stimmen vor. Bei der Mehrheit der Mitgliedstaaten fand jedoch die Alternativlösung einer doppelten Mehrheit stärkeren Anklang, wobei allerdings immerhin zwei Mitgliedstaaten, und zwar Frankreich und das Vereinigte Königreich, nicht bereit waren, einem solchen Ansatz zu folgen. Das Endergebnis war, dass in Amsterdam gar keine Lösung erzielt werden konnte und die gesamte Frage auf einen späteren Zeitpunkt vertagt wurde. Das Protokoll, das vereinbart wurde, sieht eine Verknüpfung zwischen der Zahl der Kommissionsmitglieder (siehe Kapitel 16 weiter unten) und der Frage der Neugewichtung der Stimmen vor. Der Entwurf des Vertrags von Amsterdam sieht somit eine bzw. zwei Vertragsänderungen, je nach Umfang der nächsten Erweiterung, in der nahen Zukunft vor.

Ihre Ko-Berichterstatter bedauern es, dass in Amsterdam kein Ergebnis erzielt werden konnte, und weisen mit Nachdruck auf die Notwendigkeit einer Lösung in dieser Frage noch vor der nächsten Erweiterung hin. Ihre Ko-Berichterstatter möchten daher empfehlen, dass die verschiedenen in Frage kommenden Optionen und ihre Auswirkungen in einem eingehenden und umfassenden Kommissionsbericht analysiert werden sollten, so dass auf der nächsten Regierungskonferenz alle Beteiligten bei der nächsten Vertragsrevision über die bestmöglichen Informationen verfügen, anhand derer sie ihre Positionen festlegen können. Auf jeden Fall muss bei der Lösung dieser sensiblen Frage das Prinzip der Gleichrangigkeit der Mitgliedstaaten beachtet werden. Insgesamt betrachtet weisen Kapitel 15 des Entwurfs des Vertrags von Amsterdam, das den Rat betrifft, wie auch das Protokoll über die Organe im Hinblick auf die Erweiterung der Europäischen Union wohl die gravierendsten Mängel im gesamten Vertragsentwurf auf.

c) Die Kommission

Allgemeines

Die Europäischen Verträge verleihen der Kommission eine herausragende Rolle im Prozess der Europäischen Integration. Sie steht unter der politischen Kontrolle des Europäischen Parlaments, übt ihre Befugnisse aber ansonsten in völliger Unabhängigkeit von den anderen Organen und den Mitgliedstaaten aus. Sie ist betraut mit Aufgaben der Exekutive (Art. 202 (ex 145) EG-Vertrag), sie hat den Haushalt auszuführen (Art. 274 (ex 205) EG-Vertrag), sie ist Hüterin der Verträge (Art. 226 (ex 169) EG-Vertrag). Ihre politisch bedeutsamsten Vorrechte liegen aber im Kernbereich der Integration, nämlich der Integration durch Gemeinschaftsgesetzgebung. Deren Akte erhalten ihre Geltung zwar erst durch Beschlüsse des Rates und des Europäischen Parlaments, doch die Kommission hat auf sie einen dynamischen und bestimmenden Einfluss durch ihr alleiniges Vorschlagsrecht und durch die Regel des Art. 250 (ex 198a) EG-Vertrag, dass der Rat Vorschläge gegen deren Willen nur durch einstimmigen Beschluss abändern kann.

Prioritäten des Parlaments

In seinen Entschließungen zur Regierungskonferenz hat das Europäische Parlament betont, dass diese Rolle der Europäischen Kommission als „Motor" der Integration erhalten bleiben muss. Im Hinblick auf die bevorstehenden Erweiterungen hat das Parlament insbesondere eine Stärkung der Rolle des Kommissionspräsidenten sowie eine Anpassung der Zahl der Kommissionsmitglieder in der Weise vorgeschlagen, dass der Kommission je ein Staatsangehöriger aus einem jeden Mitgliedstaat angehört.

Zur Stärkung der politischen Legitimation der Kommission hat das Parlament befürwortet, dass der Kommissionspräsident von ihm selbst (aufgrund von Vorschlägen des Europäischen Rates) gewählt werden sollte.

Ergebnisse des Vertrages von Amsterdam, Bewertung

Im Lauf der Arbeiten der Reflexionsgruppe und während der Regierungskonferenz selbst wurden verschiedentlich Vorschläge unterbreitet, die darauf hinausliefen, dass die Kommission über das politische Vertrauensverhältnis hinaus, das auch gegenwärtig für eine konstruktive Arbeit unerlässlich ist, dem Rat oder dem Europäischen Rat unmittelbar politisch verantwortlich geworden wäre. Andere Vorschläge zielten darauf ab, im Bereich der Gemeinschaftsgesetzgebung das Initiativmonopol der Kommission zu durchbrechen oder dem Rat ein Abweichen von Kommissionsvorschlägen zu erleichtern. Alle diese Versuche, deren Erfolg die Stellung der Kommission im Integrationsprozess unterminiert hätten, konnten nicht zuletzt dank der eindeutigen Haltung des Europäischen Parlaments und seiner Repräsentanten abgewehrt werden.

Der Vertrag von Amsterdam brachte in Bezug auf die Kommission nur punktuelle Veränderungen, die ihre demokratische Legitimität verbessern, im Übrigen aber ihre institutionelle Stellung, wie vom Parlament gefordert, unangetastet lassen.

aa) Benennung des Präsidenten

Nach Inkrafttreten des Vertrags von Amsterdam hätte das Europäische Parlament seine formelle Zustimmung zur Benennung des Kommissionspräsidenten zu geben, anstatt zu der von den Regierungen als künftiger Kommissionspräsident designierten Persönlichkeit nur konsultiert zu werden. Dies stellt eine Verbesserung gegenüber der bisherigen Situation dar und kann von Ihren Ko-Berichterstattern befürwortet werden. Um seine verbesserte institutionelle Stellung optimal zu nutzen, sollte das Parlament rechtzeitig prüfen, welches Verfahren es für seine Zustimmung zu der Benennung des Kommissionspräsidenten wählen will.

Der Kommissionspräsident bedarf auch größerer Befugnisse, und eine interne Umstrukturierung der Kommission und ihrer Dienststellen sollte stets auf einer flexiblen Grundlage möglich sein. In diesem Sinne begrüßen Ihre Ko-Berichterstatter die im Entwurf des Vertrags von Amsterdam vorgeschlagenen Änderungen der Artikel 214 (ex 158) und 219 (ex 169) des EG-Vertrages und die beigefügte Erklärung zur Organisation und Arbeitsweise der Kommission, durch die die Position des Kommissionspräsidenten gestärkt und eine interne Umstrukturierung der Kommission erleichtert würde. Diese Reformen müssen nunmehr angemessen verwirklicht werden, und es sollte zu einem späteren Zeitpunkt geprüft werden, ob sie ausreichend sind.

bb) Anzahl der Kommissionsmitglieder

Es konnte in Amsterdam keine zufriedenstellende Lösung in der Frage der künftigen Zusammensetzung der Kommission erzielt werden. Bei dem bisherigen System mit zwei Kommissionsmitgliedern für jeden größeren Mitgliedstaat und jeweils einem Kommissionsmitglied für die übrigen Mitgliedstaaten zählt die Kommission heute bereits 20 Mitglieder, und in einer Union mit 26 Mitgliedstaaten würde es 32 Kommissionsmitglieder geben. Die Erweiterung wirft daher die Frage auf, ob die Größe der Kommission begrenzt werden sollte.

In dieser Frage gibt es dezidierte und gegensätzliche Auffassungen. Die einen plädieren aus Gründen der Effizienz für eine kleinere Kommission mit einem echten und umfassenden Ressort für jedes Kommissionsmitglied. Andere halten es für äußerst wichtig, dass es weiterhin ein Kommissionsmitglied je Mitgliedstaat gibt.

Die Verhandlungen brachten keinen Durchbruch im Sinne einer Annäherung zwischen diesen beiden gegensätzlichen Positionen. Die Reflexionsgruppe war in dieser Frage gespalten, wobei sich die gleichen Meinungsgegensätze auch während der Verhandlungen der Regierungskonferenz herausbildeten. Der Vertrag von Amsterdam brachte nur ein Teilergebnis, insofern er vorsah, dass im Falle des Beitritts von weniger als sechs Mitgliedstaaten und unter der Bedingung einer Neugewichtung der Stimmen[34] die Zahl der Kommissionsmitglieder auf 20 begrenzt werden soll.

cc) Andere institutionelle Fragen

Unter den „institutionellen Fragen" enthält der Vertrag von Amsterdam auch eine Änderung der Finanzvorschriften, die Wachsamkeit gebietet, damit das institutionelle Vorrecht der Kommission, den Gemeinschaftshaushalt in eigener Verantwortung auszuführen , nicht durch eine faktische Erosion gefährdet wird. Artikel 274 (ex 205) EG-Vertrag, aus dem sich dieses Vorrecht ergibt, wurde ergänzt durch die Bestimmung, dass die Mitgliedstaaten mit der Kommission zusammenarbeiten, um sicherzustellen, dass die Haushaltsmittel nach den Grundsätzen der wirtschaftlichen Haushaltsführung verwendet werden.

Diese Bestimmung ist insofern selbstverständlich, als eine gute Zusammenarbeit zwischen der Kommission und den Mitgliedstaaten, auch und gerade auf diesem Gebiet, Voraussetzung für den Erfolg der Gemeinschaftspolitiken ist. Doch wird das Parlament darüber zu wachen haben, dass diese Bestimmung – etwa durch Schaffung neuer Komitologieverfahren – nicht zu einer Aushöhlung der Verantwortlichkeiten der Kommission missbraucht wird.

d) Der Gerichtshof

Allgemeines

Die institutionelle Konstruktion des Europäischen Gerichtshofes war bereits im Vertrag von Rom so ausgereift, dass das Gemeinschaftsrecht in der Auslegung, die es durch den Gerichtshof erfahren hat, zum tragenden und dynamischen Faktor der Europäischen Integration wurde. Die Reformvorstellungen, die das Europäische Parlament[35] im Laufe der Jahre in Bezug auf den Gerichtshof entwickelte, zielten im Wesentlichen auf

---

[34] Auch unter Berücksichtigung eines Problems, das von Spanien angesprochen wurde.

[35] Vgl. insbesondere Entschließung vom 16. September 1993, ABl. C 268/93, S. 156 (Bericht Rothley – A3–0228/93).

- die präzisere Herausarbeitung der Rolle des Gerichtshofes als Verfassungsgericht der Union,

- eine flexiblere Organisation und beschleunigte Verfahren,

- ein (zusätzliches) gemeinschaftliches Legitimationselement bei der Ernennung der Mitglieder des Gerichtshofes.

Prioritäten des Parlaments

In seiner Stellungnahme zu der jetzt abgeschlossenen Regierungskonferenz beschränkte sich das Parlament darauf, die beiden zuletzt genannten Punkte zu präzisieren. Dies rechtfertigte sich daraus, dass bei dieser Regierungskonferenz die Verfassungsperspektive (und damit auch der definitive Schritt zum Verfassungsgericht) nicht auf der politischen Tagesordnung stand. Stattdessen kam es im Wesentlichen darauf an, das bewährte System des Gemeinschaftsrechts möglichst weitgehend auf die „neuen" Materien auszudehnen und das Rechtsprechungssystem gegen Demontageversuche[36] zu verteidigen.

Ergebnisse des Vertrages von Amsterdam

Der Vertrag von Amsterdam enthält keine der vom Parlament vorgeschlagenen institutionellen Änderungen in Bezug auf den Gerichtshof. Diese Änderungen wären für die weitere institutionelle Entwicklung und im Hinblick auf die Perspektive der Erweiterung sinnvoll gewesen, gehören aber wohl nicht zu den Reformen, von denen die Erweiterungsfähigkeit der Union entscheidend abhängt. Wichtiger ist, dass der Vertrag von Amsterdam das Rechtsprechungssystem der Europäischen Verträge nicht nur in vollem Umfang erhält, sondern – wie die nachfolgende Analyse im Einzelnen belegt – seine Legitimation stärkt und seine Tragweite auf wichtige neue Bereiche ausdehnt. Bemerkenswert dabei ist, dass jetzt auch im System der Regierungszusammenarbeit zum ersten Mal obligatorische Rechtsprechungszuständigkeiten des Gerichtshofes geschaffen werden. Im Einzelnen:

Im Bereich der Gemeinschaftsverträge (1. Pfeiler)

a) betreffend alle Gemeinschaftspolitiken mit Ausnahme des Titels „Freier Personenverkehr, Asylrecht und Einwanderung":

- Der Gerichtshof behält nach wie vor uneingeschränkte Rechtsprechungszuständigkeit.

- Die bisherige Rechtsprechung zum Grundrechtsschutz erhält durch den Verweis auf Artikel 6 (ex F) Absatz 2 in Artikel 46 (ex L) Buchstabe c) EU-Vertrag eine ausdrückliche Grundlage im Primärrecht. Die einschränkende Formulierung in

---

[36] Vgl. das Memorandum der Regierung des Vereinigten Königreichs.

Buchstabe c) des Artikel 46 (ex L) EU-Vertrag zieht eine Grenze, die auch bisher vom Gerichtshof beachtet wurde: nur die Akte der Gemeinschaftsorgane können an den Gemeinschaftsgrundrechten gemessen werden[37].

- Der Europäische Rechnungshof erhält die Befugnis zur Klageerhebung zur Wahrung seiner Rechte (Art.230 (ex 173) Abs.3 EG-Vertrag).

b) betreffend den Titel „Freier Personenverkehr, Asylrecht, Einwanderung"

- Das allgemeine Klagesystem des EG-Vertrags (Art. 226-245 (ex 169-188) EG-Vertrag) ist anwendbar mit Ausnahme des Art. 234 (ex 177) EG-Vertrag (Vorabentscheidungsverfahren). Das bedeutet z.B., dass bei Nichteinhaltung der Fünf-Jahresfrist in den neuen Artikeln 2 (ex B) und 3 (ex C) EU-Vertrag eine Untätigkeitsklage gemäß Artikel 232 (ex 175) EG-Vertrag erfolgreich sein kann. Sollte (was in der Praxis kaum vorstellbar ist) durch einen auf diesen Titel gestützten Rechtsakt ein Bürger unmittelbar individuell und gegenwärtig in seinen Rechten verletzt werden, hätte er sogar die Möglichkeit einer Nichtigkeitsklage gemäß Artikel 230 (ex 173) EG-Vertrag.

- Das Vorabentscheidungsverfahren gemäß Artikel 234 (ex 177) EG-Vertrag ist in diesem Bereich nur in der durch Artikel 9 (ex H) EU-Vertrag abgewandelten Fassung anwendbar. Das bedeutet praktisch:

- Das Vorlagerecht von Untergerichten wird ausgeschlossen, soweit gegen deren Entscheidungen Rechtsmittel gegeben sind. In letzter Instanz entscheidende Gerichte müssen vorlegen, wenn eine diesen Titel betreffende Auslegungsfrage für ihre Entscheidung erheblich und noch nicht durch ein anderes Urteil des EuGH geklärt ist (ob letzteres der Fall ist, entscheiden sie selbst; insoweit gibt es keine Änderung gegenüber Artikel 234 (ex 177) EG-Vertrag; der Europäische Gerichtshof lehnt Vorlagefragen als unzulässig ab, wenn ihre Beantwortung für die Entscheidung des Ausgangsrechtsstreits offenkundig ohne Bedeutung ist).

- Zum Ausgleich für das in diesem Titel gestrichene Vorlagerecht der Untergerichte wird ein objektives Vorlagerecht der Kommission und der Mitgliedstaaten eingeführt. Diese Neuerung hat den Vorteil, wenn in der Verwaltungspraxis mit Tausenden von Einzelfällen eine Rechtsfrage streitig wird, bereits vor der ersten Verwaltungsentscheidung eine obergerichtliche Klärung zu ermöglichen. Auf diese Weise kann nicht nur die Belastung der Rechtsprechungsorgane durch Tausende von Klagen im Wege eines einzigen Verfahrens vermieden werden, auch die Betroffenen

---

[37] Wenn z.B. eine Gemeinschaftsverordnung von einer nationalen Verwaltungsbehörde durchgeführt wird, bedeutet dies, dass der EuGH den Inhalt und die Auslegung der Gemeinschaftsverordnung an den Gemeinschaftsgrundrechten messen kann, nicht aber die bei der Anwendung zugrundegelegten allgemeinen Regeln des nationalen Verwaltungsrechts.

haben den Vorteil, dass sie nicht mehr mit einer für sie evtl. nachteiligen Entscheidung belastet werden, gegen die sie Klage erheben müssen.

- Die Rechtsprechungszuständigkeit des Gerichtshofes ist ausdrücklich ausgeschlossen, soweit im Zusammenhang mit der Abschaffung der Kontrollen an den Binnengrenzen Maßnahmen zur Aufrechterhaltung der öffentlichen Ordnung und zur Gewährleistung der inneren Sicherheit getroffen werden (Art. 9 (ex H) Abs.2 EU-Vertrag). Dieser Text ist nicht völlig transparent. Soweit ersichtlich, gibt es keine Gemeinschaftskompetenz zum Erlass von solchen Maßnahmen, so dass es sich nur um Maßnahmen der Mitgliedstaaten handeln kann. Nach seiner Entstehungsgeschichte soll dieser Text wohl sicherstellen, dass nicht unter Berufung auf das Gemeinschaftsrecht (die Bestimmungen zur Abschaffung der Grenzkontrollen) der Gerichtshof angerufen werden kann, wenn ein Mitgliedstaat aus Gründen der öffentlichen Sicherheit und Ordnung widersprechende Maßnahmen trifft. So klar ist dies aber nicht zum Ausdruck gebracht, und wir werden abwarten müssen, wie der Gerichtshof diesen Text auslegt.

Im Bereich des Unionsvertrags

a) Betreffend die Grundsätze der Union (Artikel 1-6 (ex A-F), 7 (ex Fa) EU-Vertrag):

- Nur die in Art. 6 (ex F) Abs.2 EU-Vertrag neuer Fassung definierten Grundrechte unterliegen ausdrücklich der Rechtsprechung des Gerichtshofes und zwar in den Sachgebieten, für die ihm Rechtsprechungszuständigkeit übertragen ist.

- Der Umkehrschluss, dass der Gerichtshof die in Artikel 6 (ex F) Abs. 2 EU-Vertrag nicht genannten Grundsätze der Freiheit, Demokratie und Rechtsstaatlichkeit bei seinen Urteilen nicht in Betracht ziehen kann, ist aber nicht überzeugend. Denn jedenfalls soweit sich diese Grundsätze aus den gemeinsamen Verfassungsüberlieferungen der Mitgliedstaaten ergeben, sind sie in dem dem Gerichtshof ausdrücklich zugewiesenen Art. 6 (ex F) Absatz 2 EU-Vertrag indirekt mitenthalten.

- Der Sanktionsmechanismus in Art. 7 (ex Fa) EU-Vertrag (neu) ist rein politischer Natur, eine gerichtliche Überprüfung durch den EuGH, ob „wirklich" eine Verletzung der Grundsätze des Art. 6 (ex F) EU-Vertrag Abs.1 vorliegt, ist nicht möglich.

b) Betreffend die Außenpolitik (2. Pfeiler) :

Die Rechtsprechungszuständigkeit des Gerichtshofes bleibt generell ausgeschlossen, insoweit gibt es keine Änderung.

c) Betreffend den Bereich Inneres und Justiz (3. Pfeiler) :

Bisher war der Gerichtshof hier nur zuständig, soweit ihm in Konventionen ausdrücklich eine Rechtsprechungszuständigkeit zugewiesen wurde. Der neue Artikel 35 (ex K.7) EU-Vertrag schafft demgegenüber weitreichende neue, teils obligatorische, teils fakultative Zuständigkeiten des EuGH:

- obligatorische Zuständigkeiten:

Art. 35 (ex K.7) Abs. 6 EU-Vertrag: Klagen der Kommission oder eines Mitgliedstaats zur Überprüfung der Rechtmäßigkeit von Rahmenbeschlüssen (Rechtsangleichungsmaßnahmen) und anderen Beschlüssen: Der Gerichtshof kann Formverstöße, Vertragsverletzungen und Ermessensmissbrauch prüfen.

Art. 35 (ex K.7) Abs. 7 EU-Vertrag: Streitigkeiten zwischen Mitgliedstaaten über die Auslegung oder Anwendung von (im Rahmen des 3. Pfeiler angenommenen) Rechtsakten, soweit diese Streitigkeiten nicht innerhalb von 6 Monaten im Rat beigelegt werden können.

- fakultative Zuständigkeiten :

Der Gerichtshof ist zuständig für die Auslegung von Rahmenbeschlüssen, Beschlüssen und Konventionen (die im Rahmen des 3. Pfeilers angenommen werden) auf Vorlage durch erst- und letztinstanzliche Gerichte der Mitgliedstaaten. Diese Zuständigkeit gilt nur, soweit ein Mitgliedstaat eine entsprechende Erklärung abgegeben hat. Das heißt praktisch:

Solange ein Staat diese Erklärung nicht abgegeben hat, können seine Gerichte dem EuGH keine Vorlage unterbreiten, und sie sind nicht verpflichtet (wohl aber berechtigt), die Auslegung des EuGH in Urteilen zu respektieren, die auf Vorlage von Gerichten aus anderen Mitgliedstaaten zustande gekommen sind.

Wenn ein Staat die Erklärung abgegeben hat, gilt die Zuständigkeit für Vorlagen betreffend alle Konventionen, Beschlüsse, Rahmenbeschlüsse. Eine Zuständigkeit für einzelne Konventionen gibt es also künftig nicht mehr.

Bewertung

Der Vertrag von Amsterdam bestätigt die Rolle des Europäischen Gerichtshofes und entwickelt sie sowohl im Gemeinschaftspfeiler als auch im Bereich der Regierungszusammenarbeit positiv weiter. Die Durchbrechung der Einheitlichkeit des gemeinschaftlichen Rechtsschutzsystems auf dem Gebiet der Inneren Sicherheit erzeugt Gefahren, erlaubt aber auch die praktische Erprobung neuer Verfahrensinstrumente. Es wird deshalb notwendig sein, die Umsetzung dieser neuen Regeln in die Praxis aufmerksam zu verfolgen. Das Problem, ob und welche institutionellen und/oder organisatorischen Anpassungen im Hinblick auf die Erweiterung erforderlich sind, bleibt weiterhin gestellt. Die Autorität und die Unabhängigkeit des Gerichtshofs würden gestärkt, wenn das Parlament über das Verfahren der Zustimmung an der Ernennung der Richter beteiligt würde.

Im dritten Pfeiler ist bedauerlich, dass die Vorabentscheidungskompetenzen des Gerichtshofes von einer Annahmeerklärung der Mitgliedstaaten abhängig sind. Aber der Vertrag von Amsterdam schafft keine akuten Rechtsschutzlücken, allenfalls auf einigen Gebieten Erschwernisse des Rechtsschutzes; beim status quo ist jedenfalls die Zuständigkeit der nationalen Gerichte gegeben, wenn der EuGH nicht angerufen werden kann. Jedoch bestehen gewisse Gefahren, denen das Europäische Parlament und die nationalen Parlamente in enger Zusammenarbeit entgegenwirken müssen:

a) die Einschränkung des Vorlagerechts zum EuGH auf Obergerichte darf keinesfalls auf weitere Teile des EG-Vertrages ausgedehnt werden;

b) die Weiterentwicklung des status quo muss von der Schaffung entsprechender Rechtsschutzinstrumente abhängig gemacht werden. Im Bereich „Schengen" wird dies vom Vertrag garantiert, im Bereich „polizeiliche und justitielle Zusammenarbeit" müssen die Parlamente der Mitgliedstaaten über die Schaffung adäquater Rechtsschutzinstrumente wachen; die Abgabe der Erklärung über die Zuständigkeit des EuGH in Vorabentscheidungsverfahren ist hierfür ein wichtiger erster Schritt.

e) Sonstige institutionelle Fragen

Rechnungshof

Allgemeines, Prioritäten des Parlaments

Die effiziente Überwachung der Ausgabentätigkeit der Union durch ein unabhängiges Rechnungsprüfungsorgan ist angesichts des Anwachsens des Haushaltsvolumens und der Notwendigkeit sparsamen Umgangs mit öffentlichen Mitteln zu einer institutionellen Notwendigkeit geworden. Die Bestimmungen über den Rechnungshof, die 1975 gleichzeitig mit den jetzt geltenden Regeln des Haushaltsverfahrens geschaffen wurden, sind im Vertrag von Maastricht einer ersten Anpassung unterzogen worden. Das Europäische Parlament hat im Zusammenhang mit dieser Regierungskonferenz weitere Verbesserungen gefordert, insbesondere die Ausweitung seiner Tätigkeit auf den gesamten Bereich der Union und eine Stärkung seiner Befugnisse durch ein Klagerecht zum Europäischen Gerichtshof und im Verhältnis zu nationalen Rechnungsprüfungsbehörden.

Ergebnisse des Vertrages von Amsterdam

Durch den Vertrag von Amsterdam erhält der Rechnungshof den Rang eines Unionsorgans. Diese Stellung ist nicht nur von protokollarischer Bedeutung, sondern legitimiert den Rechnungshof zur Prüfung der im Gemeinschaftshaushalt vorgesehenen Einnahmen und Ausgaben auch insoweit, als diese nicht durch eine Tätigkeit der Gemeinschaft, sondern durch ein Tätigwerden der Union auf dem Gebiet des 2. oder 3. Pfeilers veranlasst werden.

Für die Durchführung der Prüfung in den Mitgliedstaaten schafft der Vertrag von Amsterdam zum ersten Mal eine Verpflichtung der zuständigen Stellen der Mitgliedstaaten, unter Wahrung ihrer Unabhängigkeit vertrauensvoll mit dem Europäischen Rechnungshof zusammenzuarbeiten. Alle anderen Gemeinschaftsorgane sind verpflichtet, dem Rechnungshof auf dessen Antrag die für die Erfüllung seiner Aufgaben erforderlichen Unterlagen oder Informationen zu übermitteln. Bei Nichterfüllung dieser Pflicht durch ein Unionsorgan wird der Rechnungshof nach Inkrafttreten des Vertrags von Amsterdam selbst den Gerichtshof anrufen können (Artikel 173 Abs. 3 EG-Vertrag); kommen die nationalen Stellen ihren vertraglichen Pflichten gegenüber dem Rechnungshof nicht nach, wird wenigstens die Kommission nach den Regeln des Vertragsverletzungsverfahrens vorgehen können.

Bewertung

Im Ergebnis wird durch den Vertrag von Amsterdam die institutionelle Stellung des Rechnungshofs also gestärkt und die Basis für eine effiziente Rechnungsprüfung in der Union verbessert. Zusammen mit den neuen Bestimmungen über die Zollzusammenarbeit und Betrugsbekämpfung[38] werden diese Reformen substantielle Verbesserungen im Finanzwesen der Union ermöglichen, vorausgesetzt, die nationalen Behörden erfüllen ihre vertragliche Verpflichtung zur Kooperation. Für die Zukunft wird das Parlament insbesondere auf seine Forderungen zurückkommen, einen über bloße Konsultierung hinausgehenden Einfluss auf die Ernennung der Mitglieder des Rechnungshofes für eine einmalige (verlängerte) Amtszeit zu erlangen und – im Hinblick auf die Erweiterung – seine Mitgliederzahl festzuschreiben. Für die seit langem bestehenden Meinungsverschiedenheiten, wie der Rechnungshof seine Kontrollfunktion gegenüber der EIB und besonders dem EIF erfüllen soll, sollte ebenfalls eine Lösung gefunden werden.

Wirtschafts- und Sozialausschuss und Ausschuss der Regionen

Der Vertrag von Amsterdam hat die Rolle dieser beiden beratenden Einrichtungen im Gesetzgebungsprozess der Union gestärkt und dabei die vom Europäischen Parlament aufgestellten Reformvorschläge im Wesentlichen aufgenommen.

a) Das Parlament wird künftig in der Lage sein, im Rahmen seiner legislativen Beratungen beide Einrichtungen zu konsultieren. Dies wird bestimmte Anpassungen auf der Ebene der Geschäftsordnung erforderlich machen.

b) In der Beschäftigungs- und Sozialpolitik werden für beide Einrichtungen, in der Gesundheits-, Umwelt- und Verkehrspolitik werden für den Ausschuss der Regionen neue Fälle obligatorischer Konsultation eingeführt.

---

[38] Siehe hierzu 4. Abschnitt f).

c) Beide Einrichtungen erhalten einen eigenen administrativen Unterbau (Aufhebung des Protokolls Nr. 16 von Maastricht).

d) Der Ausschuss der Regionen erhält die Geschäftsordnungshoheit.

Unerfüllt und für die Zukunft relevant bleibt die Forderung des Parlaments, dass die Mitglieder des Ausschusses der Regionen Träger eines aus demokratischen Wahlen hervorgehenden Mandats sein sollten.

f) Rolle der nationalen Parlamente

Allgemeines – Ergebnisse des Vertrags von Amsterdam

Die Stärkung der demokratischen Kontrolle der Tätigkeiten der Europäischen Union war ein zentrales Anliegen der Regierungskonferenz. Dabei wurde die Notwendigkeit einer verstärkten Rolle der nationalen Parlamente im Rahmen ihrer jeweiligen Zuständigkeiten als wichtiges Element angesehen. Dieser Punkt wurde im Bericht der Reflexionsgruppe und auch in verschiedenen Phasen der Verhandlungen angesprochen. Das Ergebnis der Beratungen über diese Frage hat seinen Niederschlag in einem vorgeschlagenen neuen Protokollentwurf über die Rolle der einzelstaatlichen Parlamente in der Europäischen Union gefunden. Dieser würde die Bedingungen für die Unterrichtung der nationalen Parlamente der Mitgliedstaaten über Konsultationsdokumente und vor allem über Vorschläge für Rechtsakte verbessern, für die ein Mindestzeitraum von sechs Wochen für die parlamentarische Prüfung festgelegt wurde. Außerdem wird in dem Protokollentwurf die Rolle der Konferenz der Europa-Ausschüsse der nationalen Parlamente („COSAC" genannt) bestätigt, insbesondere ihr Recht, ihr zweckmäßig erscheinende Beiträge für die Organe der Europäischen Union zu leisten, und zwar insbesondere bei Fragen der Subsidiarität und der Grundrechte und zu Legislativvorschlägen oder -initiativen im Zusammenhang mit der Errichtung eines Raums der Freiheit, Sicherheit und des Rechts.

Die Prioritäten des Parlaments

Die Fragen im Zusammenhang mit dem vorgeschlagenen neuen Protokoll wurden vom Europäischen Parlament unlängst in seiner Entschließung vom 12. Juni 1997 zu den Beziehungen zwischen dem Europäischen Parlament und den nationalen Parlamenten[39] recht detailliert geprüft. Ihre Ko-Berichterstatter möchten sich darauf beschränken, einige wesentliche Punkte der Ergebnisse dieser Prüfung zu rekapitulieren.

---

[39] Auf der Grundlage eines Berichts (A4-0179/97) und Arbeitsdokuments (PE 221.695) von Frau Neyts-Uyttebroeck.

Bewertung

Sie möchten zunächst erneut die Bedeutung der Rolle hervorheben, welche die nationalen Parlamente bei der Kontrolle der Tätigkeit ihrer eigenen Regierung in EU-Angelegenheiten spielen müssen, und betonen, dass diese Rolle der nationalen Parlamente eine Ergänzung zu der Rolle darstellt, die das Europäische Parlament bei der Kontrolle der Tätigkeiten der anderen EU-Institutionen spielt. In dieser Hinsicht ist das Ergebnis des Entwurfs des Vertrags von Amsterdam generell ein positives, insofern als es eine Stärkung der Rolle der nationalen Parlamente auf eine praktische und pragmatische Weise und ohne die Schaffung schwerfälliger neuer institutioneller Strukturen ermöglichen wird. Was letzteren Punkt betrifft, so wurden offensichtlich weiterreichende Vorstellungen fallengelassen.

Ihre Ko-Berichterstatter begrüßen ganz besonders den vorgeschlagenen Zeitraum von sechs Wochen, der den nationalen Parlamenten für die Prüfung von Vorschlägen für Rechtsakte eingeräumt werden soll. Das Europäische Parlament hat bereits die Einführung einer Frist von vier Wochen befürwortet, jedoch scheint die Anhebung der Frist auf sechs Wochen, die in den späteren Stadien der Verhandlungen der Regierungskonferenz vorgenommen wurde, völlig angemessen zu sein. Die Ko-Berichterstatter möchten, wenngleich sie den Grundsatz einer solcher Frist ganz entschieden befürworten, dennoch drei einschränkende Bemerkungen machen. Sie bedauern erstens, dass dem Protokollentwurf zufolge die Vorschläge für Rechtsakte, für die die neue Frist gilt, vom Rat festgelegt werden. Es wäre, wie die Ko-Berichterstatter bereits in dem Abschnitt über Offenheit und Transparenz dargelegt haben, weitaus besser, wenn die Festlegung dieser Rechtsakte nicht einseitig vom Rat, sondern auf der Grundlage einer interinstitutionellen Vereinbarung vorgenommen würde.

Die zweite Einschränkung betrifft die Ausnahmen in dringenden Fällen. Die Kriterien dafür müssen sorgfältig festgelegt und definiert werden.

Drittens heißt es in dem Protokollentwurf, dass alle Konsultationsdokumente der Kommission den Parlamenten der Mitgliedstaaten unverzüglich zugeleitet werden. Jedoch wird nicht definiert, was unter „unverzüglich" zu verstehen ist, und es wird auch kein Mindestzeitraum für die Prüfung dieser Dokumente festgelegt. Da Konsultationsdokumente wie Grün- und Weißbücher bisweilen größere politische Bedeutung haben als der endgültige Vorschlag zu ihrer Umsetzung, wäre es äußerst wünschenswert, dass den nationalen Parlamenten auch für die Prüfung dieser Dokumente ein Mindestzeitraum eingeräumt wird, auch wenn kein entsprechender offizieller Zeitraum festgelegt wurde.

Ihre Ko-Berichterstatter begrüßen ferner die verstärkte Rolle der COSAC, die im zweiten Teil des Protokollentwurfs festgelegt ist. Dies würde eine Formalisierung des Rechts der COSAC bedeuten, ihr zweckmäßig erscheinende Beiträge zu leisten (wenngleich es merkwürdig ist, dass das Europäische Parlament über die Beiträge der COSAC unterrichtet werden soll bzw. ihm solche Beiträge vorgelegt werden sollen, da es derzeit integraler Bestandteil der COSAC ist!), ohne dass die Beiträge der COSAC in irgendeiner Weise die einzelstaatlichen Parlamente binden oder deren Standpunkt präjudizieren. Dieser Wortlaut scheint weitgehend mit den Schlussfolgerungen übereinzustimmen, die von der COSAC selbst im November 1996 in Dublin angenommen und vom Europäischen Parlament unterstützt wurden.

Die Ko-Berichterstatter möchten schließlich noch etwas zu den bereits bestehenden Erklärungen Nr. 13 und 14 sagen, die als Teil des Vertrags von Maastricht angenommen wurden. Erklärung Nr. 13 über die Rolle der einzelstaatlichen Parlamente in der Europäischen Union dürfte aufgrund des neuen Protokollentwurfs weitgehend überflüssig sein, ist aber dennoch aufgrund ihrer Aussage wichtig, dass „die Kontakte zwischen den einzelstaatlichen Parlamenten und dem Europäischen Parlament insbesondere dadurch verstärkt werden, dass hierfür geeignete gegenseitige Erleichterungen und regelmäßige Zusammenkünfte zwischen Abgeordneten, die an den gleichen Fragen interessiert sind, vorgesehen werden."

Was schließlich die Erklärung Nr. 14 zur Konferenz der Parlamente (oder „Assises") betrifft, so wurde sie bislang nicht umgesetzt, und es besteht seitens der einzelnen nationalen Parlamente gegenwärtig nur wenig Motivation, den bisher einzigen Versuch von Rom zu wiederholen. Allerdings könnte der Fall eintreten, dass eine solche Konferenz in Zukunft nützlich sein könnte.

7. Engere Zusammenarbeit – „Flexibilität"

Allgemeines

Mit Inkrafttreten des Vertrags von Amsterdam werden die Gründungsverträge zum ersten Mal eine – von präzisen und einschränkenden Kriterien begleitete – generelle Ermächtigung erhalten, durch die Organe der Union und in den Formen des Unionsbzw. Gemeinschaftsrechts Beschlüsse zu fassen, die nur für eine Mehrheit von Mitgliedstaaten verbindlich sind. Bisher gab es diese Möglichkeit nur aufgrund von Einzelermächtigungen, z.B. im Rahmen der Wirtschafts- und Währungsunion, in der Forschungspolitik und in der Sozialpolitik. Diese vertraglichen Einzelermächtigungen bestehen fort mit Ausnahme des Bereichs der Sozialpolitik, wo sie durch die Beendigung des opt-out des Vereinigten Königreichs gegenstandslos geworden sind. Hinzu kommen neue vertragliche Einzelermächtigungen im Rahmen des neuen Titels IV (ex IIIa) des EG-Vertrags und in Bezug auf die gemeinschaftliche Weiterentwicklung des Besitzstandes von „Schengen", die die Mitgliedstaaten auch ohne Beteiligung und rechtliche Bindung Dänemarks, Irlands und des Vereinigten Königreichs in die Lage versetzen, gemeinschaftliche Beschlüsse zu fassen.

Dieser neue Fall vertraglich ausbedungener „Flexibilität" mag integrationspolitisch zu bedauern sein, politisch war er aber die Voraussetzung dafür, dass weite Bereiche des „3. Pfeilers" in gemeinschaftliche Integrationsformen überführt werden konnten. Bei allen Vorbehalten gegenüber dem vorgesehenen Entscheidungsverfahren wird für die Zukunft entscheidend sein, dass auf diesem Gebiet in den Formen und mit der Integrationskraft des Gemeinschaftsrechts vorgegangen werden kann. Positiv kann gewertet werden, dass die zur Beteiligung nicht verpflichteten Mitgliedstaaten jederzeit an einzelnen Maßnahmen teilnehmen können, wenn sie dies wollen.

Prioritäten des Parlaments

Jede nicht nur vorübergehende Abweichung vom Prinzip der Gleichheit für alle birgt Gefahren für den Integrationsprozess. Das Europäische Parlament hat hierauf wiederholt hingewiesen[40] und einschränkende Kriterien für engere Zusammenarbeit innerhalb des rechtlichen Rahmens der Union gefordert. Dem entsprechen die in der Generalklausel des neuen Titels des EU-Vertrags über die verstärkte Zusammenarbeit enthaltenen acht Kriterien. Sie stellen sicher, dass das bisher in der europäischen Integration Erreichte nicht in Frage gestellt und die Dynamik für künftige Integrationsfortschritte nicht unterminiert wird, sowie dass die Interessen der Mitgliedstaaten, die sich an einem bestimmten Schritt nicht beteiligen können oder wollen, nicht beeinträchtigt werden. Darüber hinaus enthalten die spezifischen Bestimmungen für die „Flexibilität" im EG-Vertrag (Artikel 40 (ex K.12)) und im EU-Vertrag (Artikel 11 (ex 5a)) weitere Kriterien, die insbesondere einer faktischen Verdrängung der Gemeinschaftsmethode durch „intergouvernementale Flexibilität" entgegenstehen. Von der engeren Zusammenarbeit im Rahmen des „ersten Pfeilers" werden ausdrücklich ausgeschlossen der Bereich der ausschließlichen Gemeinschaftszuständigkeiten und die Unionsbürgerschaft; jede Diskriminierung, Handelsbeschränkung, Wettbewerbsverzerrung oder sonstige Beeinträchtigung des gemeinschaftlichen Besitzstandes ist verboten und der Rahmen der vertraglich zugewiesenen Befugnisse darf nicht überschritten werden.

In Übereinstimmung mit den Forderungen des Parlaments geben die im Vertrag von Amsterdam aufgestellten Kriterien die Gewähr dafür, dass auch in der Zukunft der Europäischen Integration Fälle der „Flexibilität" die Ausnahme bleiben und nicht zur Regel werden. Umgekehrt stellt sich aber auch die Frage, ob der für engere Zusammenarbeit verbliebene Spielraum die Schaffung des hierfür bestimmten komplexen institutionellen Regelwerks rechtfertigt. Hierzu sei bemerkt, dass die Diskussion über Flexibilität im Vorfeld und Verlauf der Regierungskonferenz eine strategische, politische Dimension hatte, die in der Schlussphase der Konferenz entfallen ist.

---

[40]   Vgl. statt aller die Entschließung vom 13. März 1997 zur Regierungskonferenz, in der auf die Fragen der verstärkten Zusammenarbeit näher eingegangen wird.

Andererseits verfolgte sie den praktischen Zweck, im Blick auf künftige Erweiterungen ein Instrument zu schaffen, das ermöglicht, Blockadesituationen in der weiteren Integration zu überwinden. Diese Zielsetzung bildet den Maßstab für die politische Beurteilung der Frage, ob die praktische Tragweite des im neuen Vertrag enthaltenen Instrumentariums, die im Folgenden untersucht wird, ausreichend ist.

a) Mögliche Formen engerer Zusammenarbeit

Im Bereich des EG-Vertrages („1. Pfeiler") werden Formen engerer Zusammenarbeit auf einigen Gebieten überhaupt nicht in Betracht kommen, z.B.:

- für die Artikel 18-22 (ex 8a-8e) EG-Vertrag, weil sie die Bürgerschaft betreffen,

- im Bereich der Zollunion und der gemeinsamen Handelspolitik[41], weil es sich hier um ausschließliche Gemeinschaftszuständigkeiten handelt,

- im Bereich der vier Grundfreiheiten (Freizügigkeit der Arbeitnehmer, Niederlassungsfreiheit, Dienstleistungsfreiheit, Kapitalverkehrsfreiheit), weil ungleiche Regeln unvermeidlich zu Diskriminierungen und Wettbewerbsverzerrungen führen dürften,

- im Bereich der Agrarpolitik wegen der ausschließlichen Geltung der Marktorganisationssituationen und in den nicht durch Marktorganisationen erfassten Bereichen wegen der Gefahr von Wettbewerbsverzerrungen (z.B. bei Fördermaßnahmen),

- im Bereich der Industriepolitik wegen unvermeidlicher Wettbewerbsverzerrungen,

- im Bereich von Maßnahmen, die konzeptionell auf die Gemeinschaft als ganzes angelegt sind (Transeuropäische Netze, Gemeinschaftsstatistik, Transparenz der Gemeinschaftsorgane) oder in denen die Gemeinschaft nur einheitlich oder gar nicht auftreten kann (Entwicklungszusammenarbeit, Außenaspekte der Gemeinschaftspolitiken).

In den übrigen Bereichen des EG-Vertrages erscheinen Maßnahmen engerer Zusammenarbeit, die den vom neuen Vertrag aufgestellten Kriterien entsprechen, nicht von vornherein ausgeschlossen. Dabei wird es sich um Maßnahmen handeln, die die Mitgliedstaaten unter Berücksichtigung der Regeln des geltenden Gemeinschaftsrechts individuell ohne weiteres ergreifen können und bei denen die Interessen der

---

[41]   Das gilt auch für die von Art. 133 (ex 113) EG-Vertrag noch nicht erfassten Bereiche der Dienstleistungen und des geistigen Eigentums, weil es insoweit an einer gemeinschaftlichen Befugnisnorm fehlt, die erst durch einen einstimmigen Ratsbeschluss nach dem neuen Art. 133 (ex 113) Abs. 5 EG-Vertrag geschaffen werden müsste, der dann aber zu einer ausschließlichen Zuständigkeit führen würde. Das ist auch sachgerecht, denn nach außen kann die Gemeinschaft nur einheitlich oder überhaupt nicht, nicht aber im Namen einer Mehrheit der Mitgliedstaaten handeln.

anderen Mitgliedstaaten nicht berührt werden, wenn eine Mehrheit von Mitgliedstaaten jene Maßnahmen kollektiv und für sich verbindlich im Gemeinschaftsrahmen beschließt. Solche Handlungsspielräume entstehen, wenn die Gemeinschaft ihr nicht ausschließlich zustehende Befugnisse bis jetzt nicht oder nur teilweise (z.B. durch Festsetzung von Mindest- oder Höchstwerten[42]) ausgeschöpft hat, oder bei Förderungsmaßnahmen auf Gebieten, die nicht in wirtschaftlichem Wettbewerb stehen. In Betracht kommen deshalb insbesondere die die Grundfreiheiten der Gemeinschaften flankierenden „positiven" Politiken.

Folgende Beispiele erscheinen denkbar:

- in der Sozialpolitik die Festsetzung höherer als die gemeinschaftlich vorgesehenen Mindeststandards gem. Art. 137 (ex 118) Absatz 2 EG-Vertrag (ein Zweifelsfall ist die Möglichkeit eines auf eine Mehrheit von Mitgliedstaaten beschränkten Ratsbeschlusses nach Art. 139 (ex 118b) EG-Vertrag zur verbindlichen Durchführung von Kollektivverträgen, die nur für das Gebiet jener Mehrheit von Mitgliedstaaten zustande gekommen sind),

- im Bereich der Beschäftigungspolitik nicht wettbewerbsrelevante Fördermaßnahmen (z.B. Pilotprojekte zur Arbeitsplatzbeschaffung durch Arbeitszeitverkürzung),

- im Bereich des Umwelt-, Gesundheits- und Verbraucherschutzes die Festsetzung von Standards für Sachgebiete, für die eine noch nicht genutzte gemeinschaftliche Handlungsbefugnis besteht, oder die Festsetzung von Mindest- oder Höchststandards, die höher bzw. niedriger als die gemeinschaftlich vorgeschriebenen sind,

- im Bereich der Steuerpolitik die Harmonisierung von Steuerarten, die von Gemeinschaftsregelungen nicht berührt sind (CO_2- oder Energiesteuern, Besteuerung von Kapitalerträgen) oder die Festsetzung von Mindest- oder Höchstsätzen, die höher bzw. niedriger als die gemeinschaftlich vorgeschriebenen sind,

- im Bereich der Verkehrspolitik Maßnahmen der Verkehrssicherheit, flankierende Maßnahmen der sozial-, umwelt- und steuerpolitischer Art nach den für diese Gebiete entwickelten Grundsätzen, weitere technische Harmonisierung (innerhalb der vom Gemeinschaftsrecht eröffneten Spielräume), Durchführung und Finanzierung von Infrastrukturvorhaben im Rahmen gemeinschaftlich festgelegter Netze,

---

[42]   Unter der Voraussetzung, dass auch für den Bereich der „engeren Zusammenarbeit" die Rechtsprechung des Gerichtshofes Anwendung findet, wonach es keine vom Vertrag verbotene Diskriminierung oder Wettbewerbsverzerrung darstellt, wenn ein Mitgliedstaat seine Staatsangehörigen oder die auf seinem Gebiet tätigen Unternehmen höheren Belastungen unterwirft als diejenigen, die Angehörige anderer Mitgliedstaaten oder in anderen Mitgliedstaaten niedergelassene Unternehmen erfüllen müssen; sofern die Grundfreiheiten des Vertrags hierdurch nicht beeinträchtigt werden.

- sonstige Maßnahmen der Rechtsangleichung oder des gemeinsamen Vorgehens, soweit der von Art. 94 (ex 100) oder 308 (ex 235) EG-Vertrag geforderte Bezug zum Gemeinsamen Markt besteht und die Mitgliedstaaten unter Berücksichtigung der übrigen Gemeinschaftsgrundsätze individuell zu einer solchen Maßnahme berechtigt wären,

- zusätzliche Förderungsmaßnahmen ohne Wettbewerbswirkungen auf den Gebieten Bildung, berufliche Bildung, Kultur,

- Maßnahmen auf dem Gebiet der Betrugsbekämpfung und Zollzusammenarbeit, die die gemeinschaftlichen Rahmen- oder Mindestregeln ausfüllen oder verstärken,

- Forschungsprogramme (Art. 168 (ex 130k) EG-Vertrag).

Die im Unionsvertrag vorgesehene Regierungszusammenarbeit (verbleibender „3. Pfeiler") betrifft hauptsächlich die Zusammenarbeit der Polizei- und Justizbehörden. Sollte bei der Durchführung dieser Bestimmung ein praktisches Bedürfnis entstehen, auf Formen engerer Zusammenarbeit zurückzugreifen, so dürfte der Vertrag den hierfür erforderlichen Handlungsspielraum einräumen. Die Bindung solcher Maßnahmen an die Ziele des Titels VI EU-Vertrag garantiert den „objektiven Integrationsfortschritt", und das Kriterium der Wahrung der Zuständigkeiten der Gemeinschaft stellt sicher, dass die „flexible Regierungszusammenarbeit" nicht für einige Regierungen zu einem bequemen Ausweg aus den strengeren Anforderungen des Gemeinschaftssystem wird.

Auf dem Gebiet der Außen- und Sicherheitspolitik gilt die allgemeine „Flexibilitätsklausel" nicht, doch bewirkt die in Art. 23 (ex J.13) Abs. 1 Unterabsatz 2 EU-Vertrag vorgesehene konstruktive Enthaltung ein ähnliches Ergebnis. Da die Union nach außen nur entweder einheitlich oder überhaupt nicht handeln kann, wäre die Anwendung der allgemeinen Flexibilitätsklausel wohl nicht sinnvoll gewesen. Die „konstruktive Enthaltung" führt dazu, dass ein Mitgliedstaat, der von dieser Möglichkeit Gebrauch macht, sich an der Durchführung der beschlossenen Maßnahme nicht zu beteiligen braucht, die Maßnahme aber uneingeschränkt der Union zugerechnet wird. Und anders als bei der engeren Zusammenarbeit im 1. und 2. Pfeiler, für die Art. 2 Abs. 2 der Generalklausel im Regelfall eine Finanzierung durch die teilnehmenden Mitgliedstaaten vorsieht, ist im Falle der konstruktiven Enthaltung die Gemeinschaftsfinanzierung die Regel, mit Ausnahme von Maßnahmen mit militärischen oder verteidigungspolitischen Bezügen (Artikel 28 (ex J 18) Abs. 3 EU-Vertrag). Das Europäische Parlament wird jedoch darüber zu wachen haben, dass einzelne Mitgliedstaaten die Möglichkeit der konstruktiven Enthaltung nicht dazu missbrauchen, sich nur aus finanziellen Gründen einer im Unionsinteresse liegenden militärischen Aktion zu entziehen.

b) Mechanismen der Beschlussfassung

Bei der Beschlussfassung über „engere Zusammenarbeit" muss klar unterschieden werden einerseits zwischen dem Beschluss über die „Auslösung", d.h. die Ermächtigung, die der Rat als Ganzes einer Mehrheit der Mitgliedstaaten erteilt, die Organe, Verfahren und Mechanismen der Union (bzw. der Gemeinschaft) für eine engere Zusammenarbeit zu nutzen, und andererseits den Beschlüssen, die auf der Grundlage dieser Ermächtigung über die einzelnen Maßnahmen zur „Durchführung" der engeren Zusammenarbeit getroffen werden.

Die Auslösung der engeren Zusammenarbeit im 1. und 3. Pfeiler kann vom Rat mit qualifizierter Mehrheit beschlossen werden. Im 1. Pfeiler ist Voraussetzung ein Vorschlag der Kommission und eine Stellungnahme des Europäischen Parlaments, im 3. Pfeiler genügt die Anhörung der Kommission und die Information des Parlaments. Die Abstimmung mit qualifizierter Mehrheit kann von einem Mitgliedstaat verhindert werden, wenn er einen wichtigen Grund nationaler Politik dafür darlegt. Allerdings kann dann die (zur Abstimmung bereite) qualifizierte Mehrheit den Europäischen Rat befassen, der dann einstimmig entscheidet.

Für die Durchführung engerer Zusammenarbeit finden gemäß Artikel 2 der generellen Bestimmungen die einschlägigen institutionellen Bestimmungen der Verträge Anwendung, mit Ausnahme der Abstimmungen im Rat, an denen sich nur die Vertreter der teilnehmenden Mitgliedstaaten beteiligen (die Vertreter der anderen Staaten im Rat haben aber Anwesenheits- und Rederecht).

Der Auslösungsmechanismus entspricht nicht völlig den Forderungen des Parlaments, als es für sich ein Recht auf Zustimmung in Anspruch genommen hat. Ein solches Zustimmungsrecht wäre seiner politischen Verantwortung als Mitgesetzgeber angemessen gewesen. Doch dürften zum gegebenen Zeitpunkt die gemeinschaftlichen Interessen jedenfalls dadurch hinreichend geltend gemacht werden, dass der Vorschlag für eine engere Zusammenarbeit im Rahmen des 1. Pfeilers nur von der unter der politischen Kontrolle des Parlaments handelnden Kommission unterbreitet werden kann.

Die grundsätzliche Möglichkeit der Mehrheitsentscheidung schafft Handlungsfähigkeit im Rat, die aber durch ein „Vetorecht" der Mitgliedstaaten in Frage gestellt werden kann. Hier kommt es wesentlich darauf an, dass dieses Recht nicht zu Blockaden aus billigen innenpolitischen Rücksichtnahmen missbraucht wird, sondern nur dann in Anspruch genommen wird, wenn existentielle Interessen eines Mitgliedstaates auf dem Spiel stehen. Das Risiko, die Geltendmachung eines solchen nationalen Interesses vor dem Europäischen Rat rechtfertigen zu müssen, mag ein institutioneller Hebel für einen sorgsamen Umgang mit diesem Vetorecht sein, eine Garantie gegen Missbrauch ist es nicht. Das Parlament wird die praktische Entwicklung dieses neuen institutionellen Mechanismus deshalb sorgfältig überwachen müssen.

Je nach der in Betracht kommenden Rechtsgrundlage wird das Europäische Parlament bei der Durchführung im Verfahren der Konsultation oder der Mitentscheidung beteiligt sein[43]. Dabei bringt das Mehrheitsvotum des Parlaments das von den Vertretern der Völker festgestellte gemeinschaftliche Interesse zum Ausdruck. Ein politisches Problem kann es insofern nur dann geben, wenn das Parlament im Mitentscheidungsverfahren beteiligt ist und die Mehrheit des Parlaments in Bezug auf den einen oder anderen Aspekt der Durchführung das Zustandekommen von Beschlüssen durchsetzt, die von der Mehrheit der Abgeordneten der teilnehmenden Mitgliedstaaten abgelehnt werden.

Sollte das Parlament eine solche nicht sehr wahrscheinliche, aber auch nicht völlig auszuschließende Fallgestaltung, bei der gegen den Willen der Repräsentanten der direkt beteiligten Völker entschieden werden kann, als politisch nicht hinnehmbar ansehen, so wird es zu prüfen haben, welche Mittel ihm seine Geschäftsordnungshoheit bietet, ein solches Ergebnis auszuschließen.

Finanzielle Aspekte: im Regelfall der engeren Zusammenarbeit gehen nur die Verwaltungskosten der Organe zu Lasten des Gemeinschaftshaushalts (anders bei konstruktiver Enthaltung in der GASP). Diese Lösung wird angesichts des Umstandes verständlich, dass für engere Zusammenarbeit insbesondere „positive Maßnahmen" in Betracht kommen und der Widerstand einzelner Mitgliedstaaten gegen solche Maßnahmen durchaus finanzpolitische Gründe haben kann. Im Hinblick auf den gemeinschaftlichen Solidaritätsgrundsatz ist ein Integrationsstand, bei dem sinnvolle Gemeinschaftsmaßnahmen an nationaler Finanzpolitik scheitern können, unzureichend. Die Lösung für derartige Problemlagen kann aber nicht bei den Modalitäten „engerer Zusammenarbeit", sondern nur auf dem Wege einer Reform des Eigenmittelsystems und der finanziellen Perspektiven gesucht werden, die der Union auch auf der Einnahmenseite finanzpolitische Verantwortung überträgt.

Bewertung

Im Ergebnis wird man deshalb feststellen können, dass die den Forderungen des Parlaments Rechnung tragenden einschränkenden Kriterien für die engere Zusammenarbeit diese zu einem Ausnahmefall machen, aber nicht dazu führen, dass diese auf marginale Aspekte beschränkt wird. Die Forderung des Europäischen Parlaments nach Aufrechterhaltung des einheitlichen institutionellen Rahmens wurde von der Regierungskonferenz respektiert, die Einheit der Kommission, des Gerichtshofes

---

[43] Die dem Verfahren der Zustimmung unterliegenden Rechtsgrundlagen kommen für eine engere Zusammenarbeit nicht in Betracht – vgl. die Übersicht in diesem Dokument.

und des Parlaments bleibt unangetastet; die für den Rat getroffene Regelung entspricht seiner Struktur als Organ von Regierungsvertretern.

Die Bestimmungen des Vertrages von Amsterdam über die engere Zusammenarbeit sind deshalb weder ein Patentrezept im Hinblick auf die Erweiterung, noch eine Gefahr für das in der europäischen Integration bisher Erreichte. Aber sie werden in einer Reihe von Fällen einen tragbaren Ausweg eröffnen, wenn die Weiterentwicklung der Integration von politischen Blockaden bedroht wird.

8. Vereinfachung und Konsolidierung der Verträge

Allgemeines, Prioritäten des Parlaments

Unübersichtlichkeit und schlechte Lesbarkeit war einer der am häufigsten genannten Punkte der Kritik am Vertrag von Maastricht. Das Europäische Parlament zog hieraus die Konsequenz, indem es von der Regierungskonferenz die Ausarbeitung eines vereinfachten, logisch aufgebauten und verständlichen Vertragstextes verlangte. Diese Forderung wurde im Bericht der Reflexionsgruppe in vollem Umfang übernommen. Die Studien, die auf diesem Gebiet vom wissenschaftlichen Dienst des Europäischen Parlaments in Auftrag gegeben wurden, und die Vorarbeiten des Generalsekretariats des Rates haben die vorhandenen Optionen für einen logischeren Aufbau, beträchtliche Kürzung und verständlichere Redaktion in eindrucksvoller Weise belegt.

Ergebnisse des Vertrages von Amsterdam

Der Vertrag von Amsterdam ist auf diesem Wege allerdings auf halber Strecke stehen geblieben. Die durch Zeitablauf oder Durchführung hinfällig bzw. überflüssig gewordenen Bestimmungen wurden aufgehoben. Dabei wurde allerdings zu Recht klargestellt, dass die Rechtswirkungen, insbesondere in Bezug auf die Fristen, der aufgehobenen Bestimmungen fortbestehen.

Die so beseitigten und durch die neuen Bestimmungen des Amsterdamer Vertrags ergänzten Texte des Vertrags über die Europäische Union und des Vertrags über die Europäische Gemeinschaft erhalten jeweils eine neue, fortlaufende Nummerierung, die Teil des Amsterdamer Vertrages ist und damit auch den Parlamenten der Mitgliedstaaten zur Zustimmung unterbreitet wird. Die Herausgabe (Editierung) der neuen, nach diesem Verfahren bereinigten und geänderten Texte wird dann aber vom Ratssekretariat in eigener Verantwortung vorgenommen.

Bewertung

Grund für die Wahl dieser Vorgehensweise war die Sorge zu vermeiden, dass bereits ratifizierte Inhalte der Europäischen Verträge nicht ein zweites Mal den Parlamenten

132

der Mitgliedstaaten zur Zustimmung unterbreitet werden sollten. In der Tat wäre es politisch ein katastrophales Ereignis, würde ein Teil des geltenden Primärrechts der Union in einem Ratifizierungsverfahren von einem der Parlamente der Mitgliedstaaten abgelehnt. Es gibt deshalb gute Gründe dafür, das Ergebnis der Regierungskonferenz in rechtsverbindlicher Form nur in der Gestalt von Abänderungen der bestehenden Verträge vorzulegen. Unter der Prämisse dieser Verfahrenswahl ist der im Vertrag von Amsterdam erreichte Schritt der Vereinfachung und Konsolidierung wohl das maximal Erreichbare.

Das bedeutet nicht, dass das Europäische Parlament auf seine weitgehenden Forderungen der Vereinfachung, Klarstellung und logischen Gliederung verzichten muss. Die Methode der Vertragsänderung durch Regierungskonferenzen setzt, wie dieser Bericht zeigen will, nicht nur der inhaltlichen, sondern auch der formalen Gestaltung Grenzen, die sachlich nicht zu rechtfertigen sind. Nichts wird das Europäische Parlament daran hindern, seine Forderungen nach einem adäquateren Aufbau, nach redaktioneller Straffung der Verträge in einem Prozess der Verfassungsgenese weiterzuverfolgen, den es mit seiner ganzen politischen Kraft in Gang zu halten und zu dynamisieren sucht.

Es steht in der Tat zu befürchten, dass dieses Bemühen um Transparenz erhebliche Verwirrung stiften wird, wenn es darum geht, den Vertrag anzuwenden. Wird das gesamte abgeleitete Recht im Hinblick auf die neue Nummerierung überprüft werden müssen? Wenn dies nicht geschieht, dann besteht Unklarheit darüber, ob sich eine bestimmte Richtlinie auf den früheren oder auf den neuen Artikel bezieht. Weitere Fragen die sich stellen, sind die, ob die laufende Kodifizierung der Vertragsbestimmungen entweder durch die Anwendung der interinstitutionellen Vereinbarung oder durch das SLIM-Verfahren im Hinblick auf eine Bereinigung neu aufgenommen werden muss, welche Bezugnahmen im Übergangszeitraum zwischen der Unterzeichnung und dem Inkrafttreten des Vertrags von Amsterdam von der Kommission, dem Rat und dem Parlament verwendet werden sollen und ob eine zweifache Nummerierung der zitierten Artikel erfolgen muss. Was die Recherchen im Zusammenhang mit dem EG-Recht betreffen, so besteht die Gefahr, dass sie ungeheuer kompliziert werden. Die bloße Suche nach einem Rechtsakt oder einem Rechtsprechungsakt, der Rückgriff auf das Amtsblatt oder die Sammlung der Rechtsprechung des Europäischen Gerichtshofes wird eine zweifache Suche, und zwar unter der früheren Nummer der Vertragsbestimmung und unter der neuen erforderlich machen sowie eine ständige Überprüfung der Natur der Bestimmung, auf die Bezug genommen wird. Dies bedeutet, dass die Datenbank Celex, deren Benutzung ohnehin schwierig ist, gar nicht mehr zu handhaben sein wird. Eine solche Vereinfachung wäre im Rahmen einer Umgestaltung des Textes der Verträge, d.h. einer echten Kodifizierung des primären EG-Rechts, wie sie in einer wissenschaftlichen

Studie, die im Auftrag des Parlaments ausgearbeitet wurde, nahe gelegt wurde, klarer und verständlicher gewesen.

9. Konsequenzen für das Europäische Parlament

Die vorangehenden Abschnitte haben im Einzelnen gezeigt, dass der Vertrag von Amsterdam einen weiteren wichtigen Schritt auf dem Wege zur Verwirklichung der Politischen Union Europas darstellt, auch wenn dieser Schritt in vieler Hinsicht den gestellten Erwartungen überhaupt nicht oder nicht vollständig gerecht wird und insbesondere die Union für die bevorstehenden Erweiterungen noch nicht reif macht. Für das Europäische Parlament stellt sich damit die Frage, durch welche politische Strategie die Ergebnisse von Amsterdam im Interesse der Bürger Europas optimal genutzt und fruchtbar gemacht werden können und wie das Versäumte nachgeholt, vor allem wie die noch fehlenden institutionellen Reformen rechtzeitig in Gang gebracht werden können.

Drei Handlungsebenen sind hierbei im Auge zu behalten:

erstens: die politische Begleitung der Diskussion in den Mitgliedstaaten mit dem Ziel, eine schnelle Ratifizierung des Vertrages von Amsterdam zu fördern,

zweitens: die Mobilisierung des erforderlichen politischen Willens, um die Umsetzung des Potentials des Vertrages von Amsterdam in politische Praxis zu bewirken,

drittens: die Aufnahme der Vorarbeiten für die nächste Regierungskonferenz, die die institutionellen Voraussetzungen für die Erweiterung schaffen muss.

a) Politische Begleitung der Diskussion in den Mitgliedstaaten

Die Berichterstatter schlagen dem Europäischen Parlament vor, eine an die Mitgliedstaaten gerichtete Empfehlung auszusprechen, den Vertrag von Amsterdam zu ratifizieren.

Im Rahmen der in den Mitgliedstaaten stattfindenden Ratifikationsverfahren kommt dem Europäischen Parlament keine institutionelle Rolle zu. Doch ist es politisch legitim, dass das Europäische Parlament und seine Mitglieder auf verschiedenen Ebenen den politischen Dialog mit den nationalen Parlamenten und ihren Mitgliedern suchen, um die Gründe, die für eine rasche Ratifizierung sprechen, in geeigneter Weise darzulegen. In einigen Mitgliedstaaten scheint sogar eine über solche politische Einflussnahme hinausgehende Bereitschaft zu bestehen, dem Votum des Europäischen Parlaments eine Orientierungsfunktion beizumessen.

Auf jeden Fall sollten das Europäische Parlament und seine Vertreter die bestehenden Begegnungsebenen nutzen, um die Ratifikationsfrage mit nationalen Parlamentariern zu diskutieren, sei es auf der Ebene der Konferenz der Parlamentspräsidenten, der Konferenz der Europa-Ausschüsse (COSAC), der Begegnung von europäischen und nationalen Abgeordneten in gemeinsamen Ausschusssitzungen, entweder im Europäischen Parlament oder in einem nationalen Parlament (Europa-Ausschuss), schließlich durch gegenseitige Delegationsbesuche.

Auf diese Weise könnten die nationalen Parlamente Anhaltspunkte für die nachzuholenden institutionellen Reformen erhalten, so dass sie im Zuge des Ratifizierungsprozesses den jeweiligen Regierungen aufgeben können, diese Reformen innerhalb eines bestimmten Zeitrahmens zu verwirklichen.

b) Mobilisierung des politischen Willens

Das Europäische Parlament sollte seinen zuständigen Ausschüssen ein klares Mandat erteilen, die für die Durchführung des Vertrages von Amsterdam erforderlichen Initiativen zu ergreifen. Dabei wird es einerseits um institutionelle Durchführungsmaßnahmen gehen, für die (bis auf wenige Ausnahmen) der Institutionelle Ausschuss zuständig ist. Andererseits werden die jeweils fachlich zuständigen Ausschüsse die Entwicklung auf ihrem Gebiet sorgfältig beobachten und analysieren müssen, auf welche Weise die in den verschiedenen Politikbereichen neu geschaffenen Instrumente am effizientesten in praktische politische Fortschritte umzusetzen sind.

Auf institutionellem Gebiet zeichnen sich folgende Aufgaben ab, die bis zum Inkrafttreten des Vertrages von Amsterdam eine Antwort des Europäischen Parlaments verlangen:

- die Anpassung der interinstitutionellen Vereinbarung über die Durchführung des Verfahrens nach Artikel 251 (ex 189b) EG-Vertrag an die neue Fassung dieser Bestimmung;

- die Festlegung der allgemeinen Grundsätze und der Grenzen des Rechts auf Zugang zu Dokumenten nach dem neuen Artikel 255 (ex 191a) EG-Vertrag;

- die politische Begleitung der Durchführung des neuen Artikels 207 (ex 151) Absatz 3 EG-Vertrag durch den Rat mit dem Ziel, über die in diesem Zusammenhang berührten Aspekte der Hierarchie der Normen eine interinstitutionelle Verständigung herzustellen;

- eine legislative Initiative gemäß Artikel 190 (ex 138) EG-Vertrag, um der Kommission eine politische Orientierung für den Vorschlag auf dem Gebiet der Komitologie zu geben, der von ihr bis Ende 1998 erwartet wird;

- die Klärung der Befugnisse des Europäischen Parlaments im Rahmen der Anwendung der Bestimmungen über die verstärkte Zusammenarbeit im 1. und im 3. Pfeiler;

- die Ausarbeitung der Modalitäten für die Ausübung des Zustimmungsrechts des Europäischen Parlaments bei der Benennung des nächsten Kommissionspräsidenten;

- die Vorbereitung einer interinstitutionellen Vereinbarung über die redaktionelle Qualität der Gesetzgebung;

- die Überprüfung der Vorschläge des Europäischen Parlaments zum Wahlverfahren im Lichte der Änderung von Artikel 190 (ex 138) Absatz 3 EG-Vertrag und der Ergebnisse der in den Mitgliedstaaten zurzeit diskutierten Reformvorhaben;

- die Ausarbeitung eines Abgeordnetenstatuts gemäß dem neuen Artikel 190 (ex 138) Absatz 4 EG-Vertrag;

- die Anpassung der Geschäftsordnung des Parlaments an die neuen Vertragsbestimmungen;

- die Analyse der Auswirkungen des Protokolls über die nationalen Parlamente und die Aufgaben der COSAC.

Für die Durchführung des neuen Vertrages wird weiterhin wichtig sein, dass die Kommission in gleicher Weise wie nach Unterzeichnung des Vertrages von Maastricht ihre zurzeit bei den Gesetzgebungsorganen anhängigen Legislativvorschläge überprüft und die im Hinblick auf die Änderung der Rechtsgrundlagen oder der Verfahren erforderlichen Anpassungen vornimmt.

c) Vorbereitung der nächsten Regierungskonferenz

aa) Zeitplan für die nächsten Reformschritte

Das dem Amsterdamer Vertrag beigefügte „Protokoll über die Organe im Hinblick auf die Erweiterung der Europäischen Union" sieht eine Klärung der Frage der Stimmengewichtung im Rat bis zum Inkrafttreten der ersten Erweiterung vor. Darüber hinaus soll spätestens ein Jahr vor dem sechsten Neubeitritt eine Regierungskonferenz Zusammensetzung und Arbeitsweise der Organe umfassend überprüfen. Es ist zurzeit noch offen, in welcher Weise und mit welchen Kandidaten die Beitrittsverhandlungen aufgenommen werden. Es ist denkbar, dass die im Protokoll erwähnten zwei verschiedenen Zeitpunkte – zum einen das Inkrafttreten der ersten Erweiterung, zum anderen ein Jahr vor der sechsten Erweiterung – eng beieinander liegen. Dies wäre zum Beispiel dann der Fall, wenn die Beitrittsverhandlungen mit den ersten sechs oder mehr Kandidaten in etwa derselben Phase abgeschlossen würden. Weiterer Handlungsbedarf auf der Ebene der Reform des Primärrechts ergibt sich durch das Auslaufen des EGKS-Vertrags im Jahre 2002.

Die Kommission hat bei der Vorlage der „Agenda 2000" die Aufnahme von Beitrittsverhandlungen mit sechs Kandidaten vorgeschlagen und – entsprechend der oben dargestellten Logik – eine Regierungskonferenz zu den in Amsterdam offen gebliebenen institutionellen Fragen, einschließlich der Frage der Ausdehnung von Mehrheitsentscheidungen im Rat, möglichst bald nach dem Jahr 2000, vor dem ersten Neubeitritt, gefordert. In ähnlichem Sinne haben sich seitdem auch mehrere Mitgliedstaaten geäußert. Die Berichterstatter unterstützen im Grundsatz diese Forderung nach einer umfassenden Revision der Verträge ganz nachdrücklich. Die verschiedenen offen gebliebenen institutionellen Fragen stehen in einem inneren Zusammenhang. Es ist wenig sinnvoll, sie zeitlich getrennt zu behandeln oder die Lösung einzelner Fragen wie etwa der Ausdehnung von Mehrheitsentscheidungen künstlich aufzuschieben.

Eine neue Vertragsrevision ist, wie oben dargestellt, bereits im Vertrag von Amsterdam angelegt. Zu detaillierte Festlegungen zum falschen Zeitpunkt könnten aber die Fortschritte bei den Erweiterungsverhandlungen verzögern. Alle institutionellen Anpassungen sollten vor der Schlussphase der Erweiterungsverhandlungen mit den ersten Kandidaten abgeschlossen sein. Es wäre politisch völlig unakzeptabel, wenn die Erweiterung durch ungeklärte EU-interne Probleme verzögert würde.

Daher erscheint es am sinnvollsten, einerseits die Vorbereitungen für die im Amsterdamer Vertrag angelegten institutionellen Reformen zügig voranzutreiben, andererseits aber auch die Erweiterungsverhandlungen mit allem Engagement zu führen und abzuschließen, um wechselseitigen Druck für die Lösung beider Aufgaben zu erzeugen.

bb) Methode der nächsten Vertragsrevision

Der Vertrag von Amsterdam hat die Grenzen der Methode der Regierungskonferenz erneut deutlich aufgezeigt. Es wird unvermeidlich, die Reform des Verfahrens der Vertragsänderung auf die politische Tagesordnung zu setzen. Die geschichtliche Epoche, in der das europäische Einigungswerk mit diplomatischen Mitteln schrittweise vorangetrieben werden konnte, ist mit dem Vertrag von Amsterdam endgültig zu Ende gegangen. Jetzt muss die Politik den Primat bei der Neugestaltung der Union beanspruchen. Dabei müssen vor allem die Parlamente ihre Rolle wahrnehmen.

Andererseits werden die Europäischen Verträge, so wie sie jetzt durch den Vertrag von Amsterdam neu gefasst wurden, nur unter Beachtung des Verfahrens des Artikels 48 (ex N) EU-Vertrag geändert werden können. Aus diesem Dilemma einen Ausweg zu finden, ist die Herausforderung, vor die die politische Strategie des Europäischen Parlaments gestellt ist. Die nächste Vertragsänderung muss die Union reif für die Erweiterung machen. Die Frage lautet also: Durch welche praktischen Modalitäten im Rahmen der Möglichkeiten, die Artikel 48 (ex N) EU-Vertrag rechtlich zulässt, kann eine reelle politische Aussicht begründet werden, dass die nächste Regierungskonferenz die an sie gestellte Aufgabe bewältigen kann?

Nach Auffassung der Berichterstatter gibt es zwei Hebel, um das Verfahren der Regierungskonferenz zu entbürokratisieren und politische Handlungsspielräume für die Beschlussfassung über die erforderlichen Reformen zu eröffnen:

- erstens die stärkere Beteiligung des Europäischen Parlaments und

- zweitens die Stimulierung der politischen Willensbildung in den nationalen Parlamenten im Vorfeld der Konferenz.

Die Synthese dieser beiden politischen Ebenen durch eine gemeinsame Beschlussfassung kann den Horizont für die künftige Gestalt der Union in einer Weise abstecken, die für die institutionell unumgängliche Regierungskonferenz alle Hindernisse aus dem Weg räumt.

Zur Beteiligung des Europäischen Parlaments

Im Verlaufe der Arbeiten der Reflexionsgruppe hat sich die Arbeit der beiden Repräsentanten des Europäischen Parlaments als äußerst fruchtbar erwiesen, nicht nur weil das Europäische Parlament bereits im Vorfeld eine umfassende konzeptionelle Vision für die Regierungskonferenz anbieten konnte, sondern auch weil seine Vertretung durch zwei politische Mandatsträger die erforderliche Flexibilität ermöglichte, die vorgestellten Konzepte zu einem politischen Diskussionsprozess in Bezug zu setzen und sie jeweils so anzupassen, dass sie in der Dynamik der Gruppe die größte Wirkung entfalten konnten. Diese Bewegungsfreiheit fehlte häufig den persönlichen Vertretern der Minister, sowohl in der Reflexionsgruppe als auch in der eigentlichen Regierungskonferenz. Ihre institutionelle Phantasie und damit auch ihre politische Kompromissfähigkeit sind durch die Vorgaben der nationalen Politik und vor allem der nationalen Bürokratie zu sehr eingeengt. Die Kommission allein kann diese Verkrustung nicht durchbrechen, zumal sie nicht immer über den notwendigen unmittelbaren Zugang zu allen politischen Familien in den verschiedenen Mitgliedstaaten verfügt.

Die Fermentierungsfunktion, die die beiden Vertreter des Europäischen Parlaments im Laufe der Arbeiten der Reflexionsgruppe voll wahrnehmen konnten, war während der eigentlichen Regierungskonferenz dadurch gebremst, dass ihre Teilnahmerechte wegen des Widerstands zweier Regierungen durch den Europäischen Rat von Turin auf je eine offizielle Arbeitssitzung pro Monat (und auch dies nicht in vollem Umfang) beschränkt wurden. Es ist beachtenswert, welchen Einfluss die beiden Parlamentsvertreter dank ihrer politischen Dynamik (und mit der freundschaftlichen Unterstützung seitens der italienischen, irischen und niederländischen Präsidentschaft) trotzdem ausüben konnten. Die Frage der Beteiligung des Europäischen Parlaments an der nächsten Regierungskonferenz wird deshalb zu gegebener Zeit erneut aufgeworfen werden müssen.

Zur Vorfelddiskussion in den nationalen Parlamenten

Die Enge des Bewegungsspielraums, über den die Vertreter der Regierungen in der Regierungskonferenz verfügten, beruhte zu einem beträchtlichen Teil auch darauf, dass nach den Schwierigkeiten bei der Ratifizierung des Vertrages von Maastricht in vielen Parlamenten der Mitgliedstaten eine große Zahl von Abgeordneten von der Erforderlichkeit einer neuen institutionellen Reform weder überzeugt war, noch eine Vorstellung von ihrer möglichen Tragweite hatte.

Jeder Schritt nach vorn war damit begleitet von dem Risiko einer späteren parlamentarischen Desavouierung. Das Europäische Parlament hatte zwar versucht, z.B. auf der Ebene der COSAC oder durch den von Präsident Hänsch mehrfach geäußerten Vorschlag einer Einberufung einer Sitzung der Assisen, im Vorfeld der Regierungskonferenz eine Diskussion mit den nationalen Parlamenten in Gang zu setzen, doch diese Ansätze hatten leider nicht den erhofften Erfolg.

Für die Vorbereitung der nächsten Vertragsrevision wird das Europäische Parlament deshalb – unabhängig von der Möglichkeit, dass die nationalen Parlamente bereits bei der Ratifizierung des Amsterdamer Vertrags den Regierungen Vorgaben erteilen – eine umfassendere und fundierte Strategie entwickeln müssen, um im Vorfeld eine politische Diskussion über die Reforminhalte zu entfachen, der sich auch die Parlamente der Mitgliedstaaten nicht entziehen können. Hierzu gilt es, alle auf europäischer Ebene am Reformprozess institutionell beteiligten Organe für die Entfachung einer solchen Diskussion zu mobilisieren. Daraus könnten sich die folgenden Elemente für eine politische Strategie des Parlaments ergeben, die auf seine paritätische Assoziierung am Verfahren der Vertragsänderung abzielt.

- Im Zusammenhang mit seiner Stellungnahme zum Entwurf des Vertrages von Amsterdam holt das Europäische Parlament die Zusage des Präsidenten der Kommission ein, dass die Kommission dem Parlament in einem Bericht Vorschläge für diejenigen institutionellen Reformen unterbreitet, die sie im Hinblick auf die Erweiterung für unerlässlich hält. Die Frage des Zeitplans für die Vorlage des Berichts der Kommission war Gegenstand intensiver Beratungen. Der Ausschuss billigte eine Kompromissformel, die einerseits den Notwendigkeiten des politischen Kalenders Rechnung trägt, andererseits unerwünschte Interferenzen mit den Ratifikationsverfahren vermeidet.

- Das Parlament wird zu diesen Vorschlägen Stellung nehmen, damit sie von der Kommission unter Berücksichtigung der Änderungen des Parlaments förmlich gemäß Artikel 48 (ex N) EU-Vertrag vorgelegt werden und damit das Verfahren der nächsten Regierungskonferenz eingeleitet wird.

- Ein solcher Vorschlag der Kommission würde sowohl auf den gemeinsamen Diskussionsebenen (COSAC) als auch in den zuständigen parlamentarischen Gremien der Mitgliedstaaten geprüft und damit ein parlamentarischer Willensbildungsprozess in Gang gesetzt.

- Das Europäische Parlament könnte zu gegebener Zeit weitere Initiativen ergreifen, um den politischen Dialog über die notwendigen Reformen zu intensivieren und zusammen mit den Parlamenten der Mitgliedstaaten nach gemeinsamen Wegen zu suchen.

4. Teil: Der Vertrag von Nizza. Ein Appell an das Europäische Parlament und die nationalen Parlamente (von D. Tsatsos)

I. Vorbemerkung

Der Vertrag von Amsterdam hatte die erhofften institutionellen Lösungen für die Erweiterung nicht erreicht. Trotz der weiterführenden Vorschläge in der – im Ergebnis befürwortenden – Stellungnahme[1] des Parlaments beharrten die Mitgliedstaaten darauf, die notwendigen Reformen auf dem Wege einer klassischen Regierungskonferenz zu erreichen. Wie bei den vorhergehenden Konferenzen hatte das Parlament seine Forderungen durch eine Entschließung (Bericht Seguro/Mendez de Vigo[2]) zum Ausdruck gebracht. Im Verlauf der Regierungskonferenz selbst war das Parlament wiederum durch zwei Repräsentanten assoziiert. Diesmal hatte die PSE-Fraktion D. Tsatsos für diese Aufgabe designiert; er arbeitete hierbei zusammen mit dem von der EVP-Fraktion designierten Abgeordneten E. Brok. Anders als vor dem Vertrag von Amsterdam war der Konferenz keine Reflexionsgruppe vorausgegangen. Und anders als zuvor waren die Repräsentanten des Parlaments an allen Sitzungen der Konferenz beteiligt. Die Last dieser Aufgabe wurde zusätzlich erschwert durch den Umstand, dass zentrale politische Fragen der Konferenz, z.B. die Reform der Gewichtung der Stimmen der Mitgliedstaaten im Rat, Gegenstand eines Gefeilsches zwischen den Diplomaten wurde, das die weiterführenden Konzepte des Parlaments kaum zur Kenntnis nahm. Trotzdem gelang es den Repräsentanten des Parlaments, in einigen Punkten Verbesserungen zu erreichen, z.B. die Reform betreffend den Europäischen Gerichtshof oder den Parteienartikel.

---

[1] Siehe dazu den Bericht Tsatsos – Mendez de Vigo.
[2] Entschließung vom 31.05.2001, A5-0168/2001.

Der nachstehende Text ist kurz nach der Enttäuschung von Nizza entstanden. Im Europäischen Parlament hatte sich eine nachhaltige Meinung herausgebildet, die wegen der offensichtlichen, selbst von den Staats- und Regierungschefs eingestandenen Mängel des Vertrages von Nizza dessen Ablehnung ins Auge fasst.

Der Text beschönigt die Ergebnisse von Nizza in keiner Weise. Als Repräsentant des Parlaments – ohne jedes Stimmrecht – trug D. Tsatsos keinerlei Verantwortung für den Misserfolg der Regierungskonferenz. Aber er macht auf den entscheidenden Unterschied aufmerksam, der zwischen dem politischen Werturteil und den zu ziehenden politischen Folgerungen besteht.

Im Lichte der positiven Erfahrungen des Grundrechtskonvents tritt er dafür ein, die weitere Entwicklung einem nach der Konventsmethode arbeitenden Post-Nizza-Prozess anzuvertrauen. Da ein solcher Prozess den Vertrag von Nizza voraussetzt, befürwortete er – ungeachtet aller Kritik – seine Ratifizierung durch die Mitgliedstaaten. Das Parlament ist ihm in seiner Entschließung vom 31. Mai 2001 darin gefolgt, und der Verfassungskonvent wurde schließlich am 15. Dezember 2001 vom Europäischen Rat von Laeken einberufen.

II. Der Vertrag von Nizza. Ein Fehlschlag, der nur durch einen effizienten und konkretisierten Post-Nizza-Prozess korrigiert werden kann

1. Die Ergebnisse von Nizza

a) Politische Folgerungen

Der Vertrag von Nizza greift zu kurz. Er ist ein Bündel von Reformen, das in der politischen Grundordnung der Union weder klare politische Verantwortlichkeiten noch einfache und verständliche Verfahren schaffen und möglicherweise sogar neue Gefahren heraufbeschwören wird. Das Ergebnis ist enttäuschend. Verdient der Vertrag es deshalb, insgesamt abgelehnt zu werden? An dieser Stelle ist zweierlei zu unterscheiden: die berechtigte Enttäuschung über das neue Vertragswerk ist ein politisches Werturteil, das mit voller Klarheit zum Ausdruck kommen muss. Die Frage, ob der Vertrag deswegen Ablehnung verdient, betrifft die politischen Folgerungen, die nicht automatisch aus diesem Werturteil fließen können. Bei der Beschlussfassung über die politischen Folgerungen muss das Werturteil in seinen historischen Kontext eingestellt werden, und es muss eine sorgfältige Abwägung der Konsequenzen vorgenommen werden. Dabei darf das Europäische Parlament jedoch nicht an politischer Glaubwürdigkeit einbüßen. Dazu sollen die im Folgenden entwickelten Gedanken einen Beitrag leisten.

Die Europäische Union ist ein Bauwerk von der Art, dass die Frage nach der Vollendung falsch gestellt ist. Ähnlich den großen Kathedralen ist ihr Bau nie abgeschlossen, sondern fortwährender geschichtlicher Prozess. Nach den großen historischen Leistungen der Aufbauphase, der Schaffung eines einheitlichen Raums des Gemeinschaftsrechts, der Herausbildung einer lebendigen institutionellen Ordnung, Verwirklichung des Binnenmarktes und der Wirtschafts- und Währungsunion steht die Union in der Gegenwart vor ihrer ersten großen politischen Herausforderung, nämlich die geopolitischen Verhältnisse Europas nach dem Fall des eisernen Vorhanges aktiv mitzugestalten.

Die politische Antwort der Union ist der Erweiterungsprozess. Mit ihrer Entscheidung, allen demokratischen Staaten, die politisch und kulturell diesem Kontinent angehören, eine Beitrittsperspektive zu geben, hat sich die Union einem doppelten Zwang ausgesetzt. Nur wenn sie politisch handlungsfähig bleibt, ist die Union für einen Beitritt attraktiv. Nur wenn sie selbst demokratischen Anforderungen ohne jeden Zweifel genügt, kann die Union als Stabilisierungsfaktor für die Demokratien in Mittel- und Osteuropa wirken.

In der Geschichte des europäischen Raumes und der Entstehungsentscheidung der Europäischen Union (und der Gemeinschaften, auf die sie aufbaut), sind darüber hinaus Strukturprinzipien zum Tragen gekommen, über die die politische Willensbildung der Gegenwart sich nur um den Preis der Zerstörung des bisher Erreichten hinwegsetzen könnte und die die verfügbaren institutionellen Optionen einengen würde. Diese Strukturprinzipien prägen die Gestalt der Europäischen Union als einer Union von Völkern und von Staaten. Voraussetzung für die Akzeptanz aller Reformschritte ist ein Gleichgewicht bei der Weiterentwicklung der Völkerunion wie der Staatenunion. Das bedeutet insbesondere, dass Differenzierungen zwischen Staaten nach demographischen Gegebenheiten mit den Strukturprinzipien der Union durchaus vereinbar sind, aber nur solange wie die grundsätzliche Gleichrangigkeit aller Staaten erhalten bleibt und nicht eine Hierarchie zwischen den Mitgliedstaaten der Union entsteht. Das bedeutet auch, dass bei jedem Reformschritt die Balance zwischen den bevölkerungsreichen und den kleineren Mitgliedstaaten jedes Mal neu errungen werden muss. Diese Zwänge sind zu bedenken, wenn es um die politischen Folgerungen aus der Enttäuschung über den neuen Vertrag geht.

b) Beurteilungskriterien: Effizienz, Legitimität, Prinzip einer Union der Staaten und der Völker

Für die Beurteilung, ob der Vertrag von Nizza in Ansehung seines historischen Auftrags insgesamt akzeptiert werden kann oder nicht, sind deshalb zwei Kategorien von Kriterien anzulegen, nämlich einerseits substantielle und andererseits strukturelle Kriterien.

- Die substantiellen Kriterien sind erstens eine spürbare Steigerung der Effizienz der Entscheidungsverfahren und zweitens eine Stärkung der demokratischen Legitimität der Entscheidungen.

- Das strukturelle Kriterium ist die Übereinstimmung bis in alle Konsequenzen mit den Grundprinzipien einer Union der Staaten und der Völker.

Bereits an dieser Stelle sei vor der Versuchung gewarnt, die beiden substantiellen Kriterien der Effizienz und der Legitimität gegeneinander auszuspielen. Eine durch demokratische Verfahren erzeugte Legitimität ist nicht ohne Zeitaufwand herzustellen. Außerdem ist die rascheste Entscheidung nutzlos, wenn anschließend die Unionsbürger gegen sie rebellieren. In diesem Spannungsfeld von Effizienz und Legitimität muss die Europäische Union ihr spezifisches Gleichgewicht finden, das ihrem Grundprinzip einer Union der Völker und der Staaten Rechnung trägt.

c) Enttäuschte Hoffnungen im Hinblick auf institutionelle Reformen

Wenige Tage nach Abschluss des Verhandlungsmarathons in Nizza herrscht unter den meisten Akteuren und gerade bei denen, die eng an der Vorbereitung beteiligt waren wie die beiden Repräsentanten des Europäischen Parlaments, eine schmerzliche Enttäuschung. Diese Enttäuschung ist verständlich. Nach allen Argumenten, die vorgebracht, und Optionen, die untersucht wurden, hatte sich ein Horizont institutioneller Reformforderungen aufgebaut, an dem gemessen die Ergebnisse von Nizza in der Tat mager und in zu vielen Punkten unzureichend sind.

Nach Amsterdam waren in den Gründungsverträgen noch 87 Bestimmungen einer einstimmigen Beschlussfassung durch den Rat unterworfen. Hier brachte der Vertrag von Nizza entweder schon mit seinem Inkrafttreten oder zu einem späteren Zeitpunkt nach Ablauf längerer Fristen (z.B. im Bereich der Strukturfonds frühestens zum 01.01.2007) – teilweise nach einstimmigen Ratsbeschluss – nur in ungefähr 30 Fällen einen Übergang zu Mehrheitsentscheidungen, und zwar unter Ausklammerung der politisch sensibelsten Bereiche. Die Lücken, die der Vertrag von Amsterdam in Bezug auf die demokratische Legitimation der Gemeinschaftsgesetzgebung noch gelassen hatte, nämlich das Nebeneinander von Mehrheitsentscheidung des Rates und Beschränkung des Parlaments auf Abgabe einer Stellungnahme insbesondere in der Agrarpolitik und in der Wettbewerbspolitik einschließlich staatliche Beihilfen wurden nicht nur nicht beseitigt; der Vertrag von Nizza hat dem sogar weitere Fälle hinzugefügt (Zusammenarbeit mit Drittländern, Haushaltsordnung) in denen die Legitimationskette durch die nationalen Parlamente nicht ausreicht, weil der Rat mit Mehrheit entscheidet, und das Europäische Parlament die Legitimationslücke nicht wirksam schließen kann, weil es nur über ein Konsultationsrecht, nicht über das von uns erwünschte Mitentscheidungsrecht verfügt.

Betrachtet man als erstes die abzählbare Liste der Vertragsbestimmungen, in der der Vertrag von Nizza in der Gemeinschaftsgesetzgebung zu einer Beschlussfassung mit Mehrheitsentscheidung des Rates und Mitentscheidung des Parlaments übergeht, so bleibt das Ergebnis unbefriedigend. Denn die Resultate von Nizza zur Beschlussfassung mit qualifizierter Mehrheit vergrößern insgesamt das demokratische Defizit, statt es zu verringern. Inakzeptabel ist auch, dass bei der Beschlussfassung über eine verstärkte Zusammenarbeit eine echte parlamentarische Legitimation auf europäischer Ebene durch ein Zustimmungsrecht nur dort vorgesehen ist, wo das Parlament an der Gesetzgebung nach dem Mitentscheidungsverfahren beteiligt ist.

d) Fortschritte im Hinblick auf die Erweiterung

Andererseits sind auf institutionellem Felde im Hinblick auf die Erweiterung gewisse Fortschritte zu verzeichnen:

- eine Stärkung der Rolle des Kommissionspräsidenten, einhergehend mit einer relativen Verringerung der Zahl der Mitglieder der Kommission bei gleichzeitig voranschreitendem Erweiterungsprozess;

- die Erleichterung der verstärkten Zusammenarbeit, leider jedoch – wie eben bereits erwähnt – ohne Zustimmungsrecht des Europäischen Parlaments;

- eine Reform der Bestimmungen über den Europäischen Gerichtshof, die Zug um Zug mit den Erweiterungsschritten einige der notwendigen Anpassungen ermöglicht; besonders erfreulich die Gleichstellung des Europäischen Parlaments mit Rat und Kommission hinsichtlich des Klagerechts vor dem EuGH in Art. 230 EG;

- die Schaffung eines Frühwarnsystems, unter gebührender Beteiligung des Parlaments, bei Gefahren für die rechtsstaatliche und demokratische Ordnung;

- schließlich gibt es im Vertrag von Nizza eine Neuerung, deren politische Bedeutung über die Änderung bzw. Neuschaffung einer Vertragsbestimmung weit hinausgeht, weil sie eine wesentliche Vertiefung der demokratischen Dimension der Europäischen Union bewirken kann. Diese Neuerung ist die Schaffung einer Rechtsgrundlage für den Erlass einer Rahmengesetzgebung für die europäischen politischen Parteien (einschließlich ihrer Finanzierung). Sie schafft die institutionellen Voraussetzungen für das Zustandekommen eines Europäischen Parteienrechts und beseitigt die bestehende Rechtsunsicherheit in Bezug auf die Europäischen Parteien, insbesondere was ihre finanziellen Aspekte angeht.

Äußerst bedenklich sind die Ergebnisse von Nizza in Bezug auf die Stimmengewichtung und die Zusammensetzung des Europäischen Parlaments, die wegen ihrer politischen, institutionellen und symbolischen Bedeutung ein zentrales Element des neuen Vertrags bilden. An diesem Punkte kulminierten die Interessenskonflikte im Ringen nach einem neuen Gleichgewicht zwischen den bevölkerungsreichen und den kleineren Mitgliedstaaten. Bei der Beurteilung des Resultats sind die schmerzlichen Auseinandersetzungen über diese Fragen noch nicht vergessen. Im Einzelnen:

Der neue Mechanismus für die Stimmengewichtung verkompliziert das System der Ratsentscheidung, macht dies noch intransparenter und entspricht insoweit nicht den vom Europäischen Parlament verfolgten Kriterien. Er beschwört zudem wegen des dreifachen Schwellenwertes für das Zustandekommen einer qualifizierten Mehrheit die Gefahr einer Verlangsamung des Entscheidungsprozesses herauf. Grundsätzlich muss man gegen diese Lösung einwenden, dass sie in einer „Staatenkammer" wie dem Rat das Bevölkerungselement überbetont, weil das demographische Element zweimal, das staatliche Element hingegen lediglich einmal berücksichtigt wird. Allerdings wird diese Gestaltung, soweit vorhersehbar, keine Blockadesituationen erzeugen, und sie wahrt in gewisser Weise das Gleichgewicht der Staaten in einer Union mit der bekannten Doppelnatur. Im Ergebnis kommt es zu einem gewissen Interessensausgleich, der sowohl den Belangen der größeren Mitgliedstaaten als auch den Befürchtungen der kleineren Rechnung trägt. Ob der neue Mechanismus zu einem Effizienzverlust führen wird, wird letztlich davon abhängen, wie sich in der Praxis die politische These bewahrheitet, dass die bloße Möglichkeit einer Mehrheitsentscheidung die Kompromissbereitschaft fördert und ob das Auszählen von Stimmen deshalb in der Gesetzgebungstätigkeit des Rates auch künftig eher die Ausnahme bleiben wird. Es bleibt aber festzuhalten, dass die Kumulierung der verschiedenen Hürden insgesamt zu geringeren Anforderungen für Sperrminoritäten führt, was destruktiven Minderheiten – sollte es solche geben – Blockaden erleichtert.

Die Regelung für die Zusammensetzung des Europäischen Parlaments trägt den demographischen Gegebenheiten zwar nicht in dem Maße Rechnung, wie es das Parlament selbst gewünscht hatte, allerdings in größerem Ausmaße im Vergleich zu seiner bisherigen Zusammensetzung. Verfehlt ist insbesondere die Anhebung der Obergrenze der Sitzzahl auf 732, die übergangsweise sogar noch erheblich überschritten werden kann. Zudem ist die exakte Sitzverteilung unsystematisch, da sie der Kompensation der Stimmengewichtung im Rat in der Form eines unverständlichen und institutionell verfälschenden Ausgleichsmechanismus dient. Ferner entspricht die vereinbarte Sitzzuteilung nicht immer dem Grundsatz der Gleichheit und Demokratie, so ist die Anzahl der Sitze Tschechiens und Ungarns geringer als die Anzahl der Sitze von Mitgliedstaaten mit niedrigerer Bevölkerungszahl.

Bei allen inhaltlichen Vorbehalten gegenüber den in Nizza gefundenen Lösungen muss doch in Erinnerung gerufen werden, dass diese die Zustimmung aller Regierungen fanden und dass ohne einstimmige Regelung dieser Punkte der ganze Vertrag und auch der Post-Nizza-Prozess nicht zustande gekommen wäre.

Bei der Abwägung von positiven und negativen Elementen des Vertrags von Nizza ergibt sich daher eindeutig ein negatives Bild. Gemessen an den bisher formulierten Erweiterungsbedingungen ist die Union nach Nizza noch nicht oder allenfalls nur bedingt erweiterungsfähig. Damit würde die Union jedoch in eine dramatische Zwickmühle geraten. Würde sie die Erweiterung vollziehen, ohne dass sie selbst erweiterungsfähig ist, droht die Gefahr der Selbstzerstörung. Würde sie unter Verweis auf die Notwendigkeit weiterer institutioneller Reformen den Erweiterungsprozess verzögern, so würde sie gegenüber den Beitrittskandidaten völlig unglaubwürdig. Den einzig möglichen Ausweg aus dieser Zwickmühle scheint der im Vertrag von Nizza angelegte „Post-Nizza-Prozess" zu bilden.

2. Der Post-Nizza-Prozess

a) Setzung einer Perspektive

In der Erklärung über die Zukunft der Union nach Nizza wird offiziell zugegeben, dass mit dem Vertrag von Nizza die institutionelle Reform der Union nicht abgeschlossen ist. Die Diskussion darüber wird vielmehr – ohne den Erweiterungsprozess zu verzögern und zu gegebener Zeit unter Einbeziehung der hinzukommenden Mitgliedstaaten – unmittelbar nach Nizza im Jahr 2001 aufgenommen werden, wobei der belgischen und schwedischen Ratspräsidentschaft, der Kommission und dem Europäischen Parlament eine Vorreiterrolle angetragen wird und die nationalen Parlamente, die öffentliche Meinung, die Zivilgesellschaft und die Beitrittskandidaten voll einbezogen werden sollen. Einer der positivsten Aspekte des Vertrages von Nizza ist deshalb, dass er selbst die Perspektive für die Stärkung der Gemeinschaftsmethode und die Überwindung des reinen Intergouvernementalismus im weiteren Reformprozess setzt.

Aus dieser Erklärung geht hervor, dass in dem sogenannten Post-Nizza-Prozess, vor dem Hintergrund der Notwendigkeit, Transparenz und demokratische Legitimation ständig zu gewährleisten und zu verbessern, insbesondere Fragen der Kompetenzvertretung zwischen der Union und den Mitgliedstaaten, des Rechtsstatuts der Europäischen Grundrechtscharta, der Vertragsvereinfachung und der Rolle der nationalen Parlamente in der Europäischen Architektur vertieft geprüft und Perspektiven für weitere Reformen erarbeitet werden sollen.

Dieser Post-Nizza-Prozess ist konzeptionell eng an die Vorschläge angelehnt, die das Europäische Parlament bei der Beschlussfassung über den Vertrag von Amsterdam (Bericht Iñigo Méndez de Vigo / Dimitris Th. Tsatsos) für die Erarbeitung künftiger institutioneller Reformen gefordert hat. Nach der positiven Erfahrung mit dem Konvent, der die Grundrechtscharta erarbeitet hat, ist es durchaus denkbar, dass der Post-Nizza-Prozess am Ende der ersten Phase (die der schwedischen und belgischen Präsidentschaft) zur Einberufung eines neuen Konvents von verfassungs-rechtlichem Charakter führt, dessen Aufgabe die Erarbeitung der nächsten Vertrags-version wäre. Allerdings müsste dann auch die Umsetzung der Ergebnisse dieses Konvents sichergestellt werden.

b) Scheitern des Vertrags von Nizza bedeutet Scheitern des Post-Nizza-Prozesses

Für manche ist deshalb der Post-Nizza-Prozess das einzige wirklich zukunftswei-sende Element der Ergebnisse von Nizza. Eine solche Einschätzung teilt der Verfas-ser dieser Zeilen nur eingeschränkt. Doch denjenigen, die aufgrund dieser Einschät-zung mit dem Gedanken spielen, den Vertrag von Nizza abzulehnen, muss folgendes in Erinnerung gebracht werden.

Der Post-Nizza-Prozess setzt den Vertrag von Nizza notwendig voraus. Beide bilden ein untrennbares politisches Ganzes. Scheitert der Vertrag von Nizza, so gibt es auch keinen Post-Nizza-Prozess, und die Union befindet sich wieder an dem Ausgangs-punkt von Amsterdam. Amsterdam war aber seinerzeit nur in der Perspektive eines Prozesses akzeptiert worden, der jetzt in den Post-Nizza-Prozess mündet. Wer sei-nerzeit „Ja" zum Vertrag von Amsterdam gesagt hat, wird in der gleichen Logik heute „Ja" zum Vertrag von Nizza sagen müssen, aber nur unter der Bedingung, dass das Post-Nizza-Verfahren verbindlich konkretisiert wird, um auf diese Weise die Europäische Union wirklich erweiterungsfähig zu machen – und das ungeachtet aller Enttäuschung über das Nichterledigte und die Mängel des Nizza-Vertrages.

Die Europäische Konstruktion hat seit jeher, trotz und selbst inmitten aller Krisen, ihre Kraft aus einer vorwärtsweisenden Dynamik gezogen. Diejenigen, die wollen, dass diese Konstruktion erfolgreich weitergeführt wird, sollten sich eingestehen, dass dies auch heute noch wahr ist. Eine Krise durch Ablehnung des Vertrags von Nizza würde Schlagzeilen schaffen, die Union aber auf den Stand von Amsterdam zurückwerfen. Die Union voran bringen wird man, wenn man die Elemente positiver Dynamik im Vertrag von Nizza und im Post-Nizza-Prozess aufgreift und für das weitere Voranbringen der Europäischen Konstruktion nutzbar macht. All das setzt aber eine politisch verbindliche Konkretisierung des Post-Nizza-Prozesses voraus.

Der Post-Nizza-Prozess als möglicher Ausweg ist allerdings noch keine hier und heute greifbare politische Option. Die konkreten Bedingungen dafür, dass der Post-Nizza-Prozess einen Ausweg aus der heutigen Krise ermöglichen kann, müssen erst noch auf dem politischen Felde erarbeitet werden. Dazu gehört ein Doppeltes: ein konkreter Zeithorizont und ein konstruktiver Dialog zwischen Regierungen und Parlamenten unter Einbindung der Beitrittskandidaten.

c) Erfordernis eines konkreten Zeithorizonts

Der Zeithorizont für die nächste institutionelle Reform muss eine Beschlussfassung und Ratifikation in einem engen zeitlichen Zusammenhang mit der ersten Beitrittsrunde vorsehen. Das würde den Beitrittsprozess nicht verzögern und die Zeit verringern, in der die Union, in ihrer „bedingt erweiterungsfähigen" Gestalt, möglicherweise mit einer größeren Zahl von Mitgliedsstaaten arbeiten müsste.

d) Erfordernis eines konstruktiven Dialogs

Die Mitgliedstaaten der Union, und allen voran die kommende schwedische und belgische Präsidentschaft müssen den Dialog mit dem Europäischen Parlament und der Kommission unverzüglich aufnehmen, um den Post-Nizza-Prozess in einer Weise in Szene zu setzen, dass sein volles Potential genutzt werden kann. Ziel dieses Dialoges muss es dabei auch und gerade sein, die oben bezeichneten verfehlten und unzureichenden Beschlüsse von Nizza zu korrigieren.

Das Ergebnis von Nizza hat in vollem Umfang die Berechtigung der Kritik bestätigt, die nach Amsterdam an der bisherigen Methode der Vertragsreform formuliert wurde. Seitdem war die einzige zukunftsweisende Neuerung auf institutionellem Gebiet der Konvent, der die Grundrechtscharta erarbeitet hat. Dieses Modell, das seine Arbeitsfähigkeit, politische Glaubwürdigkeit und Legitimationskraft unter Beweis gestellt hat, bietet die einzige Chance, die für die erweiterte Union nötigen Reformen kurz nach Türschluss doch noch zu beschließen. Dazu müsste ein Konvent bis spätestens Ende 2001 einberufen werden, damit er die Ergebnisse seiner Arbeit Ende 2002 einer außerordentlichen Regierungskonferenz zur Zustimmung vorlegen kann.

Wenn für die Nutzung dieser zukunftsweisenden Elemente ausreichende politische Garantien gegeben werden, kann die Abwägung zwischen positiven und negativen Aspekten des Vertrags von Nizza zu einem günstigen Ergebnis führen, das eine Zustimmung zu dem Vertragswerk insgesamt, wenn auch mit Schmerzen, rechtfertigen würde.

5. Teil: Europäische Verfassung und Regierungskonferenz (Bericht J. M. Gil-Robles/D. Tsatsos)

I. Vorbemerkung

Mit dem Bericht über den Vertrag von Amsterdam wurde die konstitutionelle Wende zur Konventsmethode hin eingeleitet. Die Bemerkungen über den Vertrag von Nizza haben zu einem Stimmungsumschwung im Parlament beigetragen, der den Post-Nizza-Prozess erst möglich machte. Der Europäische Rat von Laeken hat im Dezember 2002 den Vorschlag des Europäischen Parlaments zur Einsetzung eines Verfassungskonvents übernommen, der aus Mitgliedern des Europaparlaments, der nationalen Parlamente und Vertretern der Regierungen zusammengesetzt sein sollte. Der Verfassungskonvent war am 28. Februar 2002 unter Vorsitz von Valerie Giscard d'Estaing zusammengetreten und hat am 13. Juni und 10. Juli 2003 den Entwurf eines Verfassungsvertrages vorgelegt. Nunmehr designierte die PSE-Fraktion D. Tsatsos für die Berichterstattung über den Verfassungsentwurf; Mitberichterstatter aus der EVP-Fraktion war dieses Mal der frühere Parlamentspräsident J.M. Gil-Robles.

Der Konventsentwurf eines Verfassungsvertrages ist eine entscheidende Etappe des Prozesses der Verfassungsentwicklung der Union. Zum ersten Mal verabschiedet ein institutionell legitimiertes Repräsentationsorgan einen Entwurf, der förmlich die Bezeichnung „Verfassung", verbunden mit der rechtlichen Qualifikation „Vertrag", verwendet. Dieser Vertrag war vom Konvent in einem Konsensverfahren angenommen worden, das Gesichtspunkte und Interessen der Europaparlamentarier ebenso berücksichtigen musste wie diejenigen der nationalen Parlamentarier und der Regierungsvertreter. Sein Ergebnis war geprägt durch Kompromisse, die einerseits die institutionelle Leistungsfähigkeit der Konventsmethode im Vergleich zur Methode der Regierungskonferenzen unter Beweis stellten, die aber naturgemäß den Forderungen des Europäischen Parlaments nicht in vollem Umfang gerecht werden konnten.

Die politische Herausforderung dieses Berichtes lag darin, im Parlament eine breite Akzeptanz für diejenigen Kompromisse zu finden, die seine am Konvent beteiligten Mitglieder mitgetragen hatten. Denn nur, wenn sich eine breite parlamentarische Basis für den Konventsentwurf finden ließ, konnte mit Aussicht auf Erfolg der Gefahr entgegengewirkt werden, dass der Konventsentwurf in den Verhandlungen der nachfolgenden Regierungskonferenz von den Staatenvertretern zerpflückt und denaturiert wird.

Naturgemäß gab es im Parlament zahlreiche Stimmen, die im Interesse des einen oder anderen Sektors oder aus grundsätzlichen institutionellen Erwägungen Nachbesserungen forderten.

Dem Bericht Tsatsos/Gil-Robles ist es gelungen, im Parlament mit großer Mehrheit die Überzeugung zu festigen, dass dem Konventsentwurf als Ganzes zuzustimmen ist. Die vorgelegte Entschließung bewertet den Entwurf in seinen meisten Teilen als großen Fortschritt und beschränkt die Empfehlung an die Regierungskonferenz, gewisse Aspekte zu überdenken, auf sehr wenige, politisch besonders sensible Themen.

Nicht zuletzt dank der starken Unterstützung durch das Parlament hat sich die Regierungskonferenz gescheut, den Konventsentwurf in wesentlichen Punkten anzutasten. Die Entscheidung der Staats- und Regierungschefs vom Dezember 2003, eher das Zustandekommen des Verfassungsvertrages zu verzögern als zum Feilschen früherer Regierungskonferenzen zurückzukehren, ist ein Erfolg für die Konventsmethode und für die politische Arbeit, die durch die Beiträge dieses Bandes dokumentiert wird. Am 19. Juni 2004 erreichten die Staats- und Regierungschefs eine Einigung über den Verfassungsvertrag, und der Präsident des Verfassungskonvents hat am 21. Juni bekräftigt, dass dieser Vertrag, der noch der Ratifizierung bedarf, im Wesentlichen auf dem Entwurf des Konvents beruht. Dies ermutigt zu der Hoffnung, dass die erweiterte Union in absehbarer Zeit auf der Grundlage einer Verfassung arbeiten wird, die diesen Namen rechtfertigt.

II. Entschließung des Europäischen Parlaments zu dem Entwurf eines Vertrags über eine Verfassung für Europa und die Stellungnahme des Europäischen Parlaments zur Einberufung der Regierungskonferenz

Das Europäische Parlament,

- vom Rat gemäß Artikel 48 Absatz 2 des Vertrags über die Europäische Union zur Einberufung einer Regierungskonferenz konsultiert, die die an den Gründungsverträgen der Union vorzunehmenden Änderungen prüfen soll (11047/2003 – C5-0340/2003),

- unter Hinweis auf den vom Konvent zur Zukunft Europas ausgearbeiteten Entwurf eines Vertrags über eine Verfassung für Europa[1],

- unter Hinweis auf seine Entschließung vom 31. Mai 2001 zum Vertrag von Nizza und zur Zukunft der Europäischen Union[2],

- unter Hinweis auf seine Entschließung vom 29. November 2001 zum Verfassungsprozess und zur Zukunft der Union[3],

- unter Hinweis auf seine Entschließungen vom 16. Mai 2002 zu der Abgrenzung der Zuständigkeiten zwischen der Europäischen Union und den Mitgliedstaaten[4], vom 14. März 2002 zur Rechtspersönlichkeit der Europäischen Union[5], vom 7. Februar 2002 zu den Beziehungen zwischen dem Europäischen Parlament und den einzelstaatlichen Parlamenten im Rahmen des europäischen Aufbauwerks[6] und vom 14. Januar 2003 zu der Rolle der regionalen und lokalen Gebietskörperschaften im europäischen Aufbauwerk[7],

- gestützt auf die Charta der Grundrechte der Europäischen Union,

- in Kenntnis der Mitteilung der Kommission „Eine Verfassung für die Union" (KOM(2003) 548),

---

[1] CONV 850/03 – ABl. C 169 vom 18.7.2003, S. 1.
[2] ABl. C 47 E vom 21.2.2002, S. 108.
[3] ABl. C 153 E vom 27.6.2002, S. 310.
[4] ABl. C 180 E vom 31.7.2003, S. 493
[5] ABl. C 47 E vom 27.2.2003, S. 594.
[6] ABl. C 284 E vom 21.11.2002, S. 322.
[7] P5_TA(2003)0009.

- in Kenntnis des Berichts des Ausschusses für konstitutionelle Fragen sowie der Stellungnahmen des Ausschusses für auswärtige Angelegenheiten, Menschenrechte, gemeinsame Sicherheit und Verteidigungspolitik, des Haushaltsausschusses, des Ausschusses für Haushaltskontrolle, des Ausschusses für die Freiheiten und Rechte der Bürger, Justiz und innere Angelegenheiten, des Ausschuss für Wirtschaft und Währung, des Ausschusses für Recht und Binnenmarkt, des Ausschusses für Industrie, Außenhandel, Forschung und Energie, des Ausschusses für Umweltfragen, Volksgesundheit und Verbraucherpolitik, des Ausschusses für Landwirtschaft und ländliche Entwicklung, des Ausschusses für Fischerei, des Ausschusses für Regionalpolitik, Verkehr und Fremdenverkehr, des Ausschusses für Entwicklung und Zusammenarbeit, des Ausschusses für die Rechte der Frau und Chancengleichheit und des Petitionsausschusses (A5-0299/2003),

in Erwägung nachstehender Gründe:

A. Die Bürgerinnen und Bürger, die Parlamente, die Regierungen, die politischen Parteien – in den Mitgliedstaaten sowie auf europäischer Ebene – sowie die Organe der Union haben Anspruch darauf, am demokratischen Prozess der Verfassungsgebung für Europa mitzuwirken; das Europäische Parlament nimmt deshalb mit dieser Entschließung eine Bewertung des vom Konvent ausgearbeiteten Entwurfes einer Verfassung vor;

B. die Vorbereitungen, die Abhaltung und vor allem das Ergebnis der Konferenz von Nizza haben definitiv deutlich gemacht, dass die intergouvernementale Methode für die Revision der Verträge der Union an ihre Grenzen gestoßen ist und dass rein diplomatische Verhandlungen nicht dazu in der Lage sind, Lösungen für die Bedürfnisse einer Union mit fünfundzwanzig Mitgliedstaaten zu geben;

C. die Qualität der Arbeit des Konvents im Zusammenhang mit der Ausarbeitung des Verfassungsentwurfs und der Reform der Verträge rechtfertigt voll und ganz die Entscheidung des Europäischen Rates von Laeken, von der intergouvernementalen Methode abzurücken und dem Vorschlag des Parlaments zur Einsetzung eines Verfassungskonvents zu folgen; das Ergebnis des Konvents, bei dem die Vertreter des Europäischen Parlaments und der nationalen Parlamente ein zentrale Rolle gespielt haben, zeigt, dass offene Diskussionen im Konvent bei weitem erfolgreicher sind als die bisherige Methode der Regierungskonferenzen unter Ausschluss der Öffentlichkeit;

D. das Parlament fordert, nicht nur in die Regierungskonferenz, sondern auch in die zukünftigen Phasen des Verfassungsprozesses aktiv und kontinuierlich einbezogen zu werden;

E. mit den Vorschlägen des Konvents sind bedeutende Fortschritte erzielt worden, doch die neuen Vorschriften werden an den Herausforderungen, die die erweiterte

Union darstellt, erprobt werden müssen; die Methode des Konvents sollte bei allen künftigen Revisionen Anwendung finden;

F. der Konvent und sein Vorgänger, der die Charta der Grundrechte ausarbeitete, haben eine neue Phase der europäischen Integration eingeleitet, in der die Union ihre Rechtsordnung in Form einer ihre Staaten und Bürger bindenden verfassungsmäßigen Ordnung konsolidieren wird, auch wenn die endgültige Zustimmung zu der Verfassung in Form eines völkerrechtlichen Vertrages erteilt werden wird;

G. ungeachtet der zunächst vielen unterschiedlichen Ansichten der Konventsmitglieder hat eine große Mehrheit aller vier Teilgruppen des Konvents einschließlich der Gruppe der EP-Abgeordneten den abschließenden Vorschlag des Konvents unterstützt, der daher auf einem neuen und breiten Konsens basiert, auch wenn nicht alle Forderungen des Parlaments im Hinblick auf Demokratie, Transparenz und Effizienz in der Union erfüllt worden sind; eine Neuverhandlung der innerhalb des Konvents erzielten wichtigen Kompromisse würde nicht nur die Fortschritte gefährden, die vom Konvent dabei erzielt wurden, die Union auf eine effizientere und demokratischere verfassungsmäßige Grundlage zu stellen, sondern auch die ganze Methode des Konvents untergraben;

H. der Entwurf eines Vertrags über eine Verfassung für Europa sollte auf der Grundlage der nachfolgenden Kriterien bewertet werden:

a) Achtung für die Bewahrung des Friedens, der Demokratie, der Freiheit, der Gleichheit, der sprachlichen und kulturellen Vielfalt, der Rechtsstaatlichkeit, der sozialen Gerechtigkeit, der Solidarität, der Rechte der Minderheiten und des Zusammenhalts, die alle niemals als verwirklicht angesehen werden können, sondern immer wieder einer Überprüfung ihres Bedeutungsinhalts unterliegen und – im Zuge historischer Entwicklungen und über Generationen hinweg – ständig neu erkämpft werden müssen;

b) Achtung des Charakters der Union als ein in der Vielfalt vereintes Gebilde;

c) Bestätigung der einzigartigen Natur und der dualen Legitimität der Union, die sich von ihren Staaten und Bürgern ableitet;

d) Einsatz für die Wahrung des Grundsatzes der Gleichwertigkeit zwischen den Staaten und des interinstitutionellen Gleichgewichts, womit die doppelte Legitimität der Union garantiert wird;

e) Effizienz in einer Union mit fünfundzwanzig oder mehr Mitgliedstaaten bei gleichzeitiger Verstärkung der demokratischen Funktionsweise ihrer Institutionen;

f) Entwicklung eines Wertesystems mit kulturellen, religiösen und humanistischen Wurzeln, das über einen gemeinsamen Markt hinaus im Rahmen einer sozialen Marktwirtschaft eine bessere Lebensqualität für die europäischen Bürgerinnen und

Bürger und die Gesellschaft insgesamt sowie Wirtschaftswachstum, Stabilität und Vollbeschäftigung, eine stärkere Förderung der nachhaltigen Entwicklung und eine bessere Umsetzung der Unionsbürgerschaft anstrebt;

g) starke politische Legitimität in den Augen der Bürgerinnen und Bürger der Union und durch die europäischen politischen Parteien;

h) eine umfassende verfassungsmäßige Ordnung, die dazu führen sollte, dass die Union innerhalb und außerhalb ihrer Grenzen ihre Glaubwürdigkeit erhöht und eine wichtigere Rolle spielt,

1. begrüßt den Fortschritt, den die vom Konvent vorgeschlagene „Verfassung für Europa", die durch einen Vertrag über eine Verfassung für Europa eingeführt werden soll, in Bezug auf die europäische Integration und die demokratische Entwicklung darstellt, da dieser Text den politischen Willen der europäischen Bürgerinnen und Bürger sowie der Mitgliedstaaten auf feierliche und umfassende Weise darlegt;

2. stellt mit Genugtuung fest, dass im Entwurf einer Verfassung die Werte, Ziele, Grundsätze, Strukturen und Institutionen der europäischen Verfassungskultur in bedeutendem Maße verankert worden sind, so dass der Entwurf auf diese Weise in hohem Maße nicht nur die Qualität eines Verfassungstextes, sondern auch die Möglichkeit zu seiner ständigen Weiterentwicklung erhalten hat;

3. begrüßt die Einbeziehung der Symbole der Union in den Verfassungsentwurf;

Wichtige Schritte hin zu einer demokratischeren, transparenteren und wirksameren Europäischen Union

Demokratie

4. begrüßt nachdrücklich die Aufnahme der Charta der Grundrechte als integralen und rechtsverbindlichen Bestandteil der Verfassung (Teil II) und betont die Bedeutung der Würde der Person und der Grundrechte als zentrale Elemente einer bürgerschaftlichen, sozialen und demokratischen Union;

5. begrüßt das neue „Gesetzgebungsverfahren", das nunmehr das Regelverfahren darstellt, als wesentlichen Fortschritt hin zu mehr demokratischer Legitimität der Tätigkeiten der Union;

erkennt diese deutliche Ausweitung der Mitentscheidung an und betont, dass diese fortgesetzt werden muss;

6. betrachtet die Wahl der Präsidentin oder des Präsidenten der Kommission durch das Europäische Parlament als positiv und unterstreicht, dass dies auf jeden Fall ein wichtiger Schritt hin zu einem verbesserten System parlamentarischer Demokratie auf der europäischen Ebene ist;

7. würdigt die Möglichkeiten einer gesteigerten Mitwirkung der europäischen Bürgerinnen und Bürger und der Sozialpartner und insbesondere die Einführung der Gesetzgebungsinitiative der Bürgerinnen und Bürger;

8. hält die gesteigerte Rolle der nationalen Parlamente sowie der regionalen und lokalen Gebietskörperschaften im Zusammenhang mit den Aktivitäten der Union für wichtig;

9. unterstützt die nationalen Parlamente bei ihren Bemühungen, ihre Aufgabe, ihren jeweiligen Regierungen als Mitgliedern des Rates Anleitungen zu geben und sie zu kontrollieren, effizienter wahrzunehmen, was der effektive Weg ist, um die Mitwirkung der nationalen Parlamente an der Gesetzgebungstätigkeit der Union und an der Gestaltung der gemeinsamen Politiken sicherzustellen;

10. beauftragt seinen zuständigen Ausschuss, gemeinsame Sitzungen mit Vertretern der nationalen Parlamente, möglichst unter Einschluss ehemaliger Mitglieder des Konvents, zu veranstalten, um den Verfahrensablauf der Regierungskonferenz kritisch zu begleiten und zu bewerten;

Transparenz

11. sieht es als von grundlegender Bedeutung an, dass die Union eine einzige Rechtspersönlichkeit erwerben und die Pfeilerstruktur formell verschwinden wird, obwohl die Gemeinschaftsmethode nicht umfassend auf sämtliche Beschlüsse der Gemeinsamen Außen- und Sicherheitspolitik, auf dem Gebiet Justiz und Inneres und auf die Koordinierung der Wirtschaftspolitiken Anwendung findet;

12. begrüßt die Einführung einer Hierarchie der Rechtsakte der Union sowie deren Vereinfachung und die ausdrückliche Anerkennung des Vorrangs der Verfassung und des Unionsrechts vor dem Recht der Mitgliedstaaten;

13. erkennt die Schritte an, die in Richtung auf eine größere Transparenz und eine eindeutigere Aufteilung der Zuständigkeiten der Mitgliedstaaten und der Union unternommen worden sind, unter Beibehaltung eines gewissen Maßes an Flexibilität zur Ermöglichung künftiger Anpassungen in einer sich entwickelnden Union mit fünfundzwanzig oder mehr Mitgliedstaaten;

14. begrüßt die Abtrennung des Euratom-Vertrags von der rechtlichen Struktur der künftigen Verfassung; fordert die Regierungskonferenz nachdrücklich auf, eine Konferenz zur Revision dieses Vertrags einzuberufen, um überholte und nicht mehr zutreffende Bestimmungen, insbesondere hinsichtlich der Förderung der Atomenergie und des Fehlens demokratischer Beschlussfassungsverfahren, aufzuheben;

15. begrüßt die Zusage des Vorsitzenden des Konvents, dass der gesamte Verfassungsentwurf in geschlechtsneutraler Sprache abgefasst wird, und fordert die Regie-

rungskonferenz auf, die dazu notwendigen redaktionellen Änderungen am Text vornehmen zu lassen;

Effizienz

16. misst der Ausweitung der Beschlussfassung mit qualifizierter Mehrheit im Rat bei der Gesetzgebung große Bedeutung bei; begrüßt die Verbesserung des Systems, unterstreicht jedoch gleichzeitig, dass eine weitere Ausweitung der Beschlussfassung mit qualifizierter Mehrheit bzw. der Rückgriff auf Abstimmungen mit einer speziellen qualifizierten Mehrheit – unbeschadet der Möglichkeiten von Artikel I-24 Absatz 4 des Verfassungsentwurfs – in Zukunft notwendig sind;

17. unterstreicht, dass das Parlament die verantwortliche parlamentarische Instanz für die Gemeinsame Außen- und Sicherheitspolitik und die Europäische Sicherheits- und Verteidigungspolitik sein muss, soweit Zuständigkeiten der Union berührt werden;

18. würdigt den Umstand, dass in dem Verfassungsentwurf einige weitere wichtige Verbesserungen bei der Beschlussfassung und der Politikgestaltung vorgenommen werden:

- die Tatsache, dass die Union jetzt über ein klares Bekenntnis zu einer sozialen Marktwirtschaft verfügt, wie es in ihren Werten und Zielen zum Ausdruck kommt, bei denen unter anderem Gewicht auf Wachstum, Beschäftigung, Wettbewerbsfähigkeit, die Gleichstellung von Männern und Frauen und auf eine in sozialer und ökologischer Hinsicht nachhaltige Entwicklung gelegt wird,

- die Tatsache, dass der Rat „Allgemeine Angelegenheiten und Gesetzgebung" – wenn auch nicht als völlig eigenständiger Rat „Gesetzgebung" – in Zukunft immer öffentlich tagen wird, wenn es um die Wahrnehmung der legislativen Verpflichtungen des Rates geht,

- die Ausweitung der Beschlussfassung mit qualifizierter Mehrheit und des Mitentscheidungsverfahrens insbesondere auf den Raum der Freiheit, der Sicherheit und des Rechts und die Ausweitung der Zuständigkeit des Gerichtshofs der Europäischen Gemeinschaften auf den Bereich Justiz und Inneres,

- die Tatsache, dass für internationale Abkommen und die gemeinsame Handelspolitik die Zustimmung des Parlaments jetzt als allgemeine Regel vorgeschrieben wird,

- die Vorschriften über die Transparenz und den Zugang zu Dokumenten, die Vereinfachung der legislativen und nicht-legislativen Verfahren und die Verwendung einer für die Bürgerinnen und Bürger allgemein verständlichen Sprache,

- die Aufhebung der Unterscheidung zwischen obligatorischen und nichtobligatorischen Ausgaben im Haushaltsplan und die Ausweitung der Mitentscheidung auf die Gemeinsame Agrarpolitik und die Gemeinsame Fischereipolitik,

- die Einführung einer mehrjährigen Strategieplanung der Union,

- die Anerkennung der wachsenden Bedeutung der regionalen Dimension für die europäische Integration,

- die Änderung der Vorschriften für den Zugang zum Gerichtshof,

- die Bestimmungen über die von der Kommission erlassenen delegierten Verordnungen mit Rückholrechten („call-back") für Parlament und Rat,

- die Vorschrift, der zufolge die Länder, die sich zu einer verstärkten Zusammenarbeit verpflichtet haben, in den Fällen zur Beschlussfassung mit qualifizierter Mehrheit übergehen können, für die ansonsten im Verfassungsentwurf Einstimmigkeit vorgeschrieben wird, und das Gesetzgebungsverfahren anwenden können, obwohl normalerweise andere Verfahren Anwendung finden würden,

19. unterstützt die Solidaritätsklausel im Kampf gegen den Terrorismus und die Möglichkeit der strukturellen Zusammenarbeit in der Sicherheits- und Verteidigungspolitik unter Wahrung der Bündnisverpflichtungen im Rahmen der Nato;

Aspekte, die während ihrer Umsetzung einer weiteren Beobachtung bedürfen

20. glaubt, dass die Wahl der oder des Vorsitzenden des Europäischen Rates für sich genommen nicht alle derzeitigen Probleme in der Funktionsfähigkeit dieser Institution lösen kann und zu unvorhersehbaren Folgen für das institutionelle Gleichgewicht der Union führen könnte; weist darauf hin, dass die Rolle der oder des Vorsitzenden streng darauf beschränkt werden muss, den Vorsitz zu führen, um möglichen Konflikten mit der Präsidentin oder dem Präsidenten der Kommission oder der Ministerin oder dem Minister der Union für auswärtige Angelegenheiten vorzubeugen und deren Status nicht zu gefährden und um die Rolle der Kommission im Bereich der Außenvertretung, der Gesetzgebung, der Exekutive oder der Verwaltung in keiner Weise anzutasten;

21. betont, dass die Vorschriften über den Vorsitz in den Formationen des Ministerrats mit Ausnahme des Rates für auswärtige Angelegenheiten die Detailfragen einem späteren Beschluss überlassen, der sorgfältig bewertet werden sollte, wobei dem Erfordernis der Kohärenz, der Effizienz und der Rechenschaftspflicht sowie der Notwendigkeit Rechnung zu tragen ist, sich des Problems des Vorsitzes in den vorbereitenden Gremien des Rates anzunehmen;

22. begrüßt, dass die Verbindung zwischen der Stimmengewichtung im Rat und der Verteilung der Sitze im Europäischen Parlament, die in dem dem Vertrag von Nizza

als Anlage beigefügten Protokoll über die Erweiterung hergestellt wurde, aufgegeben wird; unterstützt das im Verfassungsentwurf dargelegte System für die künftige Zusammensetzung des Parlaments und regt an, dass es ohne Verzögerung umgesetzt wird, da es sich um ein konstituierendes Element des Gesamtgleichgewichts zwischen den Mitgliedstaaten in den verschiedenen Institutionen handelt;

23. geht davon aus, dass die Schaffung des Amtes einer Ministerin oder eines Ministers der Union für auswärtige Angelegenheiten die Sichtbarkeit und die Handlungsfähigkeit der Union auf der internationalen Bühne verstärken wird, betont jedoch, dass es unerlässlich ist, dass die Ministerin oder der Minister der Union für auswärtige Angelegenheiten von einer gemeinsamen Verwaltung innerhalb der Kommission unterstützt wird;

24. regt an, dass der vom Parlament gewählte Europäische Bürgerbeauftragte und die nationalen Bürgerbeauftragten in enger Zusammenarbeit mit dem Petitionsausschuss des Parlaments ein umfassenderes System außergerichtlicher Rechtsbehelfe vorschlagen könnten;

25. ist der Auffassung, dass die Regierungskonferenz mit dem Inkrafttreten des Abgeordnetenstatuts, das am 4. Juni 2003 vom Parlament angenommen wurde, die Aufhebung der Artikel 8, 9 und 10 des Protokolls über die Vorrechte und Befreiungen der Europäischen Gemeinschaften und des Artikels 4 Absätze 1 und 2 des Aktes zur Einführung allgemeiner unmittelbarer Wahlen der Abgeordneten des Europäischen Parlaments beschließen sollte;

26. bedauert die unzureichende Kongruenz des Teils III mit dem Teil I des Verfassungsentwurfs, insbesondere in Bezug auf Artikel I-3;

27. begrüßt die Einführung der „Passerelle"-Klausel, die es dem Europäischen Rat nach Konsultation des Europäischen Parlaments und Unterrichtung der nationalen Parlamente gestattet zu beschließen, zum ordentlichen Gesetzgebungsverfahren in den Fällen überzugehen, in denen besondere Verfahren Anwendung finden;

28. ist der Ansicht, dass das Parlament im Rahmen des Haushaltsverfahrens die Rechte wahren muss, über die es derzeit verfügt, und dass seine Befugnisse nicht geschwächt werden dürfen; vertritt die Auffassung, dass die zufriedenstellende Ausübung des Zustimmungsrechts durch das Parlament im Hinblick auf den mehrjährigen Finanzrahmen voraussetzt, dass über die Regierungskonferenz hinaus rasch interinstitutionelle Verhandlungen über die Struktur dieses Finanzrahmens und die Art der Sachzwänge, die das Haushaltsverfahren belasten, eröffnet werden; ist der Ansicht, dass der mehrjährige Finanzrahmen der Haushaltsbehörde im jährlichen Verfahren einen erheblichen Handlungsspielraum lassen muss;

29. äußert seine Besorgnis über die unbefriedigenden Antworten auf einige grundlegende Fragen, die in früheren Entschließungen des Parlaments deutlich gestellt wurden, beispielsweise:

- weitere Konsolidierung der Politik zur Förderung des wirtschaftlichen und sozialen Zusammenhalts, engere Koordinierung der Wirtschaftspolitiken der Mitgliedstaaten im Hinblick auf eine wirksame Ordnungspolitik und ausdrücklichere Einbeziehung der Beschäftigung, der Umweltbelange und der Aspekte des Tierschutzes in alle EU-Politiken,

- die vollständige Anerkennung der öffentlichen Dienstleistungen, die auf den Grundsätzen des Wettbewerbs, der Kontinuität, Solidarität, Gleichberechtigung des Zugangs und Gleichbehandlung aller Nutzer beruhen müssen,

- die Aufhebung der im Rat in einigen wichtigen Bereichen, insbesondere im Bereich der Gemeinsamen Außen- und Sicherheitspolitik (zumindest bei Vorschlägen der Ministerin oder des Ministers der Union für auswärtige Angelegenheiten, die die Unterstützung der Kommission genießen) und in einigen Bereichen der Sozialpolitik erforderlichen Einstimmigkeit;

30. nimmt zur Kenntnis, dass die im Verfassungsentwurf für die Kommission vorgeschlagene Lösung ein wichtiges Element des institutionellen Gesamtkompromisses ist; hofft, dass die Reform der Kommission deren kollegiale politische Verantwortung nicht schwächen oder zu Diskontinuität führen wird; bedauert, dass es bei dem vorgesehenen System schwierig sein wird, einen guten Kommissar für eine zweite Amtszeit zu behalten;

Allgemeine Bewertung

31. stellt fest, dass der vom Konvent ausgearbeitete Verfassungsentwurf das Ergebnis eines breiten demokratischen Konsenses unter Einbeziehung des Parlaments und der nationalen Parlamente und Regierungen der Union darstellt und damit den Willen der Bürgerinnen und Bürger zum Ausdruck bringt;

32. begrüßt die Vorschrift, nach der das Parlament jetzt auch das Recht hat, Verfassungsänderungen vorzuschlagen, und außerdem seine Zustimmung zu jedem Versuch erteilen muss, die Verfassung ohne Einberufung eines Konvents zu ändern, so dass es eine de facto Kontrolle über den Einsatz dieses neuen Instruments der Verfassungsrevision wahrnimmt; bedauert jedoch, dass weiterhin die Einstimmigkeit der Mitgliedstaaten und die Ratifizierung durch die nationalen Parlamente oder gemäß sonstigen Verfassungsbestimmungen erforderlich sein werden, damit selbst Änderungen untergeordneter Bedeutung in Kraft treten können; bedauert nachdrücklich, dass die Zustimmung des Parlaments nicht systematisch für das Inkrafttreten der angenommenen neuen Verfassungstexte vorgesehen ist;

33. kommt zu dem Schluss, dass das Ergebnis der Arbeit des Konvents ungeachtet einiger Schwächen und Widersprüche gebilligt werden sollte, da es einen historischen Schritt auf dem Weg zu einer Union darstellt, die demokratischer, effizienter und transparenter ist;

34. ist angesichts der Erfahrungen mit zwei Konventen der Ansicht, dass bei dieser Methode die demokratische Legitimität gewährleistet ist und aufgrund der Arbeitsweise des Konvents Offenheit und Teilnahme garantiert sind, dass bei künftigen Revisionen aber die Wahl des Konventspräsidiums durch den Konvent selbst sinnvoll sein könnte;

Einberufung der Regierungskonferenz und Ratifizierungsprozess

35. billigt die Einberufung der Regierungskonferenz für den 4. Oktober 2003;

36. fordert die Regierungskonferenz dringend auf, den vom Konvent erzielten Konsens zu achten, Verhandlungen über die vom Konvent getroffenen grundlegenden Beschlüsse zu vermeiden und den Entwurf eines Vertrags über eine Verfassung für Europa ohne Änderung seines grundlegenden Gleichgewichts anzunehmen, gleichzeitig aber zu versuchen, seine Kohärenz zu verstärken;

37. fordert die Parteien in den Mitgliedstaaten und auf europäischer Ebene, die repräsentativen Vereinigungen und die Zivilgesellschaft auf, umfassende Überlegungen nicht nur über das Ergebnis des Konvents, sondern auch über die in der vorliegenden Entschließung bekundeten Standpunkte des Europäischen Parlaments anzustellen;

38. begrüßt entschieden die Zusage der italienischen Präsidentschaft, dass das Europäische Parlament eng und kontinuierlich auf den beiden Ebenen der Regierungskonferenz – der Ebene der Staats- und Regierungschefs und der Ebene der Außenminister – einbezogen werden wird, und unterstützt ihre Absicht, die Konferenz bis Dezember 2003 abzuschließen;

39. ist der Auffassung, dass der Vertrag, mit dem eine Verfassung für Europa festgeschrieben wird, am 9. Mai 2004, dem Europatag, unmittelbar nach dem Beitritt der neuen Mitglieder zur Union von allen fünfundzwanzig Mitgliedstaaten unterzeichnet werden muss;

40. ist der Ansicht, dass die Mitgliedstaaten, die ein Referendum über den Verfassungsentwurf abhalten, dieses nach Möglichkeit am selben Tag veranstalten oder gemäß ihren Verfassungsordnungen den Verfassungsentwurf am selben Tag ratifizieren sollten;

41. begrüßt, dass die Arbeiten der Regierungskonferenz über das Internet der Öffentlichkeit zugänglich gemacht werden sollen, fordert jedoch die Kommission, die Regierungen der Mitgliedstaaten und die politischen Parteien auf, den Einsatz aller

Medien vorzusehen, um die Bürger mit den Inhalten der Arbeiten der Regierungskonferenz und dem Verfassungsentwurf, auch durch die Organisation nationaler
Foren, vertraut zu machen;

42. beauftragt seinen Präsidenten, diese Entschließung, die die Stellungnahme des
Parlaments zur Einberufung der Regierungskonferenz darstellt, dem Rat, der Kommission, der Europäischen Zentralbank, den Staats- und Regierungschefs und den
Parlamenten der Mitgliedstaaten, der Beitrittsländer und der Bewerberländer zu
übermitteln.

III. BEGRÜNDUNG

1. Der Weg zu einer europäischen Verfassung

Die Debatte über eine europäische Verfassung ist eine Geschichte von Höhen und
Tiefen. Das Europäische Parlament ist immer einer der aktivsten Teilnehmer in
dieser Debatte gewesen, wie es der von Altiero Spinelli 1984 vorgelegte Verfassungsentwurf und der Bericht Herman von 1994 belegen. Im Jahre 2000 gaben mehrere Staats- und Regierungschefs bzw. Außenminister diesen Überlegungen über
eine Verfassung neuen Auftrieb und unterstrichen erneut die Notwendigkeit, die
Beschlussfassungsmechanismen der Union effizienter und transparenter zu gestalten
und die verschiedenen Elemente der Verträge mit Verfassungsqualität herauszustel-
len. Der Gerichtshof seinerseits hat bei zahlreichen Gelegenheiten befunden, dass
die Verträge in ihrer Gesamtheit für die Union eine „Verfassungscharta" bilden.
Damit verfügen wir bereits über eine Art von Verfassung in Form der Verträge,
doch diese Verfassung ist bruchstückhaft, namenlos, unlesbar und unsichtbar. Mit
der Forderung nach Annahme einer Verfassung, die schrittweise die Verträge ersetzen würde, soll dafür gesorgt werden, dass sowohl die Terminologie als auch die
Texte die rechtliche Wirklichkeit getreuer widerspiegeln.

Auf Grund der vorstehend erwähnten Reihe von politischen Aussagen führender
nationaler Politiker, die in der im Dezember 2001 vom Europäischen Rat in Laeken
angenommenen Erklärung ihren formellen Niederschlag fanden, steht die Frage
„Braucht die Europäische Union eine Verfassung?", die vormals ein strittiges Dis-
kussionsthema für EU-Spezialisten und führende Politiker war, jetzt im Mittelpunkt
der institutionellen Entwicklung. In der Erklärung von Laeken wurde das Problem
noch als offene Frage dargestellt („Schließlich stellt sich die Frage, ob diese Vereinfachung und Neuordnung [der Verträge] nicht letztlich dazu führen sollte, dass in
der Union ein Verfassungstext angenommen wird. Welches sollten die Kernbe-

standteile einer solchen Verfassung sein?"), allerdings unter der Überschrift „Der Weg zu einer Verfassung für die europäischen Bürger". Die Arbeit des Konvents zur Zukunft Europas, der ebenfalls in Laeken eingesetzt wurde, hat eine bedeutende Antwort auf die in Laeken aufgeworfene Frage gegeben.

Seit seiner ersten Direktwahl im Jahre 1979 hat das Parlament kontinuierlich die Konstitutionalisierung der europäischen Rechtsordnung unterstützt: eine zeitgemäße und aufgeklärte Neubestimmung ihrer grundlegenden Zielvorgaben, eine erneute Darlegung gemeinsamer Werte, eine Festlegung der Rechte und Verantwortlichkeiten der Institutionen und ihres Zusammenwirkens sowie die Festlegung der Kontrollen und Gleichgewichte des europäischen Regierens auf der Grundlage der Demokratie, der Rechtsstaatlichkeit und der sozialen Gerechtigkeit. Auf einer stärker praktischen Ebene hat das Parlament in den letzten Jahren konsequent die Abschaffung der Pfeilerstruktur des Vertrags über die Europäische Union (und damit die Verleihung der Rechtspersönlichkeit an die Union oder ihre Nachfolgerorganisation), die Einbeziehung der Charta der Grundrechte in den künftigen Vertrag, die weitere Ausweitung der Beschlussfassung mit qualifizierter Mehrheit im Rat und die Mitentscheidung von Rat und Parlament beim Erlass europäischer Rechtsvorschriften gefordert. Vor drei Jahren unterstrich das Europäische Parlament, dass eine europäische Verfassung einen einzigartigen Akt darstellen würde, genau wie die Europäische Union eine einzigartige Rechtsordnung darstellt[8].

2. Der Konvent zur Zukunft Europas

Es steht fest, dass die Idee zur Einberufung eines Verfassungskonvents vom Europäischen Parlament stammt. Als es erstmals die Einsetzung eines solchen Konvents anregte, stand es eher isoliert da[9]. Später erhielt es die uneingeschränkte Rückendeckung der Europäischen Kommission, und schließlich wurde sein Vorschlag zum Allgemeingut. Der Konvent kam aus zwei Gründen zustande: Zum Ersten wurde weithin die Auffassung vertreten, dass der vorherige Konvent zur Ausarbeitung einer Charta der Grundrechte eine gute Übung im offenen Dialog unter Einbeziehung vieler Akteure war; zum Zweiten herrschte generell der Eindruck vor, dass es einen besseren Weg als den, der zum Vertrag von Nizza geführt hatte, geben müsste, um Vorstellungen über die Zukunft Europas zu erörtern und weiterzuentwickeln. In Laeken wurde der Konvent somit als die bevorzugte Methode für die Ausarbeitung eines Vertragsentwurfs mit einer europäischen Verfassung bekräftigt.

---

[8] Entschließung zu der Konstitutionalisierung der Verträge (angenommen am 25.10.2000 – Bericht von Olivier Duhamel), ABl. C 197 vom 12.7.2001, S. 111 und 186.

[9] Entschließung zum Vertrag von Amsterdam (angenommen am 19.11.1997 – Bericht von Iñigo Méndez de Vigo und Dimitris Tsatsos), ABl. C 371 vom 8.12.1997, S. 99.

Gemäß der Erklärung von Laeken bestand die Zielvorgabe des Konvents in einer „möglichst umfassenden und möglichst transparenten Vorbereitung der nächsten Regierungskonferenz". Die Einberufung des Konvents ist ein radikaler Bruch mit der Tradition der Ausarbeitung der EU-Verträge. Zwar werden die endgültigen Beschlüsse immer noch von den Regierungen der Mitgliedstaaten im Rahmen der Regierungskonferenz gefasst werden, doch die Phase der Vorbereitung umfasste erstmals einen umfassenden und offenen Konsultationsprozess unter Einbeziehung von Bürgern – insbesondere jungen Menschen – und NRO. Der Konvent nahm am 28. Februar 2002 in Brüssel seine Tätigkeit auf und schloss seine Arbeit am 10. Juli 2003 ab; er überreichte einen Entwurf eines Vertrags über eine Verfassung für Europa, die vier Teile umfasst: I – Grundsätze und Institutionen, II – Charta der Grundrechte, III – Politikbereiche und IV – Schlussbestimmungen.

3. Bewertung des Entwurfs einer Verfassung

Der Entwurf einer Verfassung, den Präsident Valéry Giscard d'Estaing am 20. Juni 2003 dem Europäischen Rat in Thessaloniki (Teile I und II) und am 18. Juli 2003 der italienischen Präsidentschaft (Teile III und IV) vorlegte, enthält eine Reihe von positiven Elementen, die die Mängel, die zwangsläufig weiterhin vorhanden sind, erst einmal akzeptabel machen. Der Text ist innovativ und erfüllt eine Reihe der vom Parlament seit langem erhobenen Forderungen nach Verbesserung der Effizienz, der Transparenz und der demokratischen Legitimität der Europäischen Union.

Zu aller erst ist der Erfolg der Methode des Konvents als solcher, mit der der Prozess der Konstitutionalisierung der Union fortgesetzt wurde, ein grundlegender Schritt nach vorn. Das Ergebnis der Beratungen des Konvents lässt große Fortschritte erkennen:

- Das komplexe System, das von drei aufeinander folgenden Regierungskonferenzen hinterlassen wurde, wird geklärt.

- Die Position der Bürger in der Union wird gestärkt (z.B. durch die Einbeziehung der Charta der Grundrechte als verbindlicher Rechtstext und die Einführung des Rechts der Bürger, die Gesetzgebungsinitiative zu ergreifen; dieses Recht gestattet es den Bürgern, Vorschläge für Rechtsakte zu unterbreiten, ohne dass das Initiativrecht der Kommission angetastet wird).

- Der Prozess der europäischen Integration wird in einer Reihe von Bereichen – insbesondere auf dem Gebiet der Freiheit, der Sicherheit und des Rechts – vorangetrieben.

Weitere positive Elemente sind die formelle Abschaffung der Pfeilerstruktur, eine Klärung der Zuständigkeiten der Union, die Vereinfachung der Rechtsinstrumente der Union, die gestärkte Rolle der nationalen Parlamente, insbesondere im Hinblick auf die Überwachung der Einhaltung des Subsidiaritätsprinzips, die Schaffung des Amtes eines Außenministers der Union, der ihre Sichtbarkeit auf der internationalen Bühne verstärken wird, die Ausweitung der Abstimmung mit qualifizierter Mehrheit im Rat auf etwa 30 Bereiche, die gegenwärtig der einstimmigen Beschlussfassung unterliegen[10], und eine Vereinfachung des Systems für die Berechnung dieser Mehrheit, die ab dem 1. November 2009 aus einer „zweifachen Mehrheit" von mindestens der Hälfte der Mitgliedstaaten und drei Fünfteln der Bevölkerung der Union bestehen wird.

Was die institutionelle Rolle des Europäischen Parlaments betrifft, werden seine Befugnisse im Bereich des Erlasses von Rechtsvorschriften und des Haushalts uneingeschränkt anerkannt und gestärkt. Darüber hinaus wird das neue „ordentliche Gesetzgebungsverfahren", das der Mitentscheidung entspricht, zur allgemeinen Regel für den Erlass von Rechtsvorschriften. Der Präsident der Kommission wird vom Europäischen Parlament gewählt werden, und das gesamte Kollegium der Kommissionsmitglieder – einschließlich des Außenministers – unterliegt einem Zustimmungsvotum des Parlaments. Für internationale Übereinkommen und die gemeinsame Handelspolitik wird die Zustimmung des Europäischen Parlaments als allgemeine Regel vorgeschrieben. Zusätzlich dazu wird die Palette der Ausnahmen, bei denen Abstimmungen mit qualifizierter Mehrheit gelten, in einigen Artikeln von Teil III betreffend die GASP ausgeweitet.

Auf der anderen Seite bleiben bestimmte Mängel zwangsläufig bestehen: Die Ausweitung der Mitentscheidung und der Abstimmungen mit qualifizierter Mehrheit deckt noch immer nicht sämtliche Rechtsvorschriften ab. Die gleiche Sorge gilt dem Versäumnis, die richterliche Kontrolle durch den Gerichtshof auf sämtliche Akte der Union auszuweiten. Schließlich bleiben immer noch Fragen hinsichtlich der Komplexität des institutionellen Systems offen. Die Aktivitäten des neuen Präsidenten des Europäischen Rates, der vom Europäischen Rat mit qualifizierter Mehrheit für eine Amtszeit von zweieinhalb Jahren gewählt werden wird, werden vom Europäischen Parlament aufmerksam beobachtet werden müssen. Vieles wird von der praktischen Umsetzung abhängen. Auf jeden Fall ist es wichtig, dass der Präsident als ständiger Vorsitzender und nicht als Exekutivorgan handeln wird. Die Aufwertung des Europäischen Rates zu einer vollwertigen Institution im Entwurf einer Verfassung kann bereits als Anzeichen für eine Verschiebung des institutionellen Gleichgewichts hin zur zwischenstaatlichen Seite gesehen werden.

---

[10] Siehe Liste der Artikel in der Anlage.

4. Einige spezifische Anmerkungen zu neuen Vorschriften

Klärung der Verantwortlichkeiten

Die Klärung und Abgrenzung der Zuständigkeiten der Union ist einer der innovativeren Aspekte der Verfassung; es wird darauf abgezielt, eindeutig zu bestimmen, „wer was tut", während gleichzeitig das notwendige Maß an Flexibilität gewahrt wird, das erforderlich ist, um die Effizienz der Union zu gewährleisten. Viele der hier angesprochenen Fragen sind wiederholt vom Europäischen Parlament erörtert und auch in der Erklärung von Laeken aufgeworfen worden.

Im Entwurf einer Verfassung wird verfügt, dass die Zuständigkeiten der Union den Grundsätzen der begrenzten Einzelermächtigung, der Subsidiarität und der Verhältnismäßigkeit unterliegen werden (die letzteren beiden Grundsätze werden unterstrichen und mit dem Protokoll über die Anwendung der Grundsätze der Subsidiarität und der Verhältnismäßigkeit rechtlich durchsetzbar gemacht). Die Zuständigkeiten der Union werden in ausschließliche Zuständigkeiten, geteilte Zuständigkeiten und Bereiche von unterstützendem, koordinierendem oder ergänzendem Handeln unterteilt. Es wird eine Flexibilitätsklausel (vormaliger Artikel 308 EG-Vertrag) festgelegt, die es gestattet, alle geeigneten Maßnahmen zur Verwirklichung der Zielvorgaben der Union zu treffen, wenn dies in der Verfassung nicht vorgesehen worden ist. Für diese Klausel gilt die Einstimmigkeit im Rat mit der Zustimmung des Europäischen Parlaments. Außerdem wird dem Recht der Union explizit Vorrang vor dem nationalen Recht eingeräumt.

Institutionelle Innovationen

Das Europäische Parlament wird formell als Legislativ- und Haushaltsbehörde der Union zusammen mit dem Rat anerkannt. Der Präsident der Kommission wird vom Europäischen Parlament gewählt; an der Amtseinsetzung des Kollegiums in seiner Gesamtheit wird festgehalten. Dies wird – so ist zu hoffen – das Interesse der Bürger an den Europawahlen erhöhen.

Die Schaffung des Amtes eines Außenministers der Union, mit dem die Ämter des Hohen Vertreters für die GASP und des für die Außenbeziehungen zuständigen Kommissionsmitglieds unter dem sogenannten „Doppelhut" verschmolzen werden, könnte ein wichtiger Schritt hin zu einer stärker koordinierten europäischen Außenpolitik sein, obwohl das Festhalten am Einstimmigkeitsprinzip bei der GASP den Handlungsspielraum des Ministers stark einschränkt. Dennoch ist der Außenminister, der vom Europäischen Rat ernannt wird, auch Vizepräsident der Kommission und als solcher dem Europäischen Parlament zur Rechenschaft verpflichtet, und er wird über beträchtliche Initiativ- und Vertretungsbefugnisse auf der internationalen Bühne verfügen. Außerdem ist die Konsultation des Europäischen Parlaments bei der Durchführung der GASP gestärkt worden.

Beschlussfassung

Die beträchtliche weitere Ausweitung und Vereinfachung (ab 2009) der Abstimmungen mit qualifizierter Mehrheit im Rat wird offenkundig die Effizienz der Beschlussfassung in einer Union mit 25 Mitgliedstaaten steigern. Eine zusätzliche „Passerelle"-Klausel (Artikel I-24) gestattet es außerdem dem Europäischen Rat, einstimmig einen Beschluss zu erlassen, wonach in den Fällen zum ordentlichen Gesetzgebungsverfahren übergegangen wird, in denen vorher besondere Verfahren Anwendung fanden. Erforderlich sind die vorherige Anhörung des Europäischen Parlaments und die Unterrichtung der nationalen Parlamente.

Die Exekutivaufgaben der Kommission, ihr quasi ausschließliches Recht der legislativen Initiative und ihre Befugnisse im Bereich der externen Vertretung werden expliziter anerkannt, als dies vorher der Fall war. Darüber hinaus ist eine klarere Unterscheidung zwischen den legislativen und exekutiven Funktionen der Union – insbesondere durch den Rat „Allgemeine Angelegenheiten und Gesetzgebung", der bei der Wahrnehmung seiner legislativen Aufgaben öffentlich tagen wird – erreicht worden.

Es bleiben weiterhin zwei große Probleme bestehen: Das erste Problem ist die neue Regelung für die Zusammensetzung der Kommission. Das zweigliedrige System stimmberechtigter und nichtstimmberechtigter Mitglieder der Kommission ist offensichtlich keine tragfähige Lösung. Wenn eine beträchtliche Verringerung der Zahl der Mitglieder des Kollegiums nicht durchführbar ist, wäre es wahrscheinlich sehr viel effizienter, die Befugnisse des Präsidenten der Kommission im Hinblick auf die Organisation und die Ernennung der Mitglieder zu stärken und ihn damit in die Lage zu versetzen, das Kollegium entsprechend seinen politischen Prioritäten zu ernennen. Das zweite Problem ist die Einbuße an Koordinierungsbefugnissen auf Seiten des Rates „Allgemeine Angelegenheiten und Gesetzgebung".

Gesetzgebungsakte und Rechtsakte ohne Gesetzescharakter

Die Zahl der Rechtsakte ist jetzt auf sechs beschränkt: Gesetze (derzeit „Verordnungen"), Rahmengesetze (derzeit „Richtlinien"), Verordnungen, Beschlüsse, Empfehlungen und Stellungnahmen. Unter diesen Rechtsakten wird eine Hierarchie zwischen der Ebene der Gesetzgebung und der Durchführung festgelegt. Das „Mitentscheidungsverfahren" wird künftig durch das „ordentliche Gesetzgebungsverfahren" ersetzt, das zur allgemeinen Regel für die Annahme von Rechtsvorschriften wird. Das Parlament verfügt jetzt auch über gleiche Rechte bei der Festlegung aller allgemeinen Bedingungen für die Kontrolle der Durchführungsrechtsakte (Komitologie); für diesen Schritt hat das Parlament über viele Jahre hinweg gekämpft.

Allerdings schmälert die Bestimmung, dass ein Gesetz in besonderen Fällen vom Rat oder – was weniger häufig ist – vom Europäischen Parlament allein angenommen werden kann, die generellen Fortschritte hin zu einer Vereinfachung.

Haushalt und Eigenmittel

Entsprechend den Forderungen des Europäischen Parlaments ist die Unterscheidung zwischen obligatorischen und nichtobligatorischen Ausgaben endlich abgeschafft worden, und die Annahme des jährlichen Haushaltsplans unterliegt uneingeschränkt der Mitentscheidung. In einem neuen Artikel wird der mehrjährige Finanzrahmen eingeführt, der an die Stelle der gegenwärtigen Finanziellen Vorausschau tritt; dieser mehrjährige Finanzrahmen wird vom Rat mit qualifizierter Mehrheit angenommen und bedarf der Zustimmung des Europäischen Parlaments. Allerdings wird der erste mehrjährige Finanzrahmen nach Inkrafttreten der Verfassung noch immer einstimmig angenommen werden.

Die Union hat keine Fortschritte in der Frage der Eigenmittel erzielt. Die Begrenzung der Eigenmittel sowie die Einführung neuer Mittelkategorien bzw. die Abschaffung bestehender Kategorien werden weiterhin vom Rat einstimmig beschlossen; vorgesehen sind lediglich eine Konsultation des Europäischen Parlaments und die Ratifizierung durch die nationalen Parlamente. Die Festlegung der „detaillierten Regelungen" im Zusammenhang mit den Eigenmitteln erfordert weiterhin die Zustimmung des Europäischen Parlaments.

Nationale und regionale Parlamente

Eines der größten Probleme der Union, das in der Erklärung von Laeken ermittelt wurde, betraf die Rolle der nationalen Parlamente. In einem der Verfassung beigefügten Protokoll werden die Auflagen betreffend die Unterrichtung der Parlamente in detaillierterer Form dargelegt; in dem Protokoll wird außerdem eine verstärkte interparlamentarische Zusammenarbeit vorgesehen. Außerdem werden in dem Protokoll über die Anwendung der Grundsätze der Subsidiarität und der Verhältnismäßigkeit diese beiden Grundsätze durchsetzbar gemacht; vorgesehen wird nicht nur eine weitreichende Konsultation und Unterrichtung auf sämtlichen Regierungsebenen durch die Organe der Union, sondern es werden auch zwei neuartige Mechanismen geschaffen:

- der „Frühwarnmechanismus"; dieser Mechanismus gestattet es mindestens einem Drittel der nationalen Parlamente, eine mit Gründen versehene Stellungnahme an die Kommission zu richten, dass sie einen Vorschlag überarbeiten soll, wenn sie der Ansicht sind, dass die Subsidiarität nicht gewährleistet worden ist; die Kommission kann jedoch beschließen, an ihrem Vorschlag festzuhalten, sofern sie ihren Beschluss begründet;

- im Falle der Verletzung des Subsidiaritätsprinzips durch einen Rechtsakt können die nationalen Parlamente (über ihre nationalen Regierungen) und der Ausschuss der Regionen (für die Rechtsakte, zu denen er konsultiert wird) Klagen vor dem Gerichtshof einreichen, dem die gerichtliche Zuständigkeit auf diesem Gebiet übertragen wird.

Justiz und Inneres

Während es der Konvent generell vermied, die Befugnisse der Union auszuweiten, gilt dies nicht für den Bereich Justiz und Inneres. Es kann jetzt behauptet werden, dass der frühere dritte Pfeiler weitgehend in den rechtlichen und institutionellen Rahmen der Union integriert worden ist. Man ist sich jetzt allgemein der Rolle bewusst, die die Union in Bereichen wie der Zusammenarbeit von Justiz und Polizei, dem Schutz der finanziellen Interessen der Union, dem Schutz der Außengrenzen und der Einwanderungs- und Asylpolitik übernehmen muss. Dies hat zu einer Reihe von bahnbrechenden Änderungen geführt.

Die wesentlichen Punkte lassen sich wie folgt zusammenfassen:

- Die Vorschriften für den Bereich Justiz und Inneres werden jetzt in einem einzigen Titel unter der Überschrift „Raum der Freiheit, der Sicherheit und des Rechts" zusammengefasst.

- Für sämtliche politischen Themen im Bereich Justiz und Inneres gelten dieselben Rechtsinstrumente.

- Der Grundsatz der gegenseitigen Anerkennung ist als Grundsatz für die justizielle Zusammenarbeit in Zivil- und Strafsachen akzeptiert worden.

- Das allgemeine System der gerichtlichen Zuständigkeit des Europäischen Gerichtshofes (EuGH) wird auf den Raum der Freiheit, der Sicherheit und des Rechts ausgeweitet; es gilt eine Ausnahmeregelung im Hinblick auf die Aufrechterhaltung von Recht und Ordnung und die Gewährleistung der öffentlichen Sicherheit sowie die polizeiliche Zusammenarbeit und die justizielle Zusammenarbeit in Strafsachen.

- Abstimmungen mit qualifizierter Mehrheit und die Mitentscheidung werden zur Regel; allerdings ist unter spezifisch festgelegten und begrenzten Umständen weiterhin Einstimmigkeit erforderlich.

- In einer neuen Rechtsgrundlage werden die Mandate für Europol und Eurojust festgelegt; außerdem werden die operativen Befugnisse für Europol festgelegt.

- Nach europäischem Recht kann das Amt einer Europäischen Staatsanwaltschaft geschaffen werden.

5. Die bevorstehende Regierungskonferenz

Die italienische Präsidentschaft beabsichtigt, die Regierungskonferenz am 4. Oktober 2003 einzuberufen und sie bis Dezember 2003 abzuschließen. Sie hat dem Europäischen Parlament ferner zugesagt, dass es „ständig und eng" in die Regierungskonferenz einbezogen wird. Das Parlament wird bestrebt sein, in weitest möglichem Umfang und im Interesse der Europäischen Union in ihrer Gesamtheit seine positiven Beiträge zur Regierungskonferenz zu leisten. Es unterstreicht jedoch seine Position, dass jede größere Abweichung von den im Konvent sorgfältig ausgearbeiteten Kompromissen die Gefahr in sich birgt, dass der Entwurf einer Verfassung aufgetrennt wird. Sollte sich dennoch ein Dialog entwickeln, möchte das Europäische Parlament die Aufmerksamkeit der Regierungskonferenz auf die in der Entschließung festgestellten Mängel des Entwurfs eines Vertrags lenken.

Das Parlament nimmt mit großem Interesse einige der jüngsten Entwicklungen mit Blick auf die Regierungskonferenz zur Kenntnis: Delegierte der nationalen Parlamente im Konvent haben angekündigt, dass sie während der Regierungskonferenz informell zusammentreten werden, um die Beratungen der Konferenz zu analysieren und erforderlichenfalls zu kommentieren, insbesondere was die Positionen ihrer eigenen Regierungen betrifft. Der Ausschuss des Europäischen Parlaments für konstitutionelle Fragen hat seinen Willen bekundet, zur Erörterung der gleichen Fragen mit den nationalen Parlamenten zusammenzutreten. Der Präsident und die Vizepräsidenten des Konvents haben ebenfalls ihre Bereitschaft bekundet, den Mitgliedern der Regierungskonferenz beratend zur Seite zu stehen. Außerdem besteht zwischen den Mitgliedstaaten offensichtlich ein Konsens dahingehend, die Konferenz auf der höchsten politischen Ebene zu halten und von Verhandlungen unter den nationalen diplomatischen Diensten abzusehen. Vor allem ist festzuhalten, dass die Unfähigkeit der Regierungskonferenz, zügig das Ergebnis von 16 Monaten Arbeit eines Gremiums zu verabschieden, dem eine breite Mehrheit von Parlamentariern aus den gegenwärtigen Mitgliedstaaten und den Beitrittsländern angehörte, zu einer großen Enttäuschung bei den Bürgern führen wird. Viele von ihnen werden aufgefordert werden, ihren Standpunkt in einem Referendum darzulegen. Vor diesem Hintergrund fordert das Europäische Parlament die Mitgliedstaaten, in denen Referenden abgehalten werden, auf, sie am selben Tag wie die Europawahlen zu veranstalten.

6. Über die Regierungskonferenz hinaus

Europa kann seine demokratische Lebensfähigkeit nur von einer zweifachen Legitimation herleiten: der unmittelbaren Legitimation durch die europäischen Bürger und der Legitimität der Mitgliedstaaten, die sich wiederum auf nationale demokratische Wahlen stützt. Das Europäische Parlament, das aus europaweiten allgemeinen Direktwahlen hervorgegangen ist, ist das Organ, das zur Vertretung der Bevölkerung

Europas berufen ist. Aus der Bestätigung durch das Parlament leitet die Kommission ihre demokratische Legitimität ab. Diese Legitimität vervollständigt die andere Quelle der Legitimität, nämlich die der im Rat vertretenen Mitgliedstaaten. Eine Förderung des zwischenstaatlichen Modells auf Kosten nicht nur der Kommission, sondern letztlich auch auf Kosten des Rates, bei dem es sich um ein europäisches Organ handelt, würde deshalb den demokratischen Charakter des europäischen Unterfangens in seiner Gesamtheit untergraben.

Der vom Konvent vorgeschlagene Entwurf einer Verfassung ist innovativ und unentschlossen zugleich: innovativ aufgrund der Abschaffung der derzeitigen Vertragsstruktur und seiner zahlreichen institutionellen und verfahrensmäßigen Neuerungen, und unentschlossen, weil einige große verfassungsrechtliche Fragen, mit denen die Union in nächster Zukunft konfrontiert bleiben wird, nicht angegangen werden. Ausgehend von der Annahme, dass die Regierungskonferenz den Entwurf einer Verfassung ohne große Änderungen an seinen wichtigsten Grundsätzen annehmen wird, werden zwei Probleme sicherlich künftige Revisionen der europäischen Verfassung erforderlich machen:

- Revisionsverfahren: Mit einer immer größeren Zahl von Mitgliedstaaten wird es sich immer destruktiver auswirken, dass selbst bei geringfügigen Änderungen in Teil III weiterhin Einstimmigkeit und eine nationale Ratifizierung erforderlich sind.

- Eigenmittel: Mit Blick auf die bevorstehenden Haushaltsverhandlungen im Jahre 2006 ist es sehr wahrscheinlich, dass die gegenwärtigen Instrumente zur Verwaltung und Kontrolle des Haushalts der Union (jährlicher Haushaltsplan und mehrjähriger Finanzrahmen) zu einem Stillstand und zu erbitterten Konflikten führen werden. Mittelfristig wird die Union Eigenmittel benötigen, die nicht von Beiträgen der Mitgliedstaaten abhängig sind, damit sie ihre umfassenden Aufgaben bewältigen kann.

IV. Anlage: Wichtigste Bereiche, in denen zur Beschlussfassung mit qualifizierter Mehrheit im Rat übergegangen wird

- Komitologie (Artikel I-36 (3): vormaliger Artikel 202)

- Modalitäten der Eigenmittel (teilweise) (Artikel I-53 Absatz 4: vormaliger Artikel 269)

- Dienste von allgemeinem wirtschaftlichen Interesse (Artikel III-6: vormaliger Artikel 16)

- Diplomatischer und konsularischer Schutz (Artikel I-8 und III-11: vormaliger Artikel 20)

- Freizügigkeit der Arbeitnehmer (Artikel III-21: vormaliger Artikel 42)

- Verwaltungszusammenarbeit und Bekämpfung von Steuerbetrug (im Anschluss an einen einstimmigen Beschluss des Rates) (Artikel III-63 Absatz 2)

- Geistiges Eigentum (ausgenommen die Sprachenregelung) und sonstige zentralisierte Verfahren (Artikel III-68 Absatz 1)

- Neue Aufgaben der EZB (Artikel III-77 Absatz 6: vormaliger Artikel 105 Absatz 6)

- Ab 2007: Struktur- und Kohäsionsfonds (Artikel III-119: vormaliger Artikel 161)

- Administrative Zusammenarbeit im Bereich Justiz und Inneres (Artikel III-164: vormaliger Artikel 66)

- Grenzkontrollen (Artikel III-166: vormaliger Artikel 67)

- Asyl, Einwanderung (Artikel III-167 und 168: vormaliger Artikel 67)

- Justizielle Zusammenarbeit in Zivilsachen mit Ausnahme des Familienrechts (Artikel III-170 Absatz 2: vormalige Artikel 65 und 67)

- Justizielle Zusammenarbeit in Strafsachen (Artikel III-171 Absatz 1: vormaliger Artikel 31 EU-Vertrag)

- Annäherung der Rechtsvorschriften im Hinblick auf die Verfahren, Strafen und Straftaten (Artikel III-1172 Absatz 1: vormaliger Artikel 31 EU-Vertrag)

- Eurojust (Artikel III-174: vormaliger Artikel 31 Absatz 2 EU-Vertrag)

- Polizeiliche Zusammenarbeit (ausgenommen die operative Zusammenarbeit (Absatz 2)) (Artikel III-176 Absatz 1: vormaliger Artikel 30 Absatz 1 EU-Vertrag)

- Europol (Artikel III-177: vormaliger Artikel 30 Absatz 2 EU-Vertrag)

- Kultur (Artikel III-181 Absatz 5: vormaliger Artikel 151 Absatz 5)

- Zivilschutz (Artikel III-184)

- Initiativen des Außenministers im Bereich der GASP auf Aufforderung des Europäischen Rates (Artikel III-201 Absatz 2)

- Statut und Sitz der Rüstungsagentur (Artikel III-212 Absatz 2)

- Handelspolitik (Artikel III-217 Absatz 2 und III-227: vormalige Artikel 133 und 300)

- Dringende finanzielle Unterstützung für Drittländer (Artikel III-222)
- Schaffung von Sondergerichten (Artikel III-264: vormaliger Artikel 225a)
- Übertragung von Zuständigkeit auf den Gerichtshof im Bereich des geistigen Eigentums (Artikel III-265: vormaliger Artikel 229a)
- Änderung der Satzung des Gerichtshofes (Artikel III-289: vormaliger Artikel 245)